广视角·全方位·多品种

权威·前沿·原创

皮书系列为
"十二五"国家重点图书出版规划项目

海峡西岸蓝皮书

BLUE BOOK OF
TAIWAN STRAIT'S WESTERN SHORE

海峡西岸经济区发展报告
（2012）

ANNUAL REPORT ON THE ECONOMIC ZONE OF TAIWAN
STRAIT'S WESTERN SHORE (2012)

福建省人民政府发展研究中心
福建省人民政府发展研究中心咨询服务中心 / 编

社会科学文献出版社
SOCIAL SCIENCES ACADEMIC PRESS (CHINA)

图书在版编目（CIP）数据

海峡西岸经济区发展报告. 2012/福建省人民政府发展研究中心，福建省人民政府发展研究中心咨询服务中心编. —北京：社会科学文献出版社，2013.9
（海峡西岸蓝皮书）
ISBN 978 - 7 - 5097 - 4967 - 8

Ⅰ.①海…　Ⅱ.①福…②福…　Ⅲ.①区域经济发展 - 研究报告 - 福建省 - 2012　Ⅳ.①F127.57

中国版本图书馆 CIP 数据核字（2013）第 194054 号

海峡西岸蓝皮书
海峡西岸经济区发展报告（2012）

编　　者 / 福建省人民政府发展研究中心
　　　　　福建省人民政府发展研究中心咨询服务中心

出 版 人 / 谢寿光
出 版 者 / 社会科学文献出版社
地　　址 / 北京市西城区北三环中路甲 29 号院 3 号楼华龙大厦
邮政编码 / 100029

责任部门 / 社会政法分社（010）59367156　　责任编辑 / 黄金平　关晶焱
电子信箱 / shekebu@ ssap. cn　　　　　　　　责任校对 / 李海雄
项目统筹 / 王　绯　　　　　　　　　　　　　责任印制 / 岳　阳
经　　销 / 社会科学文献出版社市场营销中心（010）59367081　　59367089
读者服务 / 读者服务中心（010）59367028

印　　装 / 北京季蜂印刷有限公司
开　　本 / 787mm×1092mm　1/16　　　　　印　　张 / 16.75
版　　次 / 2013 年 9 月第 1 版　　　　　　　字　　数 / 270 千字
印　　次 / 2013 年 9 月第 1 次印刷
书　　号 / ISBN 978 - 7 - 5097 - 4967 - 8
定　　价 / 65.00 元

海峡西岸蓝皮书编委会

摘　要

　　海峡西岸经济区，是指以福建为主体，涵盖周边区域，对应台湾海峡，具有自身特点、独特优势、自然集聚的区域经济综合体。本蓝皮书对 2011 年以来海峡西岸经济区建设进行了全面系统的回顾，翔实地记录了经济、社会的发展历程。同时，对海峡西岸经济区总体发展态势做了基本评估与预测，指出了发展进程中面临的困难和问题，提出了解决的思路与对策建议。其中，总报告对海峡西岸经济区建设的总体发展进行了归纳总结；分报告详细分析了海峡西岸经济区四大板块——福建、粤东、浙南、赣东南等地区的经济社会发展现状与趋势；专题研究报告则从两岸交流合作、平潭综合实验区建设、海洋经济发展、县域经济壮大、产业转型升级、民营经济发展、生态文明建设、社会管理创新及区域经济合作等方面，深度反映海峡西岸经济区的建设与发展。

Abstract

The Economic Zone of Taiwan Strait's Western Shore is a regional economic system with unique advantages and characteristics. The zone is along the Taiwan Strait, with Fujian Province as its main part and includes parts of neighbouring provinces. The blue book gives a comprehensive and systematic review of the development of the Economic Zone and a detailed record of the process of economic and social development in 2011. At the same time, this book has given a prediction of the overall development trend of the Economic Zone, pointed out the difficulties and problems in the development process, and put forward some ideas and suggestions to solve. Among them, the general report summarizes the overall development of the construction of the Economic Zone; the regional reports provide a detailed analysis of the present situation and development trend in the four parts of the Economic Zone—Fujian, eastern Guangdong, southern Zhejiang and southeastern Jiangxi; the research reports analyse the specific aspects of the construction and development in the Economic Zone, including cross-strait exchanges and cooperation, construction of Pingtan experimentation area, development of marine economy, the county's economic development, industrial transformation and upgrading, development of private economy, ecological civilization construction, social management innovation and regional economic cooperation.

目 录

₿ I 总报告

₿ II 分报告

BⅢ　专题研究报告

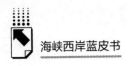

ℬ Ⅳ　附录

皮书数据库阅读**使用指南**

CONTENTS

B I   General Report

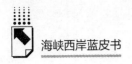
海峡西岸蓝皮书

B Ⅱ   Regional Reports

B III   Research Reports

B IV   Appendix

总 报 告

General Report

B.1
海峡西岸经济区发展总报告

蒋淞卿

2011 年 3 月，国家发展和改革委员会颁布《海峡西岸经济区发展规划》（以下简称《规划》），标志着海峡西岸经济区建设进入全面实施的新阶段。近年来，在党中央、国务院的正确领导下，在国家部委的大力支持下，海峡西岸经济区各地各级政府深入贯彻落实科学发展观，全力落实《规划》提出的各项工作任务；审时度势，积极采取措施，保持了经济社会平稳发展；着力发展先进制造业，加快形成具有较强竞争力的现代产业体系；大力推动先行先试，构筑两岸交流合作前沿平台；努力完善基础设施，发展保障得到进一步强化，海峡西岸经济区建设取得了令人瞩目的新进展。

一 经济增长势头良好，福建主体地位凸显

2011 年，海峡西岸经济区实现地区生产总值 30252.29 亿元，比上年增长 13.0%，高于全国平均水平（9.3%）3.7 个百分点，占全国国内生产总值

（472881.6 亿元）的 6.4%，较上年提高 0.1 个百分点。海峡西岸经济区四大区域，福建省生产总值为 17643.79 亿元（按照 9 个设区市生产总值加总），比上年增长 13.8%，占海峡西岸经济区生产总值的 58.3%，较上年提高 0.9 个百分点；浙南地区生产总值为 5136.37 亿元，比上年增长 10.1%，占海峡西岸经济区生产总值的 17.0%，较上年降低 0.2 个百分点；粤东地区生产总值为 3856.36 亿元，比上年增长 13.3%，占海峡西岸经济区生产总值的 12.7%，较上年降低 0.8 个百分点；赣东南地区生产总值为 3615.77 亿元，比上年增长 12.7%，占海峡西岸经济区生产总值的 12.0%，较上年提高 0.1 个百分点。如表 1 所示。

总体上，海峡西岸经济区各区域均保持了快于全国的增长势头，但四大区域的表现出现分化：福建区域增长最快，在海峡西岸经济区生产总值中的占比也提高最多，作为海峡西岸经济区的主体，福建的区域竞争力和辐射力进一步提高；粤东地区增幅次之，仍保持了较高的区域竞争力，但由于物价总水平涨幅较低，GDP 占比反而略有降低；赣东南地区增幅位居第三，GDP 占比小幅上升，区域竞争力有所提高；浙南地区增长最慢，GDP 占比也出现下降，区域竞争力下降。

表 1　2011 年各市生产总值

地区	总计（亿元）	比上年实际增长（%）	地区	总计（亿元）	比上年实际增长（%）
福建	17643.79	13.8	衢州市	919.62	11.4
福州市	3736.38	13.0	粤东	3856.36	13.3
厦门市	2539.31	15.1	汕头市	1275.74	12.0
莆田市	1050.62	14.3	梅州市	707.54	13.6
三明市	1211.81	14.1	潮州市	647.22	13.0
泉州市	4270.89	13.5	揭阳市	1225.86	14.6
漳州市	1768.2	14.7	赣东南	3615.77	12.7
南平市	894.31	12.2	上饶市	1110.58	13.1
龙岩市	1242.15	13.0	鹰潭市	426.7	12.3
宁德市	930.12	15.2	抚州市	742.51	12.5
浙南	5136.37	10.1	赣州市	1335.98	12.5
温州市	3418.53	9.5	总计	30252.29	13.0
丽水市	798.22	11.5			

资料来源：1. 海峡西岸经济区内各设区市和全区合计数据来自《福建统计年鉴（2012）》；2. 海峡西岸经济区内四大区域数据由作者根据各设区市数据推算，其中名义 GDP 总量为直接加总得来，GDP 实际增长率根据其名义 GDP 增长率和 GDP 缩减指数计算；3. 四大区域的 GDP 缩减指数等于区域内各设区市当年 GDP 缩减指数的加权平均，权重根据上年名义 GDP 计算。

二 工业保持高速增长，粤东地区最具活力

2011 年，海峡西岸经济区规模以上工业增加值为 11395.13 亿元，比上年增长 19.4%，高于全国平均水平（13.9%）5.5 个百分点。海峡西岸经济区四大区域，福建省规模以上工业增加值为 7378.61 亿元，比上年增长 20.0%；浙南地区规模以上工业增加值为 1514.71 亿元，比上年增长 12.5%；粤东地区规模以上工业增加值为 1341.41 亿元，比上年增长 23.6%；赣东南地区规模以上工业增加值为 1160.4 亿元，比上年增长 18.7%。比较四大区域，粤东地区的工业经济在海峡西岸经济区最具活力，福建次之，赣东南地区工业化加速，浙南地区的工业活力则相对下降。如表 2 所示。

表2　2011 年各市规模以上工业增加值

地区	总计（亿元）	比上年实际增长（%）	地区	总计（亿元）	比上年实际增长（%）
福建	7378.61	20.0	衢州市	315.39	17.0
福州市	1283.99	16.8	粤东	1341.41	23.6
厦门市	1055.5	19.5	汕头市	416.86	18.0
莆田市	474.36	21.5	梅州市	161.71	21.1
三明市	543.94	24.3	潮州市	215.79	21.6
泉州市	2209.61	19.3	揭阳市	547.05	29.9
漳州市	671.95	22.0	赣东南	1160.4	18.7
南平市	230.55	19.0	上饶市	316.23	21.2
龙岩市	555.12	20.0	鹰潭市	239.55	15.0
宁德市	353.59	26.9	抚州市	174.27	19.6
浙南	1514.71	12.5	赣州市	430.35	18.7
温州市	916.8	10.1	总计	11395.13	19.4
丽水市	282.52	15.6			

资料来源：1. 海峡西岸经济区内各设区市和全区合计数据来自《福建统计年鉴（2012）》；2. 海峡西岸经济区内四大区域数据由作者根据各设区市数据推算，其中名义工业增加值为直接加总得来，工业增加值实际增长率根据其名义增长率和工业品价格指数计算；3. 四大区域的工业品价格指数等于区域内各设区市当年工业品价格指数的加权平均，权重根据上年名义工业增加值计算。

三 投资需求快速增长，浙南地区增幅最大

2011年，海峡西岸经济区全社会固定资产投资16467.28亿元，比上年增长31.1%，高于全国平均水平（23.8%）7.3个百分点。海峡西岸经济区四大区域，福建省全社会固定资产投资为9881.87亿元，比上年增长30.4%；浙南地区全社会固定资产投资为2614.62亿元，比上年增长56.5%；粤东地区全社会固定资产投资为1492.82亿元，比上年增长14.5%；赣东南地区全社会固定资产投资为2477.99亿元，比上年增长23.7%。比较四大区域，浙南地区固定资产投资增幅最大，投资驱动型特征明显，福建次之，赣东南地区再次之，粤东地区增幅最小，需求结构与其他三个区域有明显差异。如表3所示。

表3 2011年各市全社会固定资产投资

地区	总计（亿元）	比上年增长（%）	地区	总计（亿元）	比上年增长（%）
福建	9881.87	30.4	衢州市	504.63	12.9
福州市	2692.07	23.2	粤东	1492.82	14.5
厦门市	1117.26	30.4	汕头市	438.15	21.1
莆田市	699.33	63.0	梅州市	197.65	1.1
三明市	900.2	23.3	潮州市	198.94	8.8
泉州市	1527.11	28.2	揭阳市	658.08	16.7
漳州市	1075.65	39.9	赣东南	2477.99	23.7
南平市	669.24	19.3	上饶市	828.46	25.9
龙岩市	754.98	41.8	鹰潭市	276.86	23.0
宁德市	446.03	37.4	抚州市	553.12	15.3
浙南	2614.62	56.5	赣州市	819.55	28.1
温州市	1751.52	89.2	总计	16467.28	31.1
丽水市	358.47	20.3			

资料来源：1. 海峡西岸经济区内各设区市和全区合计数据来自《福建统计年鉴（2012）》；2. 海峡西岸经济区内四大区域数据由作者根据各设区市数据推算，其中名义投资额为直接加总得来，增长率为名义增长率。

四 消费需求增势强劲，粤东地区增幅领先

2011 年，海峡西岸经济区社会消费品零售总额 12173.12 亿元，比上年增长 18.3%，高于全国平均水平（17.1%）1.2 个百分点。海峡西岸经济区四大区域，福建省社会消费品零售总额为 6359.1 亿元，比上年增长 18.6%；浙南地区社会消费品零售总额为 2427.87 亿元，比上年增长 18.1%；粤东地区社会消费品零售总额为 2206.18 亿元，比上年增长 19.8%；赣东南地区社会消费品零售总额为 1179.99 亿元，比上年增长 17.5%。比较四大区域，粤东地区需求结构更重消费，消费品零售额增长最快，福建次之，浙南地区再次之，赣东南地区的消费能力仍相对较弱。如表 4 所示。

表4 2011 年各市社会消费品零售总额

地区	总计(亿元)	比上年增长（%）	地区	总计(亿元)	比上年增长（%）
福建	6359.1	18.6	衢州市	344.34	18.4
福州市	1947.81	19.9	粤东	2206.18	19.8
厦门市	800.28	16.4	汕头市	972.21	17.1
莆田市	338.02	16.4	梅州市	372.79	16.8
三明市	291.51	18.7	潮州市	287.73	17.2
泉州市	1462.09	18.4	揭阳市	573.45	28.4
漳州市	563.51	19.2	赣东南	1179.99	17.5
南平市	306.27	16.9	上饶市	378.23	18.0
龙岩市	374.33	19.9	鹰潭市	103.27	17.5
宁德市	275.28	17.3	抚州市	266.17	17.2
浙南	2427.87	18.1	赣州市	432.32	17.3
温州市	1767.64	18.1	总计	12173.12	18.3
丽水市	315.89	18.7			

资料来源：1. 海峡西岸经济区内各设区市和全区合计数据来自《福建统计年鉴（2012）》；2. 海峡西岸经济区内四大区域数据由作者根据各设区市数据推算，其中名义零售额为直接加总得来，增长率为名义增长率。

五　对外贸易显著复苏，赣东南地区快速崛起

2011 年，海峡西岸经济区货物进出口总额 1993.77 亿美元，比上年增长 31.4%，增长幅度高于全国平均水平（22.5%）8.9 个百分点。海峡西岸经济区四大区域，福建省货物进出口总额为 1435.23 亿美元，比上年增长 31.9%；浙南地区货物进出口总额为 263.84 亿美元，比上年增长 28.6%；粤东地区货物进出口总额为 185.58 亿美元，比上年增长 16.1%；赣东南地区货物进出口总额为 109.13 亿美元，比上年增长 39.5%。比较四大区域，处于内陆的赣东南地区国际贸易额增长最快，后起势头强劲，反而是外贸重镇之一的粤东地区增幅最低，外贸增长势头低落。如表 5 所示。

表 5　2011 年各市进出口总额

地区	总计(亿美元)	比上年增长（%）	地区	总计(亿美元)	比上年增长（%）
福建	1435.23	31.9	衢州市	26.87	42.2
福州市	346.45	40.9	粤东	185.58	16.1
厦门市	701.58	23.0	汕头市	87.88	19.3
莆田市	46.47	35.8	梅州市	13.65	16.4
三明市	17.75	38.7	潮州市	41.81	9.4
泉州市	170.64	51.6	揭阳市	42.24	16.5
漳州市	97.13	31.3	赣东南	109.13	39.5
南平市	14.73	36.0	上饶市	26.54	59.2
龙岩市	24.01	58.7	鹰潭市	43.77	10.3
宁德市	16.47	36.0	抚州市	9.59	71.7
浙南	263.84	28.6	赣州市	29.23	79.3
温州市	215.72	26.2	总计	1993.77	31.4
丽水市	21.25	38.6			

资料来源：1. 海峡西岸经济区内各设区市和全区合计数据来自《福建统计年鉴（2012）》；2. 海峡西岸经济区内四大区域数据由作者根据各设区市数据推算，其中名义进出口总额为直接加总得来，增长率为名义增长率。

其中，货物出口 1346.24 亿美元，增长 31.3%，增长幅度高于全国平均水平（20.3%）11 个百分点。海峡西岸经济区四大区域，福建省货物出口总额为 928.39 亿美元，比上年增长 29.9%；浙南地区货物出口总额为 217.4 亿美元，比上年增长 27.2%；粤东地区货物出口总额为 135.48 亿美元，比上年增长 19.8%；赣东南地区货物出口总额为 64.99 亿美元，比上年增长 73.9%。货物进口 647.53 亿美元，增长 35.7%，增长幅度高于全国平均水平（24.9%）10.8 个百分点。海峡西岸经济区四大区域，福建省货物进口总额为 506.84 亿美元，比上年增长 35.9%；浙南地区货物进口总额为 46.43 亿美元，比上年增长 35.8%；粤东地区货物进口总额为 50.1 亿美元，比上年增长 7.0%；赣东南地区货物进口总额为 44.14 亿美元，比上年增长 8.2%。如表 6、表 7 所示。

表 6　2011 年各市出口总额

地区	总计(亿美元)	比上年增长(%)	地区	总计(亿美元)	比上年增长(%)
福建	928.39	29.9	衢州市	17.61	46.2
福州市	241.14	47.9	粤东	135.48	19.8
厦门市	426.45	20.7	汕头市	59.53	20.6
莆田市	27.81	27.0	梅州市	10.94	15.0
三明市	15.46	37.1	潮州市	27.09	15.7
泉州市	107.83	30.2	揭阳市	37.92	23.1
漳州市	64.91	28.1	赣东南	64.99	73.9
南平市	11.91	31.1	上饶市	24.18	59.0
龙岩市	18.52	41.0	鹰潭市	6.1	68.2
宁德市	14.36	47.4	抚州市	9.48	73.9
浙南	217.4	27.2	赣州市	25.23	92.5
温州市	181.65	24.9	总计	1346.24	31.3
丽水市	18.14	34.5			

资料来源：1. 海峡西岸经济区内各设区市和全区合计数据来自《福建统计年鉴（2012）》；2. 海峡西岸经济区内四大区域数据由作者根据各设区市数据推算，其中名义出口额为直接加总得来，增长率为名义增长率。

表7　2011年各市进口总额

地区	总计(亿美元)	比上年增长(%)	地区	总计(亿美元)	比上年增长(%)
福建	506.84	35.9	衢州市	9.26	35.2
福州市	105.31	27.2	粤东	50.1	7.0
三明市	2.29	50.4	汕头市	28.35	16.6
厦门市	275.12	26.8	梅州市	2.71	22.6
莆田市	18.66	51.5	潮州市	14.72	-0.7
泉州市	62.81	111.1	揭阳市	4.32	-21.0
漳州市	32.22	38.2	赣东南	44.14	8.2
南平市	2.82	61.8	上饶市	2.36	62.0
龙岩市	5.5	175.1	鹰潭市	37.67	4.5
宁德市	2.11	-10.9	抚州市	0.11	-15.7
浙南	46.43	35.8	赣州市	4.0	25.3
温州市	34.06	33.3	总计	647.53	35.7
丽水市	3.11	69.0			

资料来源：1. 海峡西岸经济区内各设区市和全区合计数据来自《福建统计年鉴（2012）》；2. 海峡西岸经济区内四大区域数据由作者根据各设区市数据推算，其中名义进口额为直接加总得来，增长率为名义增长率。

六　利用外资增幅偏低，浙南地区外资大降

2011年，海峡西岸经济区全年实际利用外商直接投资金额为89.29亿美元，增长9.0%，增长幅度低于全国平均水平（9.7%）0.7个百分点。海峡西岸经济区四大区域，福建省实际利用外商直接投资金额为62.01亿美元，比上年增长8.9%；浙南地区实际利用外商直接投资金额为1.91亿美元，比上年下降30.8%；粤东地区实际利用外商直接投资金额为7.45亿美元，比上年增长22.7%；赣东南地区实际利用外商直接投资金额为17.92亿美元，比上年增长11.2%。比较四大区域，粤东地区实际利用外资增长最快，赣东南地区次之，福建再次之，浙南地区实际利用外资则大幅下降，说明该地区外资吸引力有所下降。如表8所示。

表8　2011年各市实际利用外商直接投资

地区	总计(亿美元)	比上年增长(%)	地区	总计(亿美元)	比上年增长(%)
福建	62.01	8.9	衢州市	0.45	−27.2
福州市	12.77	7.8	粤东	7.45	22.7
厦门市	17.26	1.7	汕头市	3.46	35.0
莆田市	2.53	10.1	梅州市	1.02	13.2
三明市	0.92	6.6	潮州市	1.26	12.4
泉州市	16.15	8.1	揭阳市	1.71	14.7
漳州市	8.87	26.6	赣东南	17.92	11.2
南平市	0.78	14.8	上饶市	5.94	17.7
龙岩市	1.78	7.6	鹰潭市	1.45	21.4
宁德市	0.95	34.0	抚州市	1.76	16.3
浙南	1.91	−30.8	赣州市	8.77	5.0
温州市	1.02	−41.9	总计	89.29	9.0
丽水市	0.44	40.5			

资料来源：1. 海峡西岸经济区内各设区市和全区合计数据来自《福建统计年鉴（2012）》；2. 海峡西岸经济区内四大区域数据由作者根据各设区市数据推算，其中实际利用外资总额为直接加总得来，增长率为其名义增长率。

七　人民生活继续改善，浙南地区水平较高

2011年，海峡西岸经济区城镇居民人均可支配收入和农村居民人均纯收入与上年相比，继续稳步上升。全区城镇居民人均可支配收入20983元，低于全国平均水平（21810元），比上年增长14.1%，增幅与全国持平。全区农村居民人均纯收入8358元，高于全国平均水平（6977元），比上年增长18.0%，增幅比全国略高。海峡西岸经济区四大区域，福建省城镇居民人均可支配收入为23579元，比上年增长14.4%，农村居民人均纯收入为9207元，比上年增长17.4%；浙南地区城镇居民人均可支配收入为26680元，比上年增长14.1%，农村居民人均纯收入为10229元，比上年增长17.0%；粤东地区城镇居民人均可支配收入为16695元，比上年增长14.2%，农村居民人均纯收入为7625元，比上年增长20.1%；赣东南地区城镇居民人均可支配收入为16977元，比上年增长13.6%，农村居民人均纯收入为6373元，比上年增长18.0%。比较四大区域，浙南地区城乡居民人均收入水平均居第一，其次为福建，粤东地区城镇居民人均收入少于赣东南地区，但农村居民人均收入高于赣东南地区。如表9、表10所示。

表9 2011年各市城镇居民人均可支配收入

地区	平均(元)	比上年增长(%)	地区	平均(元)	比上年增长(%)
福建	23579	14.4	衢州市	24900	14.2
福州市	26050	14.6	粤东	16695	14.2
厦门市	33565	14.7	汕头市	17474	15.1
莆田市	21843	14.6	梅州市	16761	13.8
三明市	20778	14.2	潮州市	15664	14.6
泉州市	28703	14.1	揭阳市	16879	13.2
漳州市	21137	14.4	赣东南	16977	13.6
南平市	19735	13.9	上饶市	17698	13.9
龙岩市	21085	14.6	鹰潭市	17518	12.2
宁德市	19314	14.9	抚州市	16633	15.1
浙南	26680	14.1	赣州市	16058	13.1
温州市	31749	13.5	平均	20983	14.1
丽水市	23391	12.2			

资料来源：1. 海峡西岸经济区内各设区市数据来自《福建统计年鉴（2012）》；2. 海峡西岸经济区内四大区域和全区平均数据由作者根据各设区市数据推算，其中城镇居民人均可支配收入值为区域内各设区市人均可支配收入值的简单平均，增长率为其名义增长率。

表10 2011年各市农村居民人均纯收入

地区	平均(元)	比上年增长(%)	地区	平均(元)	比上年增长(%)
福建	9207	17.4	衢州市	9635	16.5
福州市	10107	18.3	粤东	7625	20.1
厦门市	11928	18.9	汕头市	7893	21.1
莆田市	9066	18.3	梅州市	7825	22.9
三明市	8205	18.1	潮州市	7787	22.2
泉州市	10578	13.8	揭阳市	6993	14.1
漳州市	9128	16.1	赣东南	6373	18.0
南平市	7861	16.3	上饶市	6134	15.4
龙岩市	8234	18.8	鹰潭市	7623	22.0
宁德市	7756	18.5	抚州市	7051	20.6
浙南	10229	17.0	赣州市	4684	12.0
温州市	13243	16.0	平均	8358	18.0
丽水市	7809	19.5			

资料来源：1. 海峡西岸经济区内各设区市数据来自《福建统计年鉴（2012）》；2. 海峡西岸经济区内四大区域和全区平均数据由作者根据各设区市数据推算，其中农民人均纯收入值为区域内各设区市农民人均纯收入值的简单平均，增长率为其名义增长率。

八 财政收入增长较快，赣东南地区明显改善

2011 年，海峡西岸经济区地方财政一般预算收入 2282.78 亿元，比上年增长 28.2%，高于全国平均水平（25%）3.2 个百分点。海峡西岸经济区四大区域，福建省地方财政一般预算收入为 1370.45 亿元，比上年增长 30.5%；浙南地区地方财政一般预算收入为 385.8 亿元，比上年增长 20.4%；粤东地区地方财政一般预算收入为 206.09 亿元，比上年增长 18.8%；赣东南地区地方财政一般预算收入为 320.44 亿元，比上年增长 35.5%。比较四大区域，赣东南地区地方财政一般预算收入增长最快，福建次之，浙南地区再次之，粤东地区增长最慢，显示海峡西岸经济区内原来相对落后地区的财政状况有明显改善。如表 11 所示。

表 11   2011 年各市地方财政一般预算收入

地区	总计(亿元)	比上年增长(%)	地区	总计(亿元)	比上年增长(%)
福建	1370.45	30.5	衢州市	57.57	22.6
福州市	320.04	29.1	粤东	206.09	18.8
厦门市	380.5	31.6	汕头市	85.58	17.8
莆田市	63.93	34.2	梅州市	46.89	20.4
三明市	64.54	30.0	潮州市	27.27	17.3
泉州市	242.09	33.4	揭阳市	46.35	19.9
漳州市	112.09	26.6	赣东南	320.44	35.5
南平市	48.68	26.2	上饶市	95.58	31.7
龙岩市	84.28	26.3	鹰潭市	38.82	31.6
宁德市	54.3	34.1	抚州市	75.99	37.1
浙南	385.8	20.4	赣州市	110.05	39.3
温州市	270.87	18.5	总计	2282.78	28.2
丽水市	57.36	27.6			

资料来源：1. 海峡西岸经济区内各设区市和全区合计数据来自《福建统计年鉴（2012）》；2. 海峡西岸经济区内四大区域数据由作者根据各设区市数据推算，其中地方财政收入为直接加总得来，增长率为名义增长率。

分 报 告

Regional Reports

B.2
福建省经济社会发展现状与趋势

叶飞文

一 福建省经济社会发展现状

福建省在 2011 年推进实施海峡西岸经济区发展规划、平潭综合实验区总体发展规划和厦门市深化两岸交流合作综合配套改革试验总体方案，统筹全局，推动科学发展跨越发展，实现了经济和社会发展"十二五"开局良好，2011 年实现地区生产总值 17560.18 亿元，比上年增长 12.3%；人均地区生产总值 47377 元，比上年增长 11.6%。

（一）三次产业持续发展

（1）第一产业。第一产业增加值 1612.24 亿元，增长 4.4%；第一产业增加值占地区生产总值的比重为 9.2%。农林牧渔业总产值比上年增长 4.1%，达到 2730.94 亿元。农业产业化发展较快，全省共有 184 家省级农业产业化重点龙头企业，销售收入增长 13.7%，达到 1044 亿元，带动 300 余万户农户发展生产。粮食种植面积比上年减少 8.3 万亩，达到 1840.2 万亩，其中稻谷种植减少 14.23 万亩，为 1268.01 万亩。蔬菜种植增加 18.5 万亩，面积达到 1019 万亩。油料种植增加 1.3 万亩，面积达到 169 万亩。烟叶种植增加 4.5 万亩，面积达到 102 万亩。粮食增产 1.6%，比上年增加 10.91 万吨，达到 672.8 万吨，其中稻谷比上年增加 6.2 万吨，增产 1.2%，达到 514.15 万吨。园林水果增产 7.3%，达到 605.93 万吨。茶叶产量 29.6 万吨，增产 8.6%。烟叶增产 14.2%，产量达到 14.22 万吨。水产品产量增长 2.8%，达到 603.78 万吨，其中，海水养殖增长 4.0%，达到 316.15 万吨；海洋捕捞增长 0.3%，达到 210.05 万吨；淡水产品增长 4.6%，产量达到 77.58 万吨。肉蛋奶总产量达到 223.96 万吨，比上年增长 0.8%，其中肉类总产量比上年增长 1.5%，达到 182.96 万吨，猪、牛、羊、禽肉产量比上年分别增长 0%、4.4%、4.1% 和 9.8%；奶产量增长 0.4%，达到 15.79 万吨。

（2）第二产业。第二产业增加值 9069.2 亿元，增长 16.2%；第二产业增加值占地区生产总值的比重为 51.6%。全部工业总产值 30330.59 亿元，比上年增长 16.5%，其中规模以上工业总产值增长 16.8%，达到 27443.9 亿元。工业增加值增长 16.7%，达到 7675.1 亿元，其中规模以上工业增加值比上年增长 17.5%，达到 7378.6 亿元。三大主导产业规模以上工业增加值增长 17.3%，达到 2715.2 亿元，其中，石油化工业规模以上工业增加值增长 14.3%，达到 882.91 亿元；电子信息业规模以上工业增加值增长 22.6%，达到 625.96 亿元；机械装备业规模以上工业增加值增长 16.4%，达到 1206.35 亿元。列入规模以上工业的 37 个行业大类中，有 34 个规模以上工业行业增加值增速为两位数。高技术产业增加值增长 21.8%，达到 773.48 亿元。建筑业增加值 1394.11 亿元，比上年增长 13.3%。

（3）第三产业。第三产业增加值 6878.74 亿元，增长 9.1%；第三产业增加值占地区生产总值的比重为 39.2%。批发零售业增加值 1511.29 亿元，比上年增长 9.5%。住宿餐饮业增加值 300.35 亿元，比上年增长 7.3%。交通运输仓储和邮政业增加值增长 8.5%，达到 963.9 亿元。交通运输业客运量 8.11 亿人次，比上年增长 5.1%；货运量 7.53 亿吨，比上年增长 13.8%。港口货物吞吐量比上年增长 14.0%，达到 3.7 亿吨，其中集装箱增长11.9%，吞吐量达到970万标箱；外贸货物增长18.6%，吞吐量达到1.52亿吨。公路累计通车里程92322公里，比上年增长1.4%。电信业主营业务收入增长9.6%，达到384亿元。邮政业业务总收入增长17.4%，达到57.7亿元。邮电业务总量比上年增长19.8%，达到513.5亿元，其中，电信业务增长16.8%，总量达到454.2亿元；邮政业务增长24.3%，总量达到59.3亿元。光缆线路长度达到48.5万公里，新增9.2万公里。互联网宽带接入端口增长21%，达到907万个；年末互联网普及率上升9.95个百分点，达到78.6%。年末全省互联网用户新增485万户，达到2872万户。移动电话基站数新增1.8万个，达到7.8万个；年末移动电话用户新增531万户，达到3553万户。年末全省电话普及率上升11.29个百分点，达到124.97%；年末固定电话用户减少31万户，为1015万户。

旅游业发展较快。旅游总收入增长19.5%，达到1597.78亿元。全年国内旅游收入增长20.0%，达到1361.7亿元；接待国内旅游人数增长19.1%，达到13595.01万人次。国际旅游外汇收入增长22%，达到36亿美元。入境旅游、商务、探亲等人数比上年增长16.1%，达到427.4万人次。其中，港澳同胞增长6.7%，达到102.3万人次；台湾同胞增长17.9%，达到185.1万人次；外国人增长21.5%，达到140万人次。在入境旅游者中，过夜人数增长17%，达到370.7万人次。

金融保险业增加值862.41亿元，比上年增长6.6%。年末全省金融机构本外币各项存款余额达到21572亿元，比上年末增长15%；金融机构本外币各项贷款余额达到18983亿元，增长19.3%。内外资保险公司保费收入比上年增长14.9%，达到432.4亿元；寿险业务给付35.8亿元。证券市场发行A股9家，募集资金88亿元，年末境内上市公司A股市价总值5314亿元，比上年末下降18.4%，数量比上年增加9家，达到80家。

信息传输、计算机服务和软件业增加值373.73亿元，比上年增长13%；租赁和商务服务业增加值342.97亿元，比上年增长8.7%；公共管理和社会服务业增加值412.3亿元，比上年增长9.3%；房地产业增加值911.16亿元，比上年增长8.6%；文化、体育和娱乐业增加值152.38亿元，比上年增长 21.2%；居民服务和其他服务业增加值 314.65 亿元，比上年增长 16.2%。

（二）三大需求持续拉动

（1）固定资产投资。全社会固定资产投资比上年增长 27.1%，达到 10119.5 亿元。其中，农村投资增长 32.1%，达到 744.6 亿元；城镇投资增长 26.7%，达到 9374.83 亿元。商品房销售额增长 28.5%，达到 2070.94 亿元。商品房销售面积增长 4.7%，达到 2696.2 万平方米。经济适用住房施工面积 332.12 万平方米。

实际利用外资有新的增长，直接投资达到 110.4 亿美元，增长 7.1%。按验资口径统计，合同外资金额达到 92.2 亿美元，增长 25.0%。

（2）消费。社会消费品零售总额比上年增长 18.2%，达到 6276.2 亿元。其中，乡村社会消费品零售额增长 13.7%；城镇社会消费品零售额增长 18.6%。从消费形态统计看，餐饮收入额比上年增长 16.6%，商品零售额比上年增长 18.4%。居民消费价格全年平均同比上涨 5.3%。商品零售价格比上年上涨 4.8%。农业生产资料价格比上年上涨 11.8%。农产品生产价格比上年上涨 13.3%。工业生产者购进价格比上年上涨 8.0%。工业生产者出厂价格比上年上涨 3.9%。

（3）进出口。进出口总额比上年增长 31.9%，达到 1435.2 亿美元。其中，出口比上年增长 29.9%，达到 928.4 亿美元。高新技术产品出口比上年增长 4.3%，达到 137.4 亿美元；机电产品出口比上年增长 16.3%，达到 341.8 亿美元。一般贸易出口 632.44 亿美元，增长 44.3%；加工贸易出口 251.96 亿美元，增长 6.8%。

（三）经济效益持续提升

（1）工业企业利润。规模以上工业企业利润比上年增长 24.6%，达到 1578.9 亿元。其中，国有及国有控股企业利润比上年下降 2.5%，为 167.3 亿元；私营企业利润比上年增长 51.7%，达到 392 亿元；外商及港澳台投资企业利润比上年增长 16.5%，达到 785 亿元；股份制企业利润比上年增长

43.5%，达到 645 亿元。

(2) 财政收入。财政总收入比上年增长 26.3%，达到 2597 亿元。其中，地方级财政收入比上年增长 30.4%，达到 1502 亿元；财政支出比上年增长 29.7%，达到 2198.2 亿元。全省地税系统组织各项收入增长 37.9%，达到 1575 亿元。全省国税税收收入比上年增长 20.4%，达到 1677 亿元。

(3) 城镇和农村居民收入。全省城镇居民人均可支配收入达到 24907 元，比上年增长 14.4%。农民人均纯收入达到 8779 元，比上年增长 18.2%。

（四）社会事业持续进步

(1) 各类教育。全省在幼儿园幼儿数 132 万人。在校学生中，小学生数 246.1 万人，初中生数 115.73 万人，高中生数 70.95 万人，中职学生数 57.3 万人。普通高等教育招生数 20.8 万人，在校大学生数 67.5 万人。

(2) 科技进步。把科技进步作为经济发展的推动力，新启动省级科技重大专项 10 个，新增国家级工程技术研究中心 1 个、国家级重点实验室 1 个。新增 4 个知识产权强县、30 所知识产权试点中小学、32 家省知识产权优势企业。全省研究与试验发展（R&D）经费支出占全省生产总值的 1.2%，比重比上年提高 0.04 个百分点。

(3) 文化事业。文化系统各类艺术表演团体演出 1.74 万场，观众 1121 万人次。2011 年末各类艺术表演团体共有 93 个，各类剧场、影剧院 51 个，全省共有 86 个公共图书馆，10 个群众艺术馆，85 个文化馆，94 个博物馆。广播电视有新的发展，有 89 套广播节目，广播综合人口覆盖率 98%。有线广播电视网络干线总长 16.21 万公里；有线电视用户 651.28 万户。2011 年末共有影院 118 个，影院放映 34.82 万场次。报纸 60 种，期刊 176 种，总印数分别为 11.19 亿份和 0.38 亿册。

(4) 医疗卫生。医疗卫生事业有较快发展，2011 年末有医生 6.2 万人，注册护士 6.3 万人，卫生技术人员合计 15.7 万人。各级各类医疗卫生机构合计 7283 个，其中，医院 478 个，卫生院 873 个。机构床位 12.3 万张，乡村医生和卫生员 2.9 万人。

(5) 人口。全年出生率 11.41‰，死亡率 5.20‰，自然增长率 6.21‰；

出生人口 42.3 万人，死亡人口 19.3 万人。年末常住人口 3720 万人。

（6）体育健身。新增场地面积近 170 万平方米，新建乡镇体育健身活动中心 21 个、城市社区多功能公共运动场 10 个、农民体育健身工程点 2600 个。

（7）社会保障。社会保障覆盖面不断扩大，全省参加城镇基本医疗保险人数 1255 万人，其中参保职工 626 万人，参保的城镇居民为 629 万人。

（五）生态环境不断改善

（1）降耗。全省能源消费比上年增长 8.5%，总量达到 10639 万吨标准煤。万元地区生产总值能耗下降 3.29%。

（2）绿化。全年新增城市建成区绿地面积 2476 公顷，绿地率达到 36.3%；公园绿地面积新增 634 公顷，人均公园绿地面积达到 11.1 平方米。全省森林覆盖率达到 63.1%。人工造林更新总面积 459 万亩，比上年增长 181%；人工迹地更新面积 112 万亩，人工荒山造林 348 万亩。全省商品材产量比上年下降 22%，为 529 万立方米。全年植树造林总面积达到 701 万亩。

（3）气象。全省有 42 个国家一般气象站、23 个国家基本气象站、5 个国家基准气候站，70 个国家级地面气象观测站、6 个天气雷达观测站。全省有海洋环境重点监测区域 14 个、海洋环境监测站位 1182 个、生物质量站位 22 个、海漂垃圾监测区域 41 个。全省有 39 个地震强震动观测台站，157 个地震测震台站；358 个地震前兆测项，43 个地震前兆台站；41 个 GPS 地震观测基准站，14 个基本站。

（4）减灾。全省海洋灾害直接经济损失约 5.4 亿元，比上年减少 84%。森林火灾发生率达到 4.64 次/十万公顷，受害率达到 0.99‰。发生 412 起森林火灾，有 0.7 万公顷受害面积。全省地质灾害造成直接经济损失 1949.2 万元。全省共有 2.65 万公顷农作物受灾面积，0.23 万公顷绝收。

（5）测绘。全年公开出版地图 68 种。向社会提供大地控制成果 2518 点，3D 数字地图 15794 幅。累计省级基础地理信息数据库建设 DLG 达 4689 幅，累计数字正射影像图（DOM）达 4689 幅。

（6）检测。全省制修订 120 项地方标准，比上年增长 5%，制修订 80 项行业标准，比上年增长6%，制修订63项国家标准，比上年增长8%，累计制订1067项地方标准、665项行业标准、773项国家标准；新获批全国专业标准化技术委员会6个，累计达37个。有77个法定计量技术机构，1个国家城市能源计量中心，强制检定89.7万台（件）工作计量器具。新建51项社会公用计量标准。有国家产品质量监督检验中心17个，产品检测实验室620个。现有独立认证机构1个、分支机构11个。有100个中国名牌产品；51个国家地理标志产品，其中新增3个。

（7）环境质量。环境监测设施建设加快，江河水质符合和优于Ⅲ类水的河流总长达到2632公里。区域内的五江一溪水质达到或优于国家地表水Ⅲ类标准要求的占73.02%。12条主要水系水质达到或优于国家地表水Ⅲ类标准要求的占94.5%。

（8）污水垃圾处理。设施建设逐步完善，设区城市污水处理率84.5%；市（县、区）生活垃圾无害化处理率85%，市（县、区）污水处理率81.3%。设区城市生活垃圾无害化处理率94%。

（9）自然生态保护。省内有自然保护区92个，国家级自然保护区13个；自然保护区面积45.4万公顷，占全省国土面积的2.84%。有国家级生态示范区12个，省级生态村357个。风景名胜区总面积占全省土地面积的1.8%，达到22万公顷。

二 福建省经济社会发展趋势

（一）2012年福建省经济社会发展趋势

2012年福建省经济社会发展趋势呈现稳中有升。1~11月，全省生产总值16875.58亿元，同比增长11.4%，增速比第一季度和上半年分别提高0.5个和0.1个百分点。其中，第一产业增加值增长4.1%，达1482.2亿元；第二产业增加值增长14.7%，达9305.6亿元；第三产业增加值增长8.1%，达6087.8亿元。从2012年经济社会全年发展走势看，全省地区生产总值增速从1~2月增长10.8%，逐月稳步提高到1~11月的11.4%，预计2012年经济增长 11.5% 左右。

1. 产业发展企稳

农业生产稳步发展。从前三季度的数据看，全省农林牧渔业总产值 1737.88 亿元，比上年同期增长 4.4%，增幅比第一季度和上半年分别提高 0.7 个和 0.1 个百分点。全省春收农作物面积 662.79 万亩，增加 8.75 万亩；春粮产量 34.27 万吨，增长 1.2%；夏收粮食产量 144.28 万吨，比上年同期下降 0.3%。截至 11 月 30 日，全省秋冬种马铃薯 28.91 万亩，蔬菜种植 298.25 万亩，油菜种植 11.72 万亩。

工业增速企稳回升。2012 年福建省工业生产止住了上年持续回落的局面，在经历了前三季度的小幅波动后，9 月开始进入平稳回升的通道。11 月，全省规模以上工业增加值 733.62 亿元，同比增长 16.5%，增幅连续 3 个月上升，是近 9 个月来最高当月增幅。1 ~ 11 月，规模以上工业增加值 7119.98 亿元，增长 15.2%，增幅比上半年、前三季度和 1 ~ 10 月分别提高 0.6 个、0.3 个和 0.1 个百分点。

服务业较快发展。1 ~ 11 月，第三产业增加值增长 8.1%，增幅比第一季度提高 1.6 个百分点，与上半年持平。金融业与房地产业增加值分别为 677.50 亿元和 672.20 亿元，分别增长 13.8% 和 9.0%，增速分别比上年同期提高 6.5 个和 3.5 个百分点，占服务业的比重由上年同期的 20.2% 提高至 22.2%。11 月末，全省金融机构本外币各项存款余额增长 15.2%，达到 24443.24 亿元；各项贷款余额增长 18.5%，达到 22212.3 亿元。全省金融机构存贷比为 90.9%，比上月末提高 0.1 个百分点。

2. 需求协调增长

固定资产投资增长较快。1 ~ 11 月，全社会固定资产投资比上年增长 26.2%，达到 11496 亿元。其中不含农户的固定资产投资 11265.94 亿元，增长 26.5%，增速比全国平均水平高 5.8 个百分点。全省国有投资 4341.31 亿元，增长 33.3%，增幅同比提高 17.2 个百分点，对全省投资增长的贡献达 45.9%，同比提高 22.9 个百分点。大项目投资拉动有力，全省亿元项目 2921 个，比上年同期增加 387 个，完成投资 4997.36 亿元，增长 26.5%，拉动投资增长 11.8 个百分点。

市场消费持续增长。2012年以来消费品累计增速基本在15.5%~16%间波动。1~11月，全省社会消费品零售总额6414.28亿元，同比增长15.9%，增幅与1~10月持平。其中乡村市场消费品零售额比上年增长14.3%，达到524亿元；城镇市场消费品零售额比上年增长16.1%，达到5890亿元。城镇市场与乡村市场增幅的差距由上年同期的4.7个百分点缩小至1.8个百分点，比1~10月缩小0.2个百分点。

对外经贸继续增长。1~11月进口比上年增长15.6%，达到529.8亿美元；出口比上年增长4.6%，达到881.2亿美元；合计进出口比上年增长8.5%，达到1411亿美元。民营企业出口442.96美元，增长10.5%，好于外资企业，增幅高于外资企业11.5个百分点。传统产品出口好于机电、高新技术产品。五大传统商品合计出口290.72亿美元，增长7.2%；机电产品出口319.59亿美元，增长2.4%；高新技术产品出口126.02亿美元，下降0.6%。新兴市场出口好于传统市场。对新兴市场出口227.95亿美元，增长11.1%。对五大传统市场出口573.38亿美元，增长3.2%。1~11月全省新签外商直接投资合同815项，同比下降12.2%，降幅比1~10月收窄2.1个百分点；实际利用外商直接投资58.37亿美元，增长2.0%。

3. 民生持续改善

居民收支继续增加。1~11月，全省农民人均现金收入比上年增长16.3%，达到10103.70元，增幅与1~10月持平，扣除价格因素实际增长13.4%，增幅比1~10月回落0.2个百分点。农民人均生活消费支出比上年增长15.0%，达到5847.50元。1~11月全省城镇居民人均可支配收入25836.12元，增长13.0%。城镇居民人均消费支出比上年增长12.5%，达到17152.9元，扣除价格因素实际增长9.9%。

就业需求继续扩大。前三季度，全省城镇新增就业人数52.06万人，完成全年目标的86.8%，就业人数同比增长6.4%，1~10月规模以上工业从业人员数比第一季度和上半年分别增加13.92万人和4.40万人，比上年同期增加14.44万人。

4. 运行质量提升

工业经济效益提高。1~10月，全省规模以上工业经济效益综合指数

232.95,同比提高 6.83 点。实现利润总额 1093.59 亿元,比上年同期增长 2.9%,增速较 1~9 月回升 0.7 个百分点,38 个工业大类行业中有 24 个行业利润实现增长。10 月末,全省工业企业亏损面 10.1%,比 1~9 月降低 1.4 个百分点。

财政收入增速提高。11 月,全省财政总收入 206.66 亿元,同比增长 26.6%。1~11 月实现财政总收入 2716.37 亿元,增长 16.1%,增幅比 1~10 月提高 0.8 个百分点,其中地方财政收入 1591.44 亿元,增长 18.6%,增幅比 1~10 月提高 0.7 个百分点。全省财政支出 2111.06 亿元,增长 21.2%。

工业能耗继续下降。1~11 月,规模以上工业综合能源消费量 5850.02 万吨标准煤,同比下降 1.0%,降幅比 1~10 月收窄 1.0 个百分点。全省 38 个工业行业中,26 个行业同比增长,12 个行业综合能源消费量同比下降,下降面为 31.6%。

综上所述,以 2012 年福建省经济社会发展态势推断,2012 年福建经济社会发展主要指标全年预计如下。

预计全省生产总值比上年增长 11.5%,全年达到 19800 亿元,其中第一产业增加值预计比上年增长 4.2%,全年达到 1800 亿元;第二产业增加值预计比上年增长 14.8%,达到 10380 亿元,其中工业增加值预计比上年增长 14.3%,达到 8720 亿元;第三产业增加值预计比上年增长 8.2%,达到 7620 亿元。全社会固定资产投资预计比上年增长 25%,达到 12650 亿元。社会消费品零售总额 7250 亿元,预计比上年增长 15.5%。外贸出口总额 970 亿美元,预计比上年增长 4.5%。

(二)2013 年福建省经济社会发展趋势预测

1. 2013 年发展环境与需求走向预测

(1)投资趋势预测。

从全国来看,固定资产投资将继续保持较快的增长速度,一是 2013 年我国将继续实施积极的财政政策和稳健的货币政策,有利于经济增速回升,按照"十二五"规划,2013 年城镇化和公路、铁路、地铁、水利等基建项目建设将继续加快推进;二是 42 个部门的"新非公 36 条"实施细则的政策效应将部

分显现，为民营经济和中小企业提供一定的市场环境，有利于促进民间投资；三是扶持小微企业的系列减税政策效应继续显现，营业税改增值税的进一步推进将使原征收营业税的企业享受机器设备和物料消耗两者购进增值税税额抵扣，激励民间投资扩张；四是民生类基础设施的投资将是2013年的一大亮点，目前环境水利、科教文卫、公共设施等民生类基础设施投资比重已经超过40%，2013年随着财政支出结构的优化，这一类基础设施投资仍将保持比较稳健的增速。国务院发展研究中心、国家信息中心等机构预测2013年全国固定资产投资将增长18%以上。

从福建来看，2013年是全面实施"十二五"规划的重要一年，福建将继续实施"五大战役"、深入推进"三维"项目对接，加快大都市区同城化和平潭综合实验区开放开发，继续加大在生态省建设、新型城镇化、海洋产业、战略性新兴产业、民生水利、公共服务、城市建设、社会事业、科技创新、文化等领域的投资。从资金情况看，2011年全省全社会固定资产投资的资金来源中，政府性投资、国内贷款、发行债券、利用外资4项所占比重合计达24.7%，企业自筹资金达57.4%，其他资金来源占17.9%，后两项资金中有很大的比例是民间资金。闽商每年在全国各地的投资估计有1000亿元以上，福建银行中各项存贷款总差额也有2500亿元以上，2013年福建将积极营造良好的政策环境，鼓励民间资金投资将成为福建固定资产投资增长的重要潜力。预测2013年福建投资仍能保持20%以上的较快增速。

（2）消费趋势预测。

从全国来看，促进消费增长的有利因素仍然较多，一是消费金融在近年快速发展，为百货、培训、留学、安居、汽车、车险、旅游等民生领域消费提供支持；二是就业总体稳定，城乡居民收入保持较快增长，为消费稳定增长奠定了基础；三是有利于提高居民收入水平和改善分配结构的收入分配体制改革总体方案研究多年，如果发布，将为扩大消费奠定坚实基础；四是与住宅相关的装修、建材、家电、家具等消费可能有所回升。专家预计2013年全国社会消费品零售总额增速在15%以上。

从福建来看，2012年全省消费保持平稳增长态势，1~10月社会消费品零售总额增长15.9%，预计全年增长15.5%。考虑到2012年下半年以来，投资项目的重新启动，固定资产投资增长带动水泥、钢材的销售，同时，工业化、城镇化进程加快，大病医疗保险制度的逐步完善，新一轮促消费政策将在2013年陆续出台，这些将推动福建省市场消费稳中有升。预计2013年福建消费仍能保持15%以上的较快增速。

（3）出口趋势预测。

从全国来看，2013年出口环境可能略好于上年，但影响出口的不利因素依然较多。一是国际资本大规模跨境流动，可能冲击全球金融。美日欧等主要经济体均采取量化宽松政策，澳大利亚、韩国、印度、巴西等也降息刺激经济，可能引发各国货币汇率频繁大幅波动，国际金融和商品市场仍可能持续动荡。二是世界经济增长动力仍较疲弱。持续紧缩财政在美日欧等发达经济体并未改观，宽松货币政策继续实施，世界经济增长动力依然不足。一些新兴经济体经济增速也在放缓，国际收支失衡，发展风险上升。三是贸易摩擦的影响持续加大。随着我国出口产业从劳动密集型产业向新兴产业升级，国外对我国新兴产业出口的限制明显增多。这种局面在2013年内难以有所较大改观。但未来的出口增长仍有一些积极因素：随着中国与东盟自由贸易区的成长、更多潜在自贸区可能推出，以及中国企业"走出去"的努力，中国的出口市场有望进一步多元化，特别是向新兴市场与发展中国家扩展等。专家预计2013年全国出口增长7%左右。

从福建来看，福建出口"十一五"期间年均增长15.5%，2011年增长29.9%，但2012年福建出口明显偏离历史趋势，预计全年增长4.4%；2013年，福建出口仍将面临较大困难，预测增长5%左右。

2. 2013年福建主要指标预测

从全国来看，大部分机构、经济学家预计2013年我国经济将实现平稳温和增长，国家信息中心、中国社会科学院等多家机构预计2013年我国GDP增长8%以上，国务院发展研究中心建议2013年全国GDP增长目标定为7.5%。综合来看，预测2013年全国经济增长7%～8.5%。

从福建来看，福建省生产总值"十一五"期间年均增长13.8%，2011年增长12.3%，2012年预计增长11.3%。预测2013年福建经济增长10.6%～11.6%。

　　2013 年福建主要指标预测如下：全省生产总值比上年增长 10.6% ~ 11.6%，其中，全社会固定资产投资比上年增长 19% ~ 25%；工业增加值比上年增长 13% ~ 14%；社会消费品零售总额比上年增长 12% ~ 15%；居民消费价格指数涨幅为 3% ~ 3.8%；外贸出口总额增长 3% ~ 10%；实际利用外商直接投资（验资口径）增长 1% ~ 8%；农民人均纯收入比上年增长 9% ~ 13%，城镇居民人均可支配收入比上年增长 9% ~ 13%；财政总收入增长 11% ~ 15%，地方级财政收入比上年增长 11% ~ 15%。

B . 3
粤东地区经济社会发展现状与趋势

刘慧琳

粤东地区包括汕头、汕尾、潮州、揭阳四个地级市。2012 年，区域总面积 15516 平方公里，占广东全省的 8.6%；常住人口 1709.7 万人，占全省的 16.1%。改革开放以来，粤东地区（潮汕）经济社会发展取得显著成绩，为全省改革开放和现代化建设作出了积极贡献。2006 年以来，粤东四市认真贯彻落实省委、省政府《关于促进粤东地区加快经济社会发展的若干意见》，充分发挥地缘人缘优势，抢抓机遇，埋头苦干，经济社会发展迈上了新台阶。

一 粤东地区经济社会发展现状

（一）国民经济保持平稳较快发展的良好势头

近年来，粤东经济总体上获得较快发展。"十一五"时期，粤东地区生产总值年均增长 13.7%，超过全省平均水平。2012 年，粤东地区生产总值为 4112.04 亿元，人均生产总值为 24157 元，同比分别增长 10.2%、9.6%，其中汕头为 1415.01 亿元、26047 元，分别增长 9.5%、9.0%；潮州 706.47 亿元、26245 元，分别增长 12.4%、10.1%；揭阳 1380.15 亿元、23252 元，分别增长 11.3%、10.6%；汕尾 610.41 亿元、20608 元，分别增长 13.5%、12.9%。粤东地区全社会固定资产投资为 1891.15 亿元，同比增长 16.4%；社会消费品零售总额 2258.57 亿元，增长 12.3%；地方财政一般预算收入 226.06 亿元，增长 17.8%。

（二）产业结构和自主创新取得重大进展

粤东在加快经济增长速度的同时，积极推进经济结构从传统产业转向服务业和先进制造业"双轮驱动"的现代产业，由主要依靠第二产业带动向依靠第一、第二、第三产业协调带动转变，三次产业结构优化调整到 2011 年的9.1∶54.0∶36.9。工业化水平不断提高。2011 年粤东实现规模以上工业增加值1362.8 亿元，工业体系不断发展和优化，初步形成了一系列特色优势产业。汕头初步形成了印刷包装、轻工装备制造、输配电设备、智能玩具制造、光机电一体化、电子信息产品、食品、精细化工等特色优势产业。汕尾已初步形成了电力能源、电子信息、食品加工、纺织服装、金银首饰、宝石加工、海洋水产等优势产业。其中，电力能源优势凸显，将成为广东省乃至全国重要的电力能源生产基地。潮州主要有陶瓷业、食品业、服装业等传统产业，有"中国瓷都"之称；潮州还是中国最大的婚纱、晚礼服生产基地和出口基地。揭阳的优势产业包括五金机械、医药、玉器、纺织服装等。五金不锈钢产品在全国市场占有量达 1/3，是全国最大的不锈钢制品生产基地之一。服务业发展水平不断提高。随着粤东地区产业结构进一步优化，服务业总体规模逐渐扩大。从比重上看，近几年服务业占 GDP 比重在 35% 左右；从结构上看，粤东服务业主要由商贸餐饮等传统服务行业来推动，档次较低、水平滞后。近年来，现代物流、信息服务、商务服务等新兴服务业得以发展，推动了服务业发展水平不断提高。

（三）内外源型经济齐头并进快速发展

粤东四市均以内向型经济和民营经济为主，近年来，民营经济保持强劲增长势头，民营经济占粤东地区生产总值的比重高于全省平均水平；民营企业不断强身健体、做强做大，宜华、龙光、众业达、南洋电缆、奥飞动漫等 5 家企业进入广东省百强民营企业行列，上市公司有 11 家。民营企业的外贸也得到快速发展，成为新崛起的中坚力量。2011 年粤东实现进出口总值 196.97 亿美元，增长 16.7%，其中出口 137.3 亿美元，进口 59.67 亿美元。

（四）发展环境逐步优化

大规模推进工业、交通、能源、水利等重点项目的基础设施建设，大大改善了基础设施滞后的状况。2011 年，粤东地区公路通车里程达 20069 公里，高速公路通车里程超过 400 公里。潮汕机场的建设将结束粤东无专用民用空港的历史,厦深铁路将于 2013 年实现全线通车,南澳大桥主体工程已经完工,潮州大桥、潮州港扩建货运码头建设加快,汕头到揭西高速公路、广梅汕铁路汕头段增建二线等重大项目将动工或完工。大力推进法治环境、市场环境、政务环境、治安环境和人文环境建设,发展软环境明显改善。

(五)产业园区建设粗具规模

粤东工业园区建设粗具规模,招商引资已见成效。汕头已建(在建)及拟建的工业园区约 37 个,规划总面积约 91.7 平方公里,其中已建(在建)的 28 个,规划总面积约 64.5 平方公里,已进入区内的企业 3000 余家。汕尾现有工业园区 38 个,其中 10 个为重点规划工业园区,即 5 个综合园区,5 个专业园区;全市园区工业产值每年以 27% 的增长速度发展,占全社会工业总产值的 65% 以上。揭阳在打造珠海(揭阳)产业转移工业园为全省示范产业转移园区的同时,正努力建设空港经济区、大南海(国际)石化综合工业园、揭阳高新技术产业开发、揭阳大南山工业区等。潮州在原有的工业园区中,整合深圳工业转移园区、台商工业园区、欧盟工业园区三大工业园,建成为省级大型工业转移园区,发挥了港口、海外潮人众多、对台合作的前沿阵地三大优势。

(六)人民生活明显改善

民生投入不断加大,教育、就业、环保、社保、医疗等热点难点问题的解决取得积极进展。2012 年,粤东地区城镇居民人均可支配收入超 18000 元;农民人均纯收入超 8000 元。全面实现九年免费义务教育。社会保障体系不断完善,城乡三项医疗保险参保率为 95% 以上,新兴农村合作医疗实现基本覆盖。城镇生活垃圾无害化处理率达 47.5%,污水处理、生活垃圾处理等环保项目加快推进,城乡建设和环境保护工作取得积极进展。农村劳动力转移就业步伐加快。

当前,全省的发展形势很好,为粤东加快发展提供了良好的外部环境和难得的历史机遇。从国际看,和平和发展仍然是当今世界的主题,经济全球化和

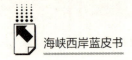
区域经济一体化深入发展，国际金融危机引致世界经济格局变化和产业的转型升级进一步加快，国际产业向亚太地区转移的趋势没有改变，粤东地区进一步承接国际产业转移，加快推动企业走出去，加快开放型经济发展，将迎来难得的发展机遇。从国内看，工业化和城镇化进程加快，成为中国未来发展的最大潜力和推动力，为扩大内需提供广阔的市场和空间，经济发展具有很强的后劲；《珠江三角洲地区改革发展规划纲要（2008～2020年）》和《国务院关于支持福建省加快建设海峡西岸经济区的若干意见》正在加快实施，海峡西岸经济区建设积极推进；广东省也在深入实施《粤港更紧密合作安排》，全省加快推进"双转移"，在产业布局、重点项目、基础设施建设等方面对粤东的扶持力度加大，为粤东地区充分发挥地缘优势和资源优势，参与区域经济合作，充分利用两大国家级战略试验区叠加的政策，承接台湾和珠三角产业转移提供了新的发展空间。

但与此同时粤东地区经济社会仍然面临较为严峻的挑战。一方面，国际金融危机的负面影响仍在延续，世界经济增长放缓，外需持续疲软，国际产业转移的进程可能会暂时放慢，区域间承接产业转移的竞争将会更加激烈；另一方面，粤东地区经济总量最小，人均生产总值最低，自身财力薄弱，产业发展和技术创新的人才支撑严重不足，粗放型发展模式还没有得到根本转变，产业转型升级、社会事业发展、统筹城乡和区域协调发展任务繁重。因此，进一步加快粤东地区经济社会发展，事关粤东地区人民福祉，事关广东率先全面建成小康社会，意义十分重大。

二　粤东地区经济社会发展趋势

粤东地区抓住实施《珠江三角洲地区改革发展规划纲要（2008～2020年）》和建设海峡西岸经济区的历史机遇，以科学发展观为指导，加快发展步伐，做大经济总量、提升经济质量，继续加快产业发展、优化产业布局，继续加快基础设施建设、优化城乡发展格局，继续加快社会事业发展、增进社会和谐，继续加强资源节约和环境保护、提高可持续发展能力。充分发挥人缘、地缘优势，主动融入珠三角，积极参与海峡西岸经济区建设，深化与港澳台及东盟合作。努力促进产业发展水平、城市化水平大提升。预计到 2015 年，具有粤东地区特色的现代产业体系基本建成、自主创新能力明显提高、基础设施更加完善、生态环境进一步优化、一体化发展格局基本形成、人民生活水平较大提高，基本实现十年大发展的目标，为全省实现"三个定位、两个率先"作出重要贡献。

（一）明确了四市发展目标任务

汕头以科学发展为主题，以建设美丽幸福汕头为目标，坚持根植性发展、精致型开发、包容性增长理念，着力打好交通基础设施建设大会战，着力推进城市扩容提质，加快推进产业转型升级，全面统筹城乡发展，推动经济社会发展迈上新台阶。潮州以建设富裕潮州、美丽潮州、文明潮州、幸福潮州为目标，积极扩大投资消费，加快产业结构调整，着力保障和改善民生，全力促进经济社会加快发展。揭阳以"打造粤东发展极，建设幸福新揭阳"为核心任务，以做大经济总量、提高经济质量、建设粤东经济强市和区域中心城市为目标，大力实施"创新驱动、项目带动、文化推动、高端拉动、生态联动"发展战略，着力发展两港经济，加快转型升级，确保经济平稳较快发展。汕尾以建设幸福汕尾为目标，以深汕特别合作区为引擎带动全市协调发展，深入实施"四大战略"，大力推进"八大转型"，强化创新驱动，打造软硬环境，促进绿色发展。

（二）构建点圈一体的城镇发展格局

以汕头中心城区为中心，潮州、揭阳、汕尾市区为副中心，推进"汕潮揭"同城化，构建"汕潮揭"都市圈，加快中心市区扩容提质，加快出台推进同城化发展的指导意见，编制城镇群、交通、重点项目、产业园区、基本公共服务、水资源等同城化专项规划，形成资源共享、一体化融合发展的粤东城镇群。汕头市强化作为粤东中心城市的地位，大力推进汕头海湾新区总体规划编制工作，推进建设华侨经济文化合作试验区，加快建设现代化港口城市和生态型海滨城市。汕尾市以城区和红海湾经济开发区为全市中心发展区，建设成为"海在城中、城在山间"的现代化滨海新城。潮州市形成中心组团、潮安县城组团、饶平县城组团和柘林湾临港组团四大发展组团，建设成为在国内外具有重要影响力的历史文化名城和现代化滨江临海城市。揭阳市探索以产兴城、以城促产、产城一体的产业新城建设新模式，建设成为山海工商城市。

（三）形成"块带结合"的产业空间布局

主动加强与珠三角产业合作，推动各类资源有效对接，积极参与海峡西岸经济区建设，推进产业一体化发展，加快构建具有粤东特色的现代产业体系，打造国家海洋产业集聚区、全省重要的能源基地、临港工业基地。一是积极承接珠三角地区和国内外产业转移。重点建设深圳（潮州）、深圳（汕尾）、珠海（揭阳）和汕头市产业转移工业园。整合提升各类开发区和重点园区，构筑高水平的产业集聚平台，促进形成集聚发展的块状经济区。二是大力发展海洋经济。大力发展临港工业和港口物流业，积极发展石化、装备制造等先进制造业，建设沿海电力能源基地和揭阳（惠来）石化基地，培育形成若干高技术含量、高附加值的精细化工产业集群；科学推进集中集约用海，重点发展海洋能源、海洋交通运输、海洋旅游、水产品精深加工，重点开发海门湾、碣石湾西岸、南澳西南岸等工业与城镇建设区。三是大力发展旅游文化产业。充分发挥潮汕文化资源优势，做大做强文化产业，打造一批文化产业集聚区。利用海域、海湾、海岛，发展蓝色滨海旅游；利用山地森林、河流湖泊，发展绿色生态旅游；利用革命遗址、历史胜迹，发展红色旅游，打造旅游产业集聚区。四是优化提升传统产业。加大技术投入和研发力度，增强特色产业国际竞争力，汕头要做强做大"中国玩具礼品城""中国内衣名镇"等区域性品牌，汕尾要提升食品制造、纺织服装、金银珠宝首饰及圣诞礼品等行业品牌，潮州要着力建设陶瓷创新基地、"中国婚纱晚礼服名城"和"中国服装跨国采购基地"，揭阳要打造"氨基塑料、中药饮片、五金不锈钢制品、纺织服装、模具、玉器"等特色产业基地。五是以发展高附加值特色效益农业为主，建设一批具有地方特色和市场优势的加工型蔬果、茶叶、花卉、水稻等农产品生产加工基地，借鉴台湾精细农业的经营模式，在汕头、潮州建设粤台精细农业合作发展示范园区，在揭阳、汕尾建设高效生态农业发展示范园区。

（四）推进重大基础设施一体化建设

一是加快推进区域交通基础设施一体化规划与建设。按照区域经济一体化发展要求，进一步完善区域内交通网络，实现区域内"无缝衔接"。加快粤东地区高速公路网建设，2011年建成汕头至揭阳、潮州至揭阳高速公路，加快推进汕头至揭西、揭东至惠来等高速公路前期工作。加强区域对外交通通道建设，加快汕尾至兴宁、揭阳至惠州、潮州至福建漳州（省界）高速公路项目建设。加快推进广州至汕尾铁路、龙川至汕尾铁路、阜鹰汕铁路广东段项目建设有关工作。加快揭阳潮汕机场建设。开展粤东地区城际轨道交通规划工作。抓紧编制粤东综合交通运输体系规划，开展粤东建设"组合港"研究。完善港口集疏运条件，加快厦深铁路潮汕站至揭阳潮汕机场连接道路建设工作，促进海港、空港、路网枢纽的有效衔接。二是统筹推进能源基础设施协调发展。统筹规划电源电网，加快推进粤东地区向珠三角送电通道和电源送出工程建设，切实解决电力输送问题。加强骨干电网及城乡电网建设与改造，提高电网抗灾害能力和电力减灾应急能力。积极发展清洁能源，推进汕尾陆丰核电项目尽快获得国家同意开展前期工作并争取尽快开工，稳妥推进揭阳核电项目前期准备工作。进一步落实有关"上大压小"和热电冷联供项目建设条件，推进相关项目建设。加快一体化的油气基础设施建设，推进粤东成品油管道、天然气管道及LNG接收站项目建设。三是加强水利基础设施建设。尽快建立覆盖城乡的综合性水利防灾减灾工程体系，进一步优化水资源配置。以汕头大围、榕江大围、潮州南北堤和汕尾城市防洪潮工程为重点，推进市县城区防洪潮和海堤工程建设。尽快开工建设汕头东部城市经济带新津河口、外砂河口治理及海堤和排涝工程。加快潮州内洋南总干涝区、沟尾溪涝区、湘桥区河内湖涝等排涝整治工程前期工作。组织编制粤东涝区治理工程建设规划。充分发挥潮州供水枢纽工程功能，加快实施潮州供水枢纽及河口五闸供水体系工程规划，确保韩江下游地区供水安全。

（五）提高可持续发展能力

一是严格控制人口数量。全面贯彻落实《广东省人口与计划生育条例》，继续健全计划生育层级动态工作责任制以及目标管理责任制，有效控制人口增长，努力提高符合政策生育率，扭转人口过快增长的局面。2011年，粤东各县（市、区）人口计生目标管理责任制考核力争达到二类以上标准。二是节约集约利用土地。加快土地利用总体规划修编，优化土地利用结构和布局。在符合生态环境保护要求和科学论证的前提下，积极整理开发低效园地山坡地补充耕地。积极推进集体建设用地使用权流转，加大闲置土地处置力度，推进"三旧"改造，盘活存量建设用地。加快推进汕头市围海造地工作，统筹实施围填海造地，合理开发滩涂资源。三是加强生态环境保护。编制粤东地区环境保护规划。加强韩江、榕江、练江、螺河、黄冈河流域综合整治和饮用水源地保护，确保饮用水安全，同步推进流域环境综合整治。提高污水处理能力，加快建设城镇污水处理设施。加强固体废物处理处置，推进贵屿废旧电子电器集中拆除基地建设。加快规划和建设城镇垃圾无害化处理设施，完善垃圾收运体系。有效保护河口和海岸湿地，控制近岸海域污染，加大海洋污染防治力度，逐步建立污染物排海总量控制制度。推进城市景观林、城区公共绿地、环城绿带建设，加快建成沿公路和铁路的绿化带。

（六）强化社会建设

一是全面提高教育发展水平和人口素质。把教育摆在突出的战略位置，有效破解教育发展难题。合理安排教育资源，加大省级财政转移支付力度，落实中小学教师工资福利待遇"两相当"。加快调整优化中小学布局，着力消除大班额现象，大力提高初中三年保留率和高中阶段毛入学率，着重发展中等职业教育，优化普高和职教比例。支持市、县、镇、村四级公共文化设施建设和各类劳动力技能培训。挖掘和弘扬粤东地区优秀传统文化。二是提升医疗卫生服务水平。按照国家及省医药卫生体制改革方向，不断健全城乡医疗卫生服务体系，加快城市社区卫生服务机构和农村三级医疗卫生服务网络建设。加大省市财政帮扶力度，粤东地区的县（市、区）均有一所县级医院达到二级甲等标准。逐步向城乡居民统一提供疾病预防控制、妇幼保健、健康教育等基本公共卫生服务。建立公共卫生服务经费保障机制，加强区域卫生资源统筹和共享，逐步实现粤东地区门、急诊"病历一本通",区域或同级医疗机构检验检查结果互认。三是完善就业和社会保障体系。围绕实施"双转移",建立城乡劳动者平等就业的管理和服务制度,使90%的县(市、区)、80%的镇(街)和75%的社区能够提供较为完备的基本公共就业服务功能。逐步完善社保金征缴纳和基本医疗保险政策,不断扩大社会保险覆盖面,努力打造一体化社会保障网络体系。进一步完善社保关系转移接续制度,加快城镇职工医保、城镇居民医保和新农合一体化步伐,逐步实现社保"一卡通"。建立完善社会救助体系,确保救助对象的基本生活得到保障。四是加强社会治安综合整治。进一步加强社会治安综合治理,联合开展治安重点地区和突出问题的集中整治。建立健全社会矛盾化解机制和突发事件应对处置机制,打造联防联动的基层维稳工作平台。着力加强和改进信访工作,从源头上预防信访问题和群体性事件的产生。加强各市各部门间的监督执法合作,逐步建立应对重大突发公共事件的处置平台和工作机制,营造安定和谐的发展氛围。五是加强基层组织建设。要着力加强以党支部为核心的基层组织建设,切实解决部分农村存在的封建迷信、宗族势力等干扰基层组织建设的问题。倡导讲科学、善包容、维护法律的风气。要加强党风建设,推动机关融入基层,干部融入群众,树立良好形象。

(七)增强发展动力

一是深化体制改革。加快行政审批制度改革,进一步减少和规范行政审批,提高办事效率和服务水平,建立高效服务型政府。营造快速便捷的通关环境,提高口岸综合管理水平和服务质量。推动区域社会信用体系建设。营造有利于自主创新的大环境,着重加强先进适用科技成果转化推广,发展壮大技术密集型产业。汕头要擦亮经济特区品牌,增强带动优势,继续发挥改革开放先行作用,用好经济特区立法权,重点在深化行政管理体制、社会管理体制改革、转变政府职能等方面走在全省前列。二是加大开放步伐。抓住实施《珠江三角洲地区改革发展规划纲要(2008~2020年)》和建设海峡西岸经济区的历史机遇,主动融入珠三角,加强与港澳紧密合作交流,借助海峡西岸经济区的政策优惠和发展平台,拓展发展空间。深化对台经贸交流合

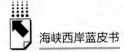
作，支持汕头潮南台湾农民创业园、广东潮州（饶平）台商投资试验区建设，支持粤东四市对台小额贸易试点口岸和台湾渔民事务工作站建设。充分发挥侨乡优势，进一步办好"侨博会""潮商会"，扩大粤东产品的市场占有率和知名度，拓宽有效吸引外资的渠道，提高利用外资水平，支持汕头保税区转型为综合保税区。积极推进与东盟等区域间的经贸、产业合作，大力开拓国际市场。

$\mathbb{B}.4$
浙南地区经济社会发展现状与趋势

董建伟 俞海军

2011 年，海峡西岸经济区建设进入全面实施《海峡西岸经济区发展规划》的新阶段。浙南地区（温州、丽水、衢州三市）作为海峡西岸经济区的重要组成部分，积极参与区域经济合作与交流，进一步加强与长三角地区和闽、赣两省的联系和交往，坚持科学发展，深化改革开放，加快转变经济发展方式，经济社会继续保持平稳健康发展。

一 浙南地区经济社会发展现状

1. 国民经济持续快速发展

经济保持较快增长。浙南三市 2011 年生产总值合计 5136.3 亿元，占全省生产总值的 15.9%，三市增速均高于全省平均水平。其中，温州市实现生产总值 3418.5 亿元，比上年增长 9.5%；衢州市实现生产总值 919.6 亿元，增长 11.4%，增幅居全省第二位；丽水市实现生产总值 798.2 亿元，比上年增长 11.5%，增幅居全省首位。如表 1 所示。

投资规模不断扩大。浙南三市固定资产投资合计 2403.4 亿元，占全省总量的 17.1%。其中，温州市固定资产投资达到 1540.3 亿元，比上年增长近 1 倍，投资总额跃居全省第三位；衢州市固定资产投资 504.6 亿元，增长 12.9%；丽水市固定资产投资 358.5 亿元，增长 20.3%，增幅创"十一五"以来新高。

财政收入增长很快。浙南三市合计地方财政收入 385.9 亿元，占全省总量的 12.2%。其中，温州市地方财政收入 270.9 亿元，比上年增长 18.5%，收入规模稳居全省第三位；衢州市地方财政收入 57.6 亿元，增长 22.5%，增幅高于全省平均水平；丽水市地方财政收入 57.4 亿元，增长 27.6%，增幅居全省第二位。

表1 2011年浙南三市主要经济指标与全省比较一览

项目	单位	浙江省		温州市		丽水市		衢州市	
		2011年	比上年增长(%)	2011年	比上年增长(%)	2011年	比上年增长(%)	2011年	比上年增长(%)
地区生产总值	亿元	32319	9.0	3418.5	9.5	798.2	11.5	919.6	11.4
人均生产总值	元	59249	7.2	37407	7.6	37706	11.7	43356	11.7
固定资产投资	亿元	14077	22.9	1540.3	92.1	358.5	20.3	504.6	12.9
社会消费品零售总额	亿元	11931	17.4	1768	18.0	316	18.7	344	18.4
出口总值	亿美元	2164	19.9	181.7	24.9	18.1	34.5	17.6	46.1
财政总收入	亿元	5925	21.0	485.6	18.0	100.1	30.3	95	26.1
其中:地方财政收入	亿元	3151	20.8	270.6	18.5	57.4	27.6	57.6	22.5
城镇居民人均可支配收入	元	30971	13.2	31749	16.5	23391	10.9	24900	14.2
农村居民人均纯收入	元	13071	15.6	13243	16.0	7809	19.5	9635	16.5

资料来源:根据2011年、2012年《浙江统计年鉴》整理。

城乡居民增收明显。温州市城镇居民人均可支配收入超30000元,达31749元,农村居民人均纯收入达13243元,与上年相比,分别增长16.5%和16.0%;衢州市城镇和农村居民人均收入分别为24900元和9635元,分别增长14.2%和16.5%;丽水市城镇和农村居民人均收入则分别为23391元和7809元,分别增长10.9%和19.5%。

对外贸易快速增长。浙南三市外贸出口合计217.4亿美元,比上年增长27.2%,占全省总量的10%。其中,温州市外贸出口181.7亿美元,比上年增长24.9%;衢州市外贸出口17.6亿美元,比上年增长46.1%;丽水市外贸出口18.1亿美元,比上年增长34.5%。

2. 基础设施建设扎实推进

温州市以大项目促大投入,重大项目建设顺利推进。甬台温高速复线、绕城高速公路、温州机场、市域铁路S1线、104国道西过境公路、瓯飞一期促淤、平阳西湾北片围垦等工程项目开工建设,金温铁路、诸永高速等项目建设进展顺利,瓯海大道西段主线完成贯通,楠溪江供水工程完成试通水,一批项目前期取得突破性进展。

衢州市深入开展"项目提升年"活动，完成重点项目投资204亿元。杭新景高速、安仁铺枢纽及船闸工程开工建设，杭长铁路衢州段、衢江航运开发工程、红船豆枢纽工程、西气东输二线工程等工程项目顺利推进，衢宁铁路等一批项目前期取得实质性进展。

丽水市加强项目攻坚和重点建设，全年完成重点建设项目投资151亿元，为经济发展提供了强大支撑。51省道改建工程、缙云220千伏白峰输变电工程、市垃圾焚烧发电工程等一批重点建设项目完工投产或基本完工，青田三溪口水电站、市区绕城公路、龙庆高速、云景高速等项目加快推进，金温铁路扩能改造、330国道改建工程、景宁西汇民族风情度假村等项目顺利开工，衢宁铁路、金台铁路、龙浦高速、龙丽温（泰）高速公路、丽水机场等一批关系丽水长远发展的重大项目前期取得重大进展，缙云好溪水利枢纽项目列入全国大中型水库规划。

3. 产业转型升级步伐加快

温州市牢牢把握被国务院确定为海西五大中心城市之一，成为浙江省唯一的国家重点开发区域的重大发展机遇，积极构筑发展平台，加快推进产业转型升级。一是大力推进农业"两区"建设。全年建成现代农业综合区11个、主导产业示范区20个、特色农业精品园50个、休闲农业观光园11个，建成粮食生产功能区5.2万亩，粮食总产量达到92.8万吨。二是大力推进产业集聚和创新驱动。《浙江海洋经济发展示范区规划温州市实施方案》率先实施，省级产业集聚区——瓯江口产业集聚区建设正式启动，温州经济技术开发区第一批扩容改造园区已基本完成整合任务，浙台（苍南）经贸合作区经省政府批准设立，创新型激光与光电产业集群列为全国创新型产业集群培育对象，鞋业产业集群示范区成为省试点，国家高新区创建通过评审，大学科技园通过省级认定，全市新增科技孵化器面积10.5万平方米。三是大力推进现代服务业加快发展。现代金融、现代物流、生态旅游等现代服务业蓬勃发展，以滨江商务区金融集聚区为核心的一批城市综合体和总部经济园项目相继开工建设，鹿城双屿、瑞安江南等一批现代物流园区加快建设，新设四大生态型旅游功能区，全国首个森林旅游试验示范区落户温州。

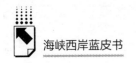

衢州市以平台建设为重要抓手，转型升级步伐明显加快。经批准，衢州经济开发区已升级为国家级经济技术开发区，衢州绿色产业集聚区总体规划也已通过省政府批复，基础设施建设全面启动；省级台商投资区正式挂牌，山海协作示范园区建设稳步推进，重点乡镇工业功能区整合提升步伐加快。大力推进农业提质增效，以新型农业主体培育、水利改革、蔬菜产业发展为重点，制定出台了一批强农惠农政策，农业"两区"完成建设60个，农博会、粮交会、稻博会和农超对接活动成功举办。大力推进工业经济扩量提质，进一步完善政策扶持体系，增强创新驱动，促进工业转型发展，省级大学科技园挂牌成立，全市首家院士专家工作站成立，第九届科工会成功举办。全市规模以上工业总产值增长30.1%，规模以上工业企业利润增长45.3%，增幅均居全省第一。加大力度发展服务业，出台加快发展服务业政策，编制实施全市服务业发展规划、市区服务业空间布局规划和10多个服务业专项规划，服务业增加值增长11.5%，高出全省平均2个百分点。

丽水市加快推进平台建设，促进产业调整升级。一是积极推进"两区"建设，促进农业提质增效。以15个省级现代农业综合区建设为重点，建成省级农业主导产业示范区1个，特色农业精品园6个，全年新建粮食生产功能区5.8万亩，高效生态农业示范基地43个，休闲观光农业区（点）21个。二是大力推进工业转型升级。丽水生态产业集聚区建设全面启动，龙泉汽配、缙云带锯床、松阳不锈钢等现代产业集群转型升级示范区建设明显加快，光伏、风电、生物质能等一批新能源项目快速推进。三是着力推进服务业集聚发展。《丽水市服务业集聚区发展规划》编制实施，11个市级服务业集聚区建设加快推进，丽水现代商贸中心、南城物流中心、缙云五金机械装备及新材料服务中心、云和木制文化创意产业基地、青田华侨总部经济大楼等重大服务业项目加快建设，"智慧丽水"建设和绿谷信息产业园项目进展顺利。丽水市荣膺全国首个"国际休闲养生城市"称号。

4. 城乡一体化发展取得新成效

温州市大力实施新型城市化战略，城乡统筹取得新突破。着力构建"1650"大都市框架，修编启动城市总体规划，新一轮乡镇行政区划调整顺利完成，乡镇（街道）数缩减54.8%；完成全市功能区布局，建立38个都市型功能区；加大城市拆违和环境整治力度，拆除市区违法违章建筑 1000 多万平方米，新增市区绿地 408.5 公顷，人均新增公园绿地超 2 平方米。村级组织"转并联"整体推进，农村新社区布点全覆盖，开工农房改造集聚项目 103 个、总建筑面积 581.6 万平方米，解决了 36.5 万农村人口饮水安全问题，农村环境综合整治完成环境整治村 450 个。

衢州市进一步强化统筹协调发展理念，加快推进城乡建设与管理。城市品位得以持续提升，"两江两港"、城市综合交通等规划启动编制，"五城联创"深入推进，衢江新城和老城区改造、衢化新城建设加快推进，结合"扩权强县""强镇扩权"改革，经济强镇、中心镇建设取得显著成效；以村庄整治和中心村建设为重点，与下山异地搬迁、农房改造建设、乡村休闲旅游和来料加工等重点工程相结合，启动"美丽乡村"建设行动计划，全年完成环境整治村 350 个，完成农村困难群众危旧房改造 1.3 万户，解决了 6.6 万农村人口饮水安全问题，深入实施"低收入农户奔小康"，全年完成下山脱贫 1.3 万人。

丽水市以中心镇和新农村建设为重点大力推进新型城市化，城乡发展协调性进一步提高。启动市区污水收集处理、农贸市场改造提升、老小区改造三大行动计划，大力推进中心城市建设，通过环境综合整治、完善城区路网、增加城区绿化等举措，着力增强中心城市功能，"宜居宜业宜游"生态名城打造取得实质性进展。强化政策扶持，"强镇扩权"改革，中心镇和小城市建设加快推进，缙云壶镇、青田温溪成为第三批全国发展改革试点小城镇。以"美丽乡村"创建为抓手，扎实推进农村环境整治，全年整治村庄 510 个，实现农民异地转移 2.2 万人，改造农村危旧房 3.5 万户，建成市级美丽乡村示范村 20 个。

5. 民生福祉得到进一步改善

温州市以民生为重点的社会事业取得显著进步。加强公共领域投入和建设，全市财政民生支出 274 亿元，比上年增长 25.6%；新增城镇就业 12.3 万人，帮助 2.3 万城镇下岗失业人员实现再就业，完成 4.7 万农村劳动力素质培训；基本养老、医疗和工伤保险制度实现全覆盖，新农合参合率达到 96% 以上，人均筹资水平达到 373 元；全年开工建设保障性住房 1.3 万套，新增廉租房保障对象 1298 户；改造农村薄弱学校 336 所，启动国家民办教育综合改革

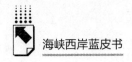

试点，温州肯恩大学获批筹建；基本药物制度在公办基层医疗卫生机构实现全覆盖，新增标准化社区卫生服务中心（站）80家；开展滥用食品添加剂和"地沟油"等专项整治，食品药品监管力度进一步加大。

衢州市群众幸福感和满意度进一步提高。加大民生工程建设力度，全市财政支出七成以上用于民生。积极创建创业型城市，全年新增城镇就业3.1万人，城镇下岗失业人员实现再就业1.4万人次。大力推进社会保险提质扩面，以健全城乡居民社会保险制度为重点，五大保险覆盖面不断扩大，城乡居民基础养老金、城乡低保标准和职工最低工资标准进一步提高，新型农村合作医疗参合率达95.4%，新增被征地农民基本生活保障参保人数1.25万人，全部实现先保后征。扎实推进保障性住房建设和管理，开工建设保障性住房6432套，新增廉租住房受益家庭1010户。努力加大困难群众救助，困难群众基本生活价格补贴机制进一步完善，全年发放补贴1619万元。全面推进教育改革，深入实施教育改革发展规划纲要，"教育现代化九大工程"建设全面启动，全年完成中小学校舍改造58.3万平方米，出台加快发展学前教育政策，建设改造乡镇中心幼儿园32所，15年教育普及率达到97.3%。积极推进医药卫生体制改革，全面实施国家基本药物制度。大力实施文化惠民，公共文化服务体系进一步健全，公共文化基础设施不断完善，群众文化活动积极开展。

丽水市扎实推进基本公共服务均等化，十大民生工程建设取得显著成效。全年新增城镇就业15695人，帮助6117名失业人员实现再就业；城乡医疗保障制度建设加快推进，基本医疗保险参保人数51.9万人，社会保险覆盖面进一步扩大；进一步提高了城乡居民基础养老金和企业退休职工养老金标准，7.2万名城乡困难居民纳入低保范围；保障性安居工程大力推进，新开工保障性住房5403套。组织实施学前教育三年行动计划，中小学校舍改造加快推进，义务教育发展更趋均衡，职业教育水平明显提升；医药卫生体制改革进一步深化，提前一年实现公办基层医疗卫生机构基本药物制度全覆盖；平安创建深入推进，群众安全感满意度明显提高，连续第七年被评为"平安市"。

6. 改革开放深入推进

温州市大力推进改革开放，发展动力与活力不断增强。以深化金融改革创新为核心，积极推进民间金融健康发展，成立地方金融监管服务中心，着力从体制机制上解决中小企业资金和债务危机问题，新增村镇银行 3 家、小额贷款公司 15 家；进一步深化民营经济创新发展综合配套改革试点，成功申报成为全国农村改革试验区，开展海域使用权证"直通车"试点；对外开放平台不断拓展，温州鞋类出口基地成为国家外贸转型升级示范基地，温州机场成功升级为一类口岸，温台两岸客运包机直航获批。

衢州市全面推进改革开放，开放型经济迈出新步伐。扎实推进特色产业发展综合配套改革，依托优势产业招商选资和龙头企业以商招商，着力引进质量高、配套强的产业项目；建立创新型高端人才引进机制，实施"四个一百"人才引进政策；积极创新浙商回归机制，建立浙商回归项目审批全程代理服务制度，实施回乡创业人才财政奖励资助政策；探索建立低丘缓坡综合开发利用机制。加大招商引资和对外开放力度，外贸进出口总额 26.87 亿美元，增长42.2%，增幅居全省第一；大力实施浙商回归工程，共引进市外项目 452 个，其中亿元以上项目达 144 个。

丽水市不断深化改革扩大开放，努力增强内生发展活力。以"三大试点"为核心，积极对接国家有关部门，山区经济科学发展取得新突破。全力推进全国低丘缓坡开发利用试点，积极探索低丘缓坡开发利用管理新模式；积极开展全国农村金融改革试点，加快推动农村金融创新；大力推进国家扶贫开发综合改革试验区建设，积极探索生态扶贫新路子。深入推进对内对外开放，加大招商引资力度，成功引进娃哈哈、伊利等一批大型企业；积极促进外贸转型升级，大力发展服务贸易和服务外包，新增省级出口基地 6 个，出口增幅居全省第二位。

二 浙南地区经济社会发展趋势

2012 年，浙南地区突出把握好"稳中求进"工作总基调，围绕省委、省政府的重大战略部署，充分发挥自身特色优势，切实增强发展的稳定性、协调性、普惠性和可持续性，努力干在转型升级实处、走在科学发展前列，积极参与海峡西岸经济区建设，为圆满完成"十二五"规划目标任务、提前基本实现现代化奠定坚实基础。

1. 着力推进经济转型升级，切实增强区域竞争力

温州市着力建设现代产业体系和完善区域经济结构，努力在加快转型升级中增强综合竞争力。一是着力优化发展环境，积极扩大有效投资。大力推进重大基础设施建设，进一步完善对外综合交通系统和构建市域快速交通系统，努力改善投资建设"硬"环境；狠抓功能区投资和招商选资工作，切实优化投资结构，积极促成项目落地；强化要素保障和政府投融资平台建设，拓宽社会化融资渠道，优化土地调控，努力营造良好的投资"软"环境。二是大力推进产业结构调整，发展壮大实体经济。开展实体经济振兴行动，制定实施加快促进产业转型升级的政策意见，鼓励企业加大对实体经济的投入，引导企业兼并重组。大力发展现代农业，进一步完善基层农村科技推广体系，加大农业科技投入，优化农业社会化服务，大力培育现代农业经营主体，加大对农业龙头企业的扶持力度，促进农业规模化、标准化、生态化经营。积极推进工业转型提升，坚持培育发展战略性新兴产业与改造提升传统产业并举，加快现代产业集群示范区建设，"以亩产论英雄"，大力培育龙头骨干企业和科技型、成长型企业，加快淘汰落后产能。加快发展现代服务业，以生产性服务业为重点，努力促进金融、创意、服务外包等现代服务业加快发展；大力发展现代商贸业，科学布局市场体系，加快建设电子商务产业园；深化旅游管理体制改革，努力建设全国知名旅游目的地城市。三是加大科技创新驱动。以创建国家级高新技术产业开发区为目标，充分利用现有激光与光电产业优势，扎实推进现代产业集群建设；加强高层次、高技能人才队伍建设，优化引才聚才兴才环境，强化人才对创新驱动的支撑。四是大力发展生态经济。加强能源消费总量和能耗强度双控管理，深入推进"12555"循环经济行动，加强示范企业、示范园区建设，积极创建低碳城市。五是积极发展海洋经济。进一步优化区域规划和布局，加快现代海洋产业发展，加快国家重要枢纽港、涉海基础设施、海洋产业、海洋生态工程建设，扎实推进海洋科技创业园、科技兴海示范基地创建，突出抓好洞头海岛综合开发与保护试验区试点。

衢州市积极促进产业发展提升，着力加快经济转型升级。一是加快产业结构调整。以构建绿色低碳高效的现代工业体系为目标，大力培育战略性新兴产业，做强提升特色优势产业，着力引进和培育一批大企业大集团，完善落实中小企业扶持政策和服务体系，推动产业链向下游延伸，不断促进现代产业集群发展壮大。突出发展现代服务业，鼓励工业企业主辅分离，大力发展总部经济、会展经济，加快发展电子商务、文化创意等新兴产业，加强文化与旅游融合，加快培育壮大旅游产业链，加快推进建筑业"走出去"发展。加快发展现代农业，加大农业投入，提高农田水利等基础设施水平，着力在科技推广体系建设、农产品品质提升、农业龙头企业培育等方面下工夫，加快发展高效生态农业。二是积极扩大有效投资。开展重点项目推进"互看互学"活动，创新重大项目推进协调机制，狠抓重点项目建设进度；把招商引资作为经济工作的牛鼻子，制订企业转型升级投资项目引导目录，主动对接浙商回归、山海协作、陆海联动等全省重大发展战略，加强与长三角、海峡西岸经济区区域合作，狠抓优质项目引进；抓好项目前期，加紧谋划一批事关衢州长远发展的重大建设项目。三是加强要素支撑保障。加快构筑产业平台，加快衢州绿色产业集聚区建设，集中力量推进开发区（园区）扩容和转型升级，进一步提升省级开发区和乡镇工业功能区发展水平；强化要素保障，大力推进低丘缓坡综合开发利用试点，努力破解产业集聚区等建设用地"瓶颈"，积极引进各类金融机构，拓宽融资渠道；加大科技投入，加快科技成果转化，强化科技人才队伍建设，积极推进工业科技创新平台建设，打造创新创业"人才高地"。

丽水市加快培育现代产业体系，努力提高区域核心竞争力。一是以"四区建设"为平台，着力提升产业水平。大力发展现代农业，加快推进现代农业园区建设，注重科技兴农，健全基层农业公共服务体系，培育现代农业经营主体，大力发展有机、绿色、无公害农产品，积极发展以休闲养生、农耕文化为特色的观光农业；加快工业扩量提质，大力推进生态产业集聚区建设，加快十大块状经济向现代产业集群转型升级，强化民营企业要素和服务保障，鼓励引导民间资金投资实体经济；大力发展现代服务业，加快发展生产性服务业和新兴高端服务业，推动现代物流、现代商贸、金融服务、信息服务、科技服务、文化创意、房地产等八大行业成为支柱行业，提升发展生态旅游业，加快旅游休闲景区建设，加快构建生态休闲养生（养老）产业体系，大力发展循环经济和低碳经济。二是以"转型升级"为核心，着力完善创新体系。努力提升产业科技水平，积极推进传统产业高新技术化，加快发展高端装备制造、新能源、新材料、生物医药、电子信息等重点战略性新兴产业，加快打造绿谷信息产业园等信息产业核心平台；加大知识产权保护力度，深入实施质量强市战略；大力实施人才强市战略，加大人才培养引进力度，加大引进产学研结合的科技创新团队力度，进一步提升区域自主创新能力。三是以"四网建设"为抓手，加强生态环境综合治理，着力改善发展环境。

2. 着力推进统筹发展，大力促进城乡一体化

温州市着力建设生态型国际性现代化大都市，努力在推进统筹发展中加速城乡一体化。一是深化大都市城镇体系规划建设。加快促进城市跨江发展，扎实推进瓯江、飞云江、鳌江流域现代都市区规划建设，积极培育温州经济社会发展新的增长极；进一步深化中心镇扩权改革，加快龙港、柳市、鳌江、塘下等现代新型小城市培育。二是大力提升城乡宜居品质。加快城市交通建设，完善市政公用设施，加快"数字城管"提质扩面，促进城市功能提升；深入开展城市环境治理，加快城中村改造，打造一批精品街区；加大农村环境综合整治力度，新建改建农村公路150公里，建成生态河道1000公里。三是实施新一轮扶贫开发战略。以推进西部生态产业带规划建设为重点，大力发展生态农业、特色加工业和休闲旅游业，积极探索跨区域产业合作新模式；大力推进下山脱贫和"生态移民"工程，开展30个扶贫开发整村推进试点。

衢州市在努力提高城镇化水平的同时，更加注重城乡一体，推进统筹发展。一是着力提升城市能级。以打造宜居宜业宜游城市为目标，坚持规划引领，加快推进衢江新城和衢化新城建设；加快城市基础设施建设和社区管理，深化"数字城管"，推进"村改居"，着力解决物管、拥堵、停车等重点突出问题。二是着力美丽乡村建设。围绕深化扩权强镇改革，完善中心镇、中心村规划，加强小城镇培育，扎实推进经济强镇建设和小城市培育试点；以美丽乡村"四级联创"为重点，加快推进农村环境综合整治，大力推进农村社区便民服务中心规范化建设。三是着力增加农民收入。全面落实各类支农惠农政策，进一步完善农民创业服务体系，大力发展来料加工、农家乐等农民增收项目，努力提升农村劳动力创业就业能力，积极探索建立促进农民普遍增收的长效机制；深入推进"低收入农户奔小康"工程，加快下山脱贫和特扶项目建设，努力提高低收入农户收入水平。

丽水市以"宜居丽水"为目标，着力统筹城乡发展。一是加快中心城市建设。进一步加强交通网络建设，深化交通疏导和环境综合整治行动，扎实推进老小区改造、农贸市场改造提升，围绕创建"清洁之城、绿色之城、人文之城、宜居之城"，积极推进全国文明城市、国家卫生城市和国家环保模范城市创建，努力打造"宜居宜业宜游"的生态名城。二是积极推进小城市培育和中心镇建设。"小县大城"与"小县名城"并举发展，围绕促进产业集聚、人口集中、功能集成、要素集约，高起点规划、高标准建设，打造独具特色的小城市和中心镇。三是深化美丽乡村创建行动。进一步完善村庄布局规划，深化"百村示范、千村整治"和生态文明村创建，推进特色乡村建设。

3. 着力推进各项民生工程，不断提高人民群众生活品质

温州市着力建设先进文化和生态文明，努力在加强社会建设中切实改善民生。一是大力推进"大社保"体系建设。统筹抓好社会就业，加大对高校毕业生、城镇困难家庭等重点人群的就业帮扶；推进社会保障提质扩面，争取年内实现全市范围职工医保异地就医即时结算；进一步完善和创新社会养老服务体系，在所有社区设立居家养老服务中心（站），在 1/3 以上农村新社区建立居家养老服务中心（站）；加快推进保障性安居工程建设，尽快构筑保基本、多层次、可持续的住房保障体系。二是加快教育医疗等社会事业发展。创建 100 所等级幼儿园，创建 100 所省级义务教育标准化学校，重点推进 100 所试点学校的民办教育综合改革；切实抓好县级公立医院综合改革试点，加快中心镇二级乙等医院和农村新社区示范卫生（计生）室建设，确保农村新社区医疗卫生机构基本药物制度全面实施。三是扎实推进文化"三体系一名城"建设。大力弘扬以改革创新为核心的温州人精神，加强社会诚信建设，深化"信用温州"建设；加快公共文化服务体系建设，积极推动文化与产业的融合，打造一批特色文化品牌。四是深化平安温州建设。严厉打击恶意欠薪、逃债和暴力讨债等违法行为，努力消除民间借贷引发的不稳定因素；进一步完善社会矛盾纠纷大调解工作机制，深化信访积案化解专项行动；加大食品药品安全整治，努力让人民群众吃得放心、吃得安心。

衢州市更加注重民生改善，创新社会管理，促进社会和谐稳定。一是加快城乡社会保障体系建设。就业方面，重点做好高校毕业生、城乡困难群众和特

殊群体的就业帮扶，积极构建和谐劳动关系；社会保险方面，围绕提质扩面，加快推进社会保险五费合征，扩大城乡居民社会养老保险覆盖面，提高新型农村合作医疗筹资水平、报销比例；社会救助方面，进一步完善低保标准动态调整机制，全面实施医疗救助即时结报，确保低收入人群价格补贴及时到位；社会养老方面，积极推进以居家养老为基础、以社区养老为依托、以机构养老为辅助的养老模式创新；保障房方面，加快以公共租赁房为重点的保障性安居工程建设，积极推进农村困难家庭危旧房改造。二是加快教育医疗等社会事业发展。以教育优质均衡发展为核心，大力推进教育现代化，加快中小学素质教育实践基地、创新型人才培养基地建设，实施教育教学改革试点；进一步深化医药卫生体制改革，全面推进公立医院综合改革，加强基层医疗卫生设施建设，加快城乡社区卫生服务站标准化建设，提高公共卫生和基本医疗服务水平。三是大力推进文化强市建设。启动实施文化强市规划，倡导"争做最美衢州人"，加强社会信用体系建设；深入实施文化惠民工程，加快基层文化设施建设，加强文化人才培养和政策支持力度，推进文化集聚区、示范基地以及特色文化村镇建设。四是深化平安衢州建设。强化流动人口等特殊人群、网络社会等管理和服务，依法严厉打击各类违法犯罪活动；开展食品药品安全整治，推进食品药品安全体系建设；深入开展安全生产隐患排查治理，确保安全生产事故、死亡人数和直接经济损失零增长。

丽水市"以人为本"，着力改善城乡人民生活。一是积极促进就业创业。支持和鼓励劳动者创业创新，加大对困难群众和重点人群的就业帮扶，加快创业型城市和充分就业社区建设。二是进一步完善社会保障体系。加快推进社会保险"五保合一"，推进社保基金征收、管理、使用"三位一体"，积极扩大各类保险覆盖面，提高城镇居民医保、新型农村合作医疗住院费用报销比例；加快建立住房保障体系，以公共租赁房为主、各种保障模式并举。三是推动教育优质发展。进一步加大教育投入，重点解决基层学前教育机构不足的问题，努力实现乡镇中心幼儿园全覆盖；深入实施教育管理创新和绿谷名师培养工程，扶持发展民办教育，努力办好人民满意的教育。四是努力提高医疗卫生服务水平。健全基本药物制度和基本公共卫生服务均等化制度，全面推进县级公立医院综合改革，加强以全科医生为重点的基层卫生队伍建设。五是深化平安丽水建设，加强市场监管，深化"十小"行业整治，保障食品药品安全；加强隐患排查和化解，加快构建立体化治安防控体系，有效维护社会和谐稳定。

4. 着力深化改革扩大开放，努力再创发展新优势

温州市着力在深化改革开放中增创发展新优势。一是着力创建国家金融综合改革试验区。围绕解决"两难"问题，引导鼓励新型金融组织创新发展，加快股权营运中心建设，支持发展各类创业投资基金、私募股权基金；以国家科技金融结合试点城市建设为载体，鼓励引导民间资本投向技术创新，加快促进科技成果转化；以民间资本管理公司和借贷登记服务中心试点为抓手，加强地方金融监管机制创新，促进金融与地方经济良性互动。二是统筹推进重点领域、关键环节改革。以全国农村改革试验区为契机，大力推进统筹城乡综合改革，积极探索农村土地承包经营权、集体建设用地和宅基地用益物权流转制度；进一步深化国资管理体制改革，大力发展民营经济；深化功能区和中心镇、街道三级财政分成体制改革。三是大力发展开放型经济。千方百计拓展国际国内市场，扩大自主品牌出口，推进出口市场多元化，鼓励支持重大装备制造设备、高新技术产品和重要能源原材料进口；开展境外直接投资试点，支持有实力的企业组团"走出去"发展。四是深入实施内外温州人互动战略。突出抓好温商总部经济基地、世界温州人家园等重大承接平台的规划建设，积极推进温商回乡投资创业；加大温州人营销网络体系建设，积极拓展温州产品的国内外市场。

衢州市坚持把改革创新作为山区科学发展的根本动力。一是按照省际大开放、海陆大联动的战略思路，通过省市合力，争取制定实施浙江省促进衢州加快发展的政策措施，探索浙江省推进陆海联动、加快山区转型升级、促进区域均衡协调发展的新路径。二是深入实施特色产业综合配套改革试点，推进实施一批重点改革项目，理顺园区管理体制，健全产业集聚区建设管理体制。三是深入推进全民创业，大力营造公平竞争的市场环境，促进民营企业和中小企业更好更快发展。四是继续深化审批制度改革，精简审批事项，再造审批流程，推动管理权限下放、服务重心下移。五是加快推进统筹城乡综合配套改革和农村改革试验，重点是深化农业经营体制、公共服务制度、户籍管理制度、农村集体建设用地制度、农村产权制度和农村金融体制等方面改革。

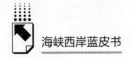
丽水市以"综合改革"为契机，着力推进改革开放。一是加快推进山区科学发展综合改革试验区建设。编制实施丽水山区科学发展综合改革试验区总体方案，加快推进重点领域和关键环节改革，促进山区人口内聚外迁、产业集聚提升，为实现"绿色崛起、科学跨越"注入动力、提供支撑、增强后劲。二是加快全国低丘缓坡开发利用试点。积极推进开发利用模式创新和体制机制创新，加强农村土地综合整治，拓展发展空间，努力打造全国低丘缓坡开发利用的"丽水样本"。三是加快推进全国农村金融改革试点。以探索农村金融服务的新途径和新模式为核心，积极探索创新农村金融组织体系，进一步完善农村金融基础设施，积极推动金融产品及服务创新，优化农村金融生态环境，努力构建低成本、广覆盖、可持续、风险可控、适度竞争的现代农村金融体系。四是积极创建国家扶贫开发综合改革试验区。编制扶贫开发综合改革试验方案，深化农村产权制度改革，积极探索扶贫开发体制机制创新，努力在搬迁扶贫、产业扶贫、社会扶贫三方面寻求体制机制上的突破，构建欠发达地区转型发展和低收入农户增收致富的体制机制。深化扩权强县、强镇改革，加快乡镇行政区划调整。五是深化区域合作和对外开放。充分参与长三角和海峡西岸经济区区域合作，加大招商选资力度，招强选优，完善招商引资政策和推进机制；积极打造丽商总部经济、华侨总部经济，大力培育外贸主体，加强出口基地和出口品牌培育，推进无水港建设，积极鼓励优势企业加快"走出去"步伐。

B.5
赣东南地区经济社会发展现状与趋势

王平俭 汪尊鑫 陈长智 洪军 李慷 程求平 危世安 刘建华

赣东南地区（上饶、抚州、鹰潭、赣州四市）是海峡西岸经济区重要组成部分。2011 年赣东南地区紧紧围绕省委、省政府的重大决策部署，积极转变发展方式，大力推进新型工业化、农业农村现代化和城镇化，深入实施民生工程，大力推进与长珠闽地区"对接"战略，积极参与区域经济协作，经济社会总体保持良好发展态势，为顺利实现"十二五"规划目标打下坚实基础。

一 赣东南地区经济社会发展现状

2011 年，上饶、抚州、鹰潭、赣州四市共完成地区生产总值 3616.71 亿元，约占江西省地区生产总值的 31%；完成规模以上工业增加值 1160.4 亿元，约占江西省规模以上工业增加值的 29.7%；完成全社会固定资产投资 2941.12 亿元，约占江西省全社会固定资产投资的 32.4%；实现外贸出口总额 64.98 亿美元，约占江西省外贸出口总额的 29.7%。主要经济指标如表 1 所示。

1. 上饶市：全力打造"四省交界区域中心城市"，经济社会协调快速发展

2011 年，上饶市着力抓项目、调结构、促增长、保民生、建和谐，经济社会保持平稳较快的发展势头，社会安定稳定，"十二五"开局良好。

综合实力稳步上升，实现"三个突破"。国民生产总值突破 1000 亿元，达到 1110.6 亿元，增长 13.1%；全社会固定资产投资达 1049.7 亿元，增长 31.4%；财政总收入达 151.5 亿元，增长 33%。

工业实现新突破。全市工业增加值突破 500 亿元，占生产总值的 45%，规模以上工业增加值 316.2 亿元。过百亿元工业园区总数 5 个，企业规模化、

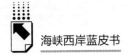

表1 2011年江西省和赣东南四地市主要指标增长情况一览

指标名称	单位	江西省 2011年	江西省 增长率（%）	上饶市 2011年	上饶市 增长率（%）	抚州市 2011年	抚州市 增长率（%）	鹰潭市 2011年	鹰潭市 增长率（%）	赣州市 2011年	赣州市 增长率（%）
地区生产总值	亿元	11702.82	12.5	1110.6	13.1	742.51	12.5	427.6	12.3	1335.98	12.5
人均地区生产总值	元	26150	11.8	16813	12.4	18907	11.7	37834	11.4	15895	11.9
规模以上工业增加值	亿元	3910.9	19.1	316.2	21.2	174.3	19.6	239.5	15	430.4	18.7
全社会固定资产投资总额	亿元	9087.6	26.8	1049.7	31.4	553.12	15.3	336	29.2	1002.3	28.3
社会消费品零售总额	亿元	3485.1	17.9	378.2	18	266.17	17.2	103.3	17.5	432.3	17.3
出口总值	万美元	2187606	63.1	241762	59	94769	73.9	60970	68.2	252267	92.51
财政总收入	亿元	1645	34.2	151.5	33	100.12	35.3	71.1	28.9	180.3	40.5
其中：地方财政收入	亿元	1053.4	35.4	95.6	31.7	75.99	37.1	38.8	31.6	110.1	39.3
城镇居民人均可支配收入	元	17495	13.0	17698	13.9	16633	15.1	17518	12.2	16058	13.1
农民人均纯收入	元	6892	19.1	6134	15.4	7050	20.6	7623	22	4684	12
居民消费价格指数	上年为100	105.2	—	105.0		105.0		105.1		104.9	
城镇登记失业率	%	3.20		—		—		—		—	
人口自然增长率	‰	7.50		7.50		7.49		7.46		7.52	

资料来源：《江西统计年鉴（2011）》。

集团化有新的发展。重点培育的龙头骨干企业晶科能源成为上饶市第一个过百亿元的工业企业，主营业务收入149.4亿元，增长82.6%。四大主导产业快速发展，有色金属、新能源、机电光学和新型建材等实现增加值228.7亿元，增长23.6%。

农业得到新加强。粮食产量连续八年创历史新高，达65亿斤。肉类、油料、水产、水果等主要农产品产量较上年有大幅度增加。农业产业化水平进一步提升，250家市级以上龙头企业实现销售收入222.7亿元，增长35.7%。全市新增农民专业合作社468家，总数达2096家。

服务业获得新发展。旅游业成绩喜人，全年接待国内外游客接近3000万人次，增长46.7%。景区建设有较快发展，三清山成功创建为国家5A级景区，婺源被批准为全国唯一的乡村旅游度假实验区、首批休闲农业与乡村旅游示范县，鄱阳湖湿地公园上升为国家级公园。城乡面貌发生新变化。城镇建设加快推进。全市开工建设347个城建项目，完成投资218.8亿元。市中心城区开工建设76个城建项目，完成投资89亿元。市体育中心场馆、上饶中学、丰溪大桥、20万吨自来水厂、八角塘农贸市场改造等一批城市功能项目建成使用；龙潭大桥改造、保障性住房、丰溪路截污干管工程、47条里弄小巷改造等一大批民生工程进展顺利。各县（市）开工城建项目271个，完成投资129.8亿元。新农村建设深入推进，投资9.8亿元，新建村点1541个，农村清洁工程试点5012个。创建国家园林城市顺利通过。

基础建设有了新提升。重点工程建设成效显著。三清山机场、黄金埠二期2×100万千瓦发电机组项目获国家批准立项。杭长高铁、合福高铁征地拆迁工作基本完成。德昌高速、上武高速竣工通车。硬化农村公路1192公里，完成渡改桥项目72座。宁德港上饶码头项目政府间合作协议正式签订。德上高速公路、天然气入饶工程进展顺利。

民生保障取得新成效。教育、社会保障、保障性住房、医疗卫生等重点民生领域的财政支出资金达到152亿元，比上年净增37.2亿元，为民办实事的民生工程全面完成。全市保障性住房开工率达到100%。新增城镇就业11.3万人，新增转移农村劳动力15.5万人。城乡居民基本养老保险制度初步建立。九年制义务教育全面普及，学前教育、高中教育、职业教育协调发展。科技创新"633611"工程进展顺利，新增国家高新技术企业 5 家、国家创新型试点企业 1 家。文化进社区、送戏进农村的文化惠民工程深入推进，村村通广播电视工程通过验收。人民群众生活水平继续提高。

2. 抚州市：围绕"建设南昌和闽台地区的后花园"，奋力实现赶超发展新跨越

2011 年完成生产总值 742.51 亿元，增长 12.5%；固定资产投资 553.12 亿元，增长 15.3%；财政总收入 100.12 亿元，其中地方财政收入 75.99 亿元，分别增长 35.3% 和 37.1%。

三次产业协调发展。一是工业经济运行平稳。2011 年，全市工业占 GDP 比重 44.4%，提高了 3.9 个百分点。完成规模以上工业增加值 174.3 亿元，增长 19.6%。六大主导产业完成主营业务收入 561.91 亿元，增长 29.29%。六大省级产业基地影响力不断提升，黎川县被授予"中国日用耐热陶瓷产业基地"；南城、南丰两县被评为"2010—2011 年度全国食品工业强县"。二是农业生产获得丰收。粮食总产达 54.2 亿斤，再创历史新高；南丰蜜橘种植面积达 106 万亩、产量超 120 万吨，完成"双百工程"目标任务。全市农业产业化龙头企业达 326 家，其中新增 24 家，市级以上龙头企业实现销售收入达 112 亿元；新增农民专业合作社 286 家，达 1196 家。三是第三产业发展提速。旅游方面，全市实现旅游总收入 64.5 亿元，增长 37%；接待游客 877 万人次，增长 33%。全市金融机构新增存款 90 亿元、新增贷款 72 亿元，分别增长 20% 和 19%；成立全市首家村镇银行——南丰桔都村镇银行；开展政银企对接活动，322 家企业获银行意向签约和授信 45.2 亿元。

城乡面貌持续改善。一是城镇化进程步伐加快。2011 年抚州市中心城区人口达到 52.9 万人，面积达到 52.7 平方公里。2 个省级示范镇、21 个市级示范镇和 24 个市级示范村建设取得明显成效，示范带动作用进一步增强。全市城镇化率达 39%，提高 1.8 个百分点。二是加强城乡基础设施建设。各县（区）共实施重点城建项目 224 个，完成投资 98 亿元。重大基础设施建设加快推进，抚州电厂获国家能源局批复同意开展前期工作，向莆铁路抚州段主体工程基本完工，抚吉高速和杭南长客专抚州段控制性工程正在建设之中。三是切实改善城乡生态环境。全市森林覆盖率达 65.5%，提高 1.3 个百分点。新建森林（湿地）公园 12 个，打造"森林十创"示范点 206 个，创建省级生态县 2 个、生态镇 10 个和生态村 15 个。

深入推进改革开放，体制机制活力不断增强。一是企业改革取得成效。省调度的非工系统 100 户企业改革任务基本完成，11 个县（区）全部实现森林火险统保，完成了国有林场和森工企业的深化改革。二是加快医药卫生体制的全面改革。全市公办卫生服务机构药物全部实行网上采购和零差率销售，新农合参合率、政策补偿比、农民一次报账率分别达到 97.93%、70%、95%。三是深化粮食流通体制改革。2011 年挂牌成立了抚州粮食交易市场。四是着力开展招商引资。新引进并开工项目 832 个，实际引资 308.4 亿元，增长 25.9%。五是进一步扩大对外开放。外贸出口 9.0 亿美元，增长 65%，实际利用外资 5.8 亿美元，增长 13%。

切实保障民生，社会各项事业协调发展。一是重视民生工程，扎实推进项目建设。用于民生的财政支出达 83.39 亿元，占财政支出比重 56.45%，较上年提高 1.45 个百分点。基本养老保险制度初步建立，社会覆盖面不断扩大，在全省率先实现了城镇基本医疗保险市级统筹。住宅建设步伐加快，廉租住房租赁补贴发放 4700 户。二是各项社会事业全面发展。学前教育、义务教育、高中阶段教育、职业教育、高等教育等各类教育协调发展，高考成绩继续保持全省领先。卫生引智工程成效明显。图书馆、文化馆、博物馆、纪念馆"四馆"全面实现免费开放。

3. 鹰潭市：围绕建设"鄱阳湖生态经济区璀璨明珠"的目标，实现经济社会又好又快发展

2011 年鹰潭市实现生产总值 427.6 亿元，增长 12.3%；财政总收入 71.1 亿元，其中地方财政收入 38.8 亿元，分别增长 28.9% 和 31.6%；全社会固定资产投资 336 亿元，增长了 29.2%。

产业发展提速增效。一是以铜产业为主导的第二产业增势强劲。全市规模以上工业实现增加值 239.5 亿元，增长 15%；主营业务收入 1991.2 亿元，总量位居全省第三，增长 35.4%；铜产业主营业务收入 1818 亿元，增长 48.7%；全市工业园区实现主营业务收入 686.7 亿元，增长 40.2%；鹰潭高新区被评为"江西省先进工业园区"和"省级生态工业园区"。铜合金新材料、节能照明、汽摩配、硫磷化工等 4 个产业基地被列入省级产业基地；贵溪、余江再生资源回收利用基地被列入国家区域性再生资源回收利用基地。二是以旅游、物流为重点的第三产业发展较快。全市全年共接待国内外游客865.1 万人次，增长 31.1%；旅游总收入 60.1 亿元，增长 33.5%。其中，龙虎山景区接待游客突破 60 万人次，增长 45.8%；旅游直接收入 1.1 亿元，增长 60.8%。物流产业实现营业收入 71 亿元，增长 29%；上缴税收 3.1 亿元，增长 28.4%。农业生产稳步发展，粮食总产达 65.5 万吨，单产 376 公斤以上，总产和单产再创新高。

城乡建设加速推进。以"项目推进年"活动为抓手，全市在建项目 482个，总投资 498 亿元，完成投资 277 亿元。强化项目用地保障，重大项目用地指标比上年同期增加 40%。信江新区建设步伐加快，信江大桥、龙虎山大桥竣工通车，信江路网工程快速推进，"三纵三横"路网基本成形，"一江两岸"城市格局粗具雏形。老城改造成效明显，滨江公园二期基本完工，小街小巷改造一期工程全面完成，市老干部活动中心投入使用，市人民医院和中医院门诊大楼工程完工；中心城区绿化品位提升，全市新增绿化面积 100 万平方米。投入 9600 万元，高标准建设 292 个新农村示范点。投入 3 亿元，完成了中潢圩堤防渗应急处理、12 座小（一）型病险水库除险加固、余江小农水重点县建设等一批重点水利项目。新建、改造农村公路 351 公里。继续深入实施造林绿化"一大四小"工程，全年完成造林面积 8.17 万亩。

招商引资态势喜人。招商区域由国内向境外、国外拓展，台湾连展科技、香港人和集团、香港四洲集团、日本同和等一批知名企业落户鹰潭；招商企业由小企业向大企业转变，先后引进了亚洲香精香料行业龙头华宝国际、国内鞋业龙头金帝集团等一批大企业；招商产品由低端向高端延伸，水晶光电、大华集团高精密铜板铜棒、同人电子蓝宝石衬底材料等高新技术项目有序推进。全市引进亿元以上项目 32 个，进资 82.6 亿元，增长 42.7%，增幅位列全省第二。实际利用外资 1.45 亿美元，增长 21.4%，增幅位列全省第一。外贸进出口 43.8 亿美元，总量位列全省第二；其中，出口 6.1 亿美元，增长 68.2%。鹰潭市荣获 2011 年度全省开放型经济发展综合奖。

民生改善成效显著。投入 13.6 亿元，全面和超额完成省政府下达的各项民生指标。全市新增城镇就业、新增转移农村劳动力分别为 2.55 万人和 2 万人，城镇就业率达 96.5%，发放小额担保贷款 2.4 亿元。实现了城镇职工、居民基本医疗保险和新型农村合作医疗制度全覆盖，新型农村社会养老保险参保人数 49.8 万人，参保率达 77.9%。安排 3300 万元资金，为 30 万城镇医保参保人员免费健康体检。发放城乡低保资金 9205 万元，城乡低保人均月补差水平分别达 220.19 元和 94.48 元。累计为 4400 名白内障患者、264 名先天性心脏病患儿、188 名唇腭裂患者、19 名儿童白血病患者实施了免费救治。全市新开工建设保障性安居工程 11651 套，民欣佳园 1680 套廉租房顺利完成摇号分配，发放租赁补贴 4700 户。解决了农村 7.6 万人饮水安全问题。投入 3.4 亿元，基本完成贵冶周边三个村庄整体搬迁工程，搬迁村民 558 户、1651 人。

社会事业协调发展。扎实推进科技创新"六个一"工程，鹰潭市连续六届被评为"全国科技进步先进市"。创建国家高新技术产业园区工作取得阶段性成效。教育事业整体推进，新建、改建校舍 5 万平方米，拆除中小学 D 级危房 11.2 万平方米，鹰潭一中新校区建设进展顺利。成功承办江西省首届畲族文化艺术节。群众文化生活丰富多彩，建成 150 个农家书屋、17 个乡镇综合文化站、11 个社区文化中心（室）和 124 个广播电视"村村通"工程。医药卫生休制改革扎实推进，全市乡镇卫生院和社区卫生服务中心实现国家基本药物制度全覆盖。

4. 赣州市：进一步加快转型发展步伐，扬起江西绿色崛起的重要一翼

2011 年赣州市实现生产总值 1335.98 亿元，增长 12.5%；三次产业结构由 18.9:44.4:36.7 调整为 17.4:47.2:35.4；财政总收入 180.3 亿元，增长 40.5%，增幅创 1994 年分税制改革以来最好水平；地方财政收入 110.1 亿元，增长 39.3%。

工业主导地位更加凸显。全市规模以上工业增加值 430.4 亿元，增长 18.7%；主营业务收入 1841.6 亿元、利税总额 212.9 亿元，分别增长 53.8% 和 91.4%。稀土和钨及其应用产业主营业务收入达 640 亿元，增长 93.5%。57 个投资亿元以上项目竣工投产或部分投产。主营业务收入超亿元或利税总额超千万元企业达到 465 户，比上年增加 78 户。全市工业园区主营业务收入 1654.9 亿元，超 100 亿元的园区有 7 个。

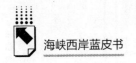

农业基础地位更加巩固。实现农业总产值375亿元，增长4%。粮食总产278.5万吨。成功承办第三届中国赣州国际脐橙节，"赣南脐橙"成为中国驰名商标。脐橙种植面积达174万亩，产量突破133万吨。新增国家级农业标准化示范区3个、无公害农产品26个。新增年销售收入500万元以上农业龙头企业30家。完成农民技术培训20万人次。实施213座病险水库除险加固，新增、恢复和改善灌溉面积51.57万亩。启动高标准农田建设16万亩，实施土地整理8.89万亩。

基础设施加速完善，城乡面貌显著改观。完成全社会固定资产投资1002.3亿元，增长28.3%。开工建设重点工程155个，完成年度投资493.5亿元，比上年增加123.3亿元。开工续建高速公路304.8公里，隘瑞、瑞寻高速公路建成通车。完成国省道改造217公里。中心城区开工城建项目86个，完成投资79.4亿元，建成区面积扩大到85.23平方公里。新购置公交车105辆，环卫作业车99辆。"治脏、治乱、治堵"工作取得明显成效。实施了文清路商业街综合改造、"百街小巷"整治和中心城区亮化绿化样板路三大工程，城区环境更加优美，街道更加整洁，通行更加顺畅。统筹城乡发展试验区建设加快推进。完成1739个村庄整治工作，启动6247个村点垃圾无害化处理工作。新建农村公路1799公里，符合通行条件的行政村通客车率93.4%。

改革开放深入推进，发展活力竞相迸发。全面完成非工口七个系统国有企业改革。国库集中支付范围不断扩大，市直预算单位全面推行公务卡管理。民营经济加快发展。全市个私企业户数达23.27万户，非公有制经济实现增加值占比达60.4%，实缴税金占全市税收比重达70%。开放型经济保持良好发展态势。实际利用外资9.29亿美元，增长11.1%。进出口总额29.23亿美元，其中出口总额25.23亿美元，分别增长79.31%和92.51%。

切实增进民生民享，民生保障水平明显提高。全年民生类财政支出169.6亿元，占总支出的54.4%。100件民生实事基本完成。新增城镇就业11.67万人，城镇就业率达96.8%。再就业小额担保贷款发放总量继续保持全国地级市首位。在全省率先实现城乡居民社会养老保险制度全覆盖，新农合参合率达96.37%。公办基层医疗卫生机构全面规范实施国家基本药物制度。建立居民健康档案140万份。高龄老人生活补贴发放范围扩大到80周岁以上。新解决

47.62 万农村居民和 5.54 万农村学校师生饮水安全问题。新建廉租住房 2.1 万套、公共租赁住房 4.2 万套，实现了人均住房建筑面积 15 平方米以下低收入家庭应保尽保。1.58 万户农村危旧房改造和 4875 户"两红"人员土坯房改造全面完成。完成 1119 个省扶贫困村整村推进年度扶贫开发任务，移民搬迁 21886 人。城镇居民可支配收入、农民人均纯收入分别为 16058 元和 4684 元，分别增长 13.1% 和 12%。

生态建设成效显著，各项事业协调发展。完成造林绿化 89.92 万亩，全市森林覆盖率提高至 76.25%。赣江源晋升为国家级自然保护区，新增湿地公园面积 16 万亩。实施小流域水土保持综合治理 82 条，治理水土流失面积 96 万亩。完成废弃稀土矿山水土保持综合治理 1915 亩，废弃矿山复绿 2 万亩。主要河流国、省、市断面水质达标率 91%，环境空气质量优良率 100%；主要污染物总量减排完成省下达任务。新增国家级创新型企业 1 家、高新技术企业 7 家。专利申请量和授权量分别增长 73.9% 和 67.2%。新增省级教育园区建设试点县（市）8 个。成功申报创建第一批国家公共文化服务体系示范区。新建农家书屋 821 个。在全国设区市中率先设立红十字博爱基金。成功跻身第三批全国文明城市提名资格城市，再创全国"双拥"模范城。

二 赣东南地区经济社会发展趋势

2012 年是实施"十二五"规划承上启下的关键一年。赣东南地区以建设富裕和谐秀美江西为奋斗目标，以鄱阳湖生态经济区建设为龙头，以加快转变经济发展方式为主线，以富民兴赣为主要任务，进一步强化与长珠闽地区的沟通和联系，深化产业对接合作，进一步强化与海峡西岸经济区的联系互动，主动融入国家区域发展大格局，努力把赣东南打造成区域发展的重要一极。

1. 上饶市：重点推进宜居宜业宜游现代化区域中心城市建设

上饶市将深入贯彻落实科学发展观，全面对接鄱阳湖生态经济区、长江三角洲经济区和海峡西岸经济区，加快推进新型城镇化、新型工业化和农业现代化，大力繁荣现代服务业，全力推进重大基础设施建设，着力保障和改善民生，不断加强生态环境保护，实现经济平稳较快发展和社会和谐稳定，努力推进宜居宜业宜游现代化区域中心城市建设。

大力推进"主攻工业、决战园区"战略。重点推进晶科能源硅片和组件、博能客车产业园、昂大轮毂、长河锂电池扩建等重点项目建设，突出抓好一批投资 5 亿元以上工业项目的开工建设。重点打造高纯多晶硅、薄膜太阳能电池生产基地，锂电池生产基地，LED 照明系列产品、光学精密仪器生产基地，形成一批特色明显、体系完整，有一定规模效益的产业集群。

大力推进现代农业进程。稳定粮食生产，确保全年粮食播种面积稳定。出台政策大力扶持具有当地特色的规模以上农业产业化龙头企业的发展，发挥龙头带动作用，重点打造 10 大农林产业、10 个特色农产品。着力抓好中心城区"菜篮子"工程。深入开展"农田水利建设年"活动，切实加强农田水利设施建设。加快实施病险水库的排查，推进除险加固、灌区续建配套、农村安全饮水等农田水利重点工程。

大力推进现代服务业发展。加大旅游品牌创建和宣传力度，壮大旅游产业。推进三清山世界地质公园创建活动，婺源部分景区创建国家 5A 级景区以及部分景区创建国家 4A 级景区取得新进展，力争 2012 年实现接待旅游总人数突破 3900 万人次、旅游总收入达到 290 亿元。积极发展现代物流业。商贸产业加快发展，推进"万村千乡"、"家电下乡"、实施农贸市场和农家店标准化改造，重点扶持 20 家年销售额达 20 亿元以上的大型商贸流通企业。加强政银企对接，支持地方金融机构发展壮大。

大力推进重大基础设施建设。开工建设高铁上饶枢纽站房、九景衢铁路、德上高速公路三清山连接线、上饶综合交通枢纽、宁德港上饶码头、黄金埠电厂二期等重点项目，续建杭南长、合福高铁和德上高速公路。继续实施农网改造升级工程，加快天然气入饶管网工程建设，重点开展环鄱阳湖旅游公路、经开区热电联供厂、上饶火电厂等 20 个重大项目前期工作。

2. 抚州市：继续打好"三大战役"，力促经济社会发展再上新台阶

抚州是鄱阳湖生态经济区和海峡西岸经济区两大国家战略的政策叠加区，是离省会南昌和出海口最近的设区市，区位优势逐步显现，承接产业转移的条件得天独厚，特别是向莆铁路和抚吉高速公路建成通车后，抚州将成为全省的出海大通道，以及联系长三角和珠三角的重要通道。为充分利用区位优势，做大做强抚州区域经济，抚州市把 2012 年确定为"三大战役"突破年，促进经济社会发展再上新台阶。

继续全力打好"三大战役"，确保经济平稳较快增长。一是坚定不移地打好工业强攻战。大力推进特色园区和特色基地建设。要着力壮大主导产业，进一步加强纺织服装等六大主导产业地位。大力扶持中小企业发展，加大对中小企业扶持力度，促进科技型、创新型的小微企业成长壮大。二是坚定不移地打好县域经济发展大会战。坚持规划先行、特色引领，确立各县（区）工业、农业和第三产业的主导产业；大力发展特色经济，做大做强特色产业。三是坚定不移地打好跑项争资攻坚战。坚持扩大投资不动摇，尽快形成新的有效增量，确保向上争取项目资金增长 25% 以上。

夯实农业基础，确保农业增效农民增收。一是着力提升农业产业化水平。要发展壮大特色产业，加快实施南丰蜜橘提质、提效"双提工程"。推进粮食、畜禽、果蔬、白莲、油茶、烟叶等特色产业集中连片、专业化、规模化发展；大力发展专业合作社、专业协会等农民专业合作组织，建成"合作组织＋基地＋农户"的利益联结机制，形成互惠互利、共同致富的利益共同体。二是着力改善生产生活条件。按照"建设农民幸福生活的美好家园"的要求，抓好新农村建设，扎实推进农村安全饮水、垃圾无害化处理、公路、电网改造、沼气和危房改造，营造更加舒适便利的生活环境。三是着力促进农民持续增收。全面落实各种惠农补贴，扩大政策性农业保险范围。逐步完善多方合作利益联结机制，推进农业适度规模经营。

大力保障和改善民生，协调发展社会事业。一是继续办好惠民实事。要完成省里每年下达给市里的民生工程任务，创新举措，认真组织实施，有效推进各项惠民实事落到实处，切实把好事办好，让群众真正从中受益。二是继续完善社会保障体系。在全市范围内全面推行社会保险"五险合一"统一征缴，实现城乡居民社会养老保险全覆盖。积极落实促进就业政策，加强就业帮扶，提升统筹城乡就业工作水平。逐步建立养老服务补贴，基本形成覆盖全市城乡社区的社会养老服务网络。

3. 鹰潭市：主攻项目，决战"三区"

2012 年市委、市政府提出"主攻项目、决战'三区'，凸显特色、实现跨越"的总体要求，全市上下齐心协力，努力把鹰潭建设成为富裕、秀美、宜居、和谐的鄱阳湖生态经济区璀璨明珠。

加快培育"1 + 6"产业。全面落实市委、市政府《关于全力支持工业经济"决战 5000 亿、实现新跨越"的决定》，重点发展以铜产业为龙头，以机械装备制造、水工、节能照明电器等地方优势产业为依托，以新能源新材料、创意制造、大健康等新兴产业为发展方向的"1 + 6"产业，构建具有鹰潭比较优势的产业体系。

加快发展城市经济。积极发展房地产业，合理引导住房消费，促进房地产业健康有序发展。完善商业网点规划布局，形成功能互补、特色鲜明、城乡联动的市场体系。积极引进金融类、资本类企业入驻鹰潭，大力发展村镇银行、小额贷款公司、融资担保公司，促进金融业与经济的良性互动。规范发展总部经济、楼宇经济。搭建创业平台，积极引导和支持鹰潭籍在外能人返乡创业。

加快发展旅游经济。按照"大规划、大投入、大建设"的要求，做好全市旅游发展总体规划和龙虎山景区发展战略规划编制，优化旅游功能区布局。以龙虎山创建国家 5A 级旅游区为抓手，积极引进大企业、大财团，加快上清古镇一期改造、圣井山开发、生态运动养生园、星级酒店等重点项目建设，改造景区路网、水网、电网，完善景区承载功能。整合县（市、区）旅游资源，加快发展乡村旅游、特色旅游，构建以"中国丹霞·道教文化旅游胜地"为核心的大旅游格局。

加快发展物流经济。发挥独特的交通、区位优势，深入实施物流产业发展规划。加强与国内龙头物流企业的合作，加快中童专业市场集群规划建设，推进现代物流园、海关国检大楼、赣东北农副产品物流中心、国家公路二级枢纽指挥中心等一批物流载体建设，培育壮大物流主体。努力构建"大流通、大通关、大口岸"格局，全面提升物流产业辐射力和竞争力，打造区域性物流节点城市。

4. 赣州市：以赣南苏区振兴发展为契机，努力实现跨越式发展

全力以赴推动赣南苏区振兴发展。积极争取国家尽快出台支持赣南苏区振

兴发展的政策意见，深入研究赣南苏区振兴发展的思路举措。加强与国家有关部委和省有关部门的沟通对接，主动自觉地做好配合国家有关部委实地调研等基础性工作。紧扣赣南苏区振兴发展的政策意见和相关对接事项，策划和包装一批群众热切期盼的重大民生项目、增强"造血"功能的重大产业项目、积蓄发展后劲的重大基础设施项目，尤其注重策划包装一批影响赣州经济社会长远发展的重大项目。

着力推进新型工业化。坚持"政府引导、市场运作"，全面推进稀土、钨、萤石资源整合，落实国家稀土产业发展政策，加快组建以赣州稀土集团公司为主体的南方大型稀土集团，加大矿产勘察开发利用与保护力度。依托赣州稀有金属交易所，精心打造稀土、钨交易中心和集散中心。出台分类扶持措施，大力推进铜铝有色金属产业、新能源汽车及其配套产业以及氟盐化工、电子信息、现代轻纺、食品工业、新型建材、生物制药、家具等产业上规模、上水平。进一步完善产业规划布局，加快赣州开发区扩区增容，申报国家级循环经济试点园区、国家生态工业示范园区。争取在瑞金、兴国设立特殊经济区。

着力推进中心城市建设。编制实施《赣州特大城市城乡总体规划》，做大城市规模。要强化产业集聚效应，提高空间拓展效能，提升生态文化品质，分类引导项目建设，优化行政区划管理。推动赣县、南康、上犹与主城区在基础设施、综合交通、生态环保、产业布局等方面全方位对接、同城化发展。加快章江新区繁荣发展，推进老城区改造，协调各组团加快建设。争取南康撤市设区，力争到2013年中心城区建成区面积超过100平方公里、人口超过100万，迈入特大城市方阵。抓好100个重点城建项目建设。

着力推进农业现代化。大力发展现代农业。进一步巩固粮食基础地位，力争粮食总产280万吨以上。进一步加强赣南脐橙质量标准体系建设，完善市场营销体系。抓好1703个省批村点的村庄整治建设，推进3747个村点农村清洁工程，新建农村无害化卫生户厕4.7万座。建立以公共财政为主的扶贫开发投入体制，抓好新一轮扶贫开发。市财政整合1亿元资金，专项用于扶贫开发。编制并启动罗霄山特困片区11个县（市）区域发展与扶贫攻坚规划。

着力推进现代服务业发展。加快区域性金融中心建设。做大做强赣州银行等地方金融机构，深化金融机构改革，引导其创新金融产品，改善服务方式，

加大对实体经济特别是当地重点项目和产业、小微企业和"三农"的信贷资金支持力度。积极推动企业上市，在资本市场打造"赣南板块"。加快区域性物流中心建设。加快推进赣州综合物流园区建设，打造成区域性工业原料及成品交易中心和现代综合商贸物流城。加快航空港综合物流中心等六大物流节点建设，培育和引进核心竞争力强、主营业务突出的现代物流企业，着力壮大电子物流、大件物流、有色冶金物流、冷链物流。推进物流信息平台与标准化建设，提升物流企业现代化管理水平和市场竞争力。加快区域性旅游中心建设。加快瑞金红色旅游景区、通天岩景区创5A步伐，抓好陡水湖风景区开发、宋城文化遗址公园、龙南客家围屋博物馆等项目建设，策划包装好中央苏区红色旅游和三江六岸、百里脐橙旅游观光带等重点项目。

专题研究报告

Research Reports

B.6

海峡西岸经济区与台湾交流
合作现状与趋势分析

刘林思

一 海峡西岸经济区与台湾经贸交流合作现状与趋势

（一）海峡西岸经济区与台湾经贸交流合作现状分析

《海峡两岸经济合作框架协议》（英文简称 ECFA）签署后，从 2011 年 1 月 1 日起列入两岸贸易"早期收获"清单开始正式实施，受益于 ECFA 效应和国家赋予海西对台先行先试的特殊政策，海峡西岸经济区与台湾经贸交流合作不断向前发展。

1. 对台贸易快速增长

在 ECFA"早期收获"清单中，台湾方面对原产于大陆包括石化产品、机械产品、纺织产品及其他产品等四类产品共 267 项实施降税。而在这些降税产

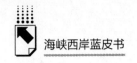

品中，石化、机械、纺织是福建省的主导产业或优势产业，拥有产业规模和产品竞争优势，在台湾市场有着较强的竞争力，快速提升了闽货在台湾市场的占有率。在降税效应的影响下，作为海峡西岸经济区主体的福建省 2011 年对台进出口贸易额 116.1 亿美元，比上年增长 11.8%，继欧盟、美国、东盟之后，台湾已成为福建第四大贸易伙伴。其中，对台出口迅猛增长，高达 30 亿美元，增长 35.9%；自台进口 86.1 亿美元，增长 5.3%。

从贸易结构看，2011 年闽台贸易主要以加工贸易方式为主，进出口值达 68.3 亿美元，增长 9.6%，占同期闽台贸易总值的 58.8%；一般贸易进出口 39.5 亿美元，增长 17.1%，占同期闽台贸易总值的 34%。

从进出口主体看，2011 年福建外资企业对台湾进出口值达 89.9 亿美元，增长 8.9%，占同期闽台贸易总值的 77.4%；私营企业进出口 20.3 亿美元，增长 28.7%；此外，国有企业进出口 5.8 亿美元，增长 6.6%。

从产品结构看，福建对台出口主要为机电产品、高新技术产品以及农产品。当年机电产品出口 13.6 亿美元，增长 37.7%；高新技术产品（与机电产品分类有交叉）出口 7.7 亿美元，增长 49.3%；农产品出口 7 亿美元，增长 36.9%。福建自台湾进口商品主要为机电产品和高新技术产品，其中，机电产品进口 55.7 亿美元，增长 3.9%；高新技术产品进口 43.6 亿美元，下降 3.8%。

近年来，汕头市主动融入海峡西岸经济区，对台贸易步伐加快。从 2009 年 1 月 18 日汕台海上货运直航航线开通至 2011 年上半年，汕台航线共完成 243 个航次，承运进出口集装箱 58819 标箱。这对粤东地区融入海峡西岸经济区起到了积极的推进作用。

2. 吸引台资规模进一步扩大

2011 年台商来闽投资规模扩大尤为突出。据福建省外经贸厅数据，全年福建省实际新批台资项目 394 项（含台商经维尔京群岛等第三地来闽投资），合同台资 13.96 亿美元，实际到资 14.77 亿美元，同比增长 55.6%；实际利用台资位列全国第三位。当年新设立台资企业 286 户，新设立的台资企业户均投资 509 万美元，是上年的 1.8 倍。其中，2011 年 11 月 8 日，在龙岩举办的"第二届海峡两岸中小企业项目对接会"上，来自海峡两岸的 300 多名企业家和相关代表出席，有宝岛风情园、汽车配件精密铸造件、龙湾大酒店等 8 个项目签约，投资额达到 1.78 亿美元。

2011 年粤东、浙南、赣东南吸引台资取得新成效。汕头市抓住《海峡两岸经济合作框架协议》正式生效的机遇，主动对接台资光电、电子信息、生物技术等产业，推进以金融保险、外包服务、现代物流、会展业为主体的台湾现代服务业进入汕头。截至 2011 年 6 月底，汕头市累计批准台资企业 632 家，合同投资总额 17.17 亿美元，实际利用台资 12.01 亿美元，台资作为汕头外向型经济重要组成部分的地位进一步巩固。粤东的梅州市在 2011 年海峡两岸客家高峰论坛上，全力抓好对台招商工作，先后与新竹县、中华海峡两岸客家文经交流协会等台湾机构签订了多个合作项目。目前，梅州设立了广东省首家县级台商工业园，园区投资总额约 1000 万美元。据不完全统计，梅州市已累计吸引台资企业 200 家，投资总额达 1 亿美元。

浙南的庆元县在 2011 年出台了《庆元台商投资优惠政策》和《庆元县对台招商引荐人奖励实施办法》，鼓励吸引台商投资。庆元县成功地与台湾腾天生物科技有限公司签订了总投资 1000 万美元的生物酵素项目，并在浙江英标菇品有限公司租赁的厂房内进行首批 2000 公斤的萝卜酵素生产。

在 2011 赣台（南昌）经贸合作研讨会上，赣东南的上饶市与台商达成了意向投资项目 16 个，投资总额 3.51 亿美元；其中 1 亿美元以上项目 1 个，5000 万美元项目 2 个，2000 万美元项目 1 个，1500 万美元项目 1 个，1000 万美元项目 7 个。赣州市与台湾永兴铜业签订在横峰县投资 1200 万美元的有色金属项目。鹰潭市经济技术开发区与台湾连展科技股份有限公司签约金额达 1.032 亿美元。抚州市与台商签约 8 个项目，合同资金 1.82 亿美元，涉及电子、旅游、新能源、服装等领域。

3. 对台经贸交流合作不断拓展

海峡西岸经济区对台经贸交流，在每年一度的"海峡两岸经贸交易会""海峡论坛""赣台（南昌）经贸合作研讨会"等常态化的基础上，各种形式的经贸交流领域不断深化。

（1）第五届海峡两岸农渔业交流暨产业对接会在厦门举办。2011 年 6 月 12 日至 13 日，由农业部、国台办为指导单位，农业部海峡两岸农业交流协会与台湾有关农渔业协会共同主办的第五届海峡两岸农渔业交流暨产业对接会在厦门举行，来自海峡两岸约 350 名代表参加此次交流会，主题为"交流合作、互利双赢"，共同探讨 ECFA 生效后两岸农业新科技的交流和合作。它包括两岸农业新品种新技术展示推介会、ECFA 与两岸渔业产业对接会、两岸农民专业合作社交流、台湾农民创业园发展研讨会。会上，两岸业界重点探讨台湾农业新科技、产业发展的新态势以及海峡两岸渔业产业合作交流现状等问题，推动海峡两岸在农渔业多领域的产业合作。

（2）福建省宁德市举行第二届海峡两岸电机电器博览会。2011 年 6 月 16 日在宁德市召开第二届海峡两岸电机电器博览会，会议重点围绕"两岸合作共赢发展"主题，组织两岸电机、电器、船舶、汽摩配件等系列产品展示展销和两岸名优特精品展销，促进两岸产品互补。展会期间还举办了电机产业发展论坛，研讨国际产业发展趋势和两岸产业合作内涵。

（3）2011 年 9 月 4 日，首届海峡两岸花艺交流会在福州开幕。近 200 位两岸花卉业同人参加了此次交流会。花卉产业是福建省林业的重要组成部分，也是闽台合作交流的重要领域。台湾的花卉产业发达，在发展方式、科学技术运用、市场体系建设、产业创新等方面较为先进，与福建省花卉业的合作互补空间大。

（4）2011 年 12 月 3 日，第二届海峡两岸丘陵山区农业机械展览会在福建省漳州市举行，展会展出面积达 15000 平方米，吸引了来自两岸 150 多家农机厂商、经销商前来参展，其中台资企业 32 家。展会同期召开农机与农艺融合及丘陵山区机械化研讨会和丘陵山区农机化新技术新产品推介会，邀请两岸农机专家、企业代表介绍丘陵山区农机化发展动态和最新技术成果，进一步探讨两岸的农机合作。

（5）2011 年 3 月 5 日，第六届温州（苍南）开茶节开幕，来自台湾的嘉宾、茶叶专家等与浙江省涉台部门、市县农业部门负责人等欢聚一堂，边品茶边交流，畅谈茶文化，畅想大合作。台湾茶叶专家李瑞兴教授着重介绍"台湾茶产业与研究发展"，报告反映了台茶近况、台茶生产、台湾茶区、台茶总产值以及十项研究成果；浙江大学驻苍南县五凤乡科技特派员骆耀平教授就苍南茶产业发展情况作了交流。会后，苍南县五凤茶叶产业协会与台湾嘉义县观光协会双方签订多项合作意向书。

（6）浙南的庆元县组团赴台湾地区考察食用菌产业发展。为了加快庆元县食用菌产业转型升级，切实推进食用菌强县发展，2011 年 3 月 1 日至 7 日，庆元县委书记陈景飞带领该县党政代表团赴台湾省考察食用菌产业发展的经验做法，代表团一行先后走访了台北、台中、南投、彰化、台南、高雄等地的多家菇类生产农场、生物技术公司。

（7）台湾桃园县议会经贸文化参访团到访汕头市。2011 年 7 月 1 日，由台湾桃园县议员杨朝伟为团长的桃园县议会经贸文化参访团一行 15 人到汕头市参观访问，汕头市委副书记邓大荣会见了参访团成员，希望台湾参访团通过此行增强对汕头的了解，同时将桃园县农村管理等方面的先进经验介绍到汕头，进一步加强两地的沟通与合作。

（8）台湾苗栗县农会参访团到梅州市访问交流。以台湾苗栗县农会理事周逢甲为团长的苗栗县农会海峡两岸农业交流参访团，于 2011 年 10 月 21 日到广东省梅州市交流访问。梅州市台办负责人陪同参访团到富有客家特色的围龙屋、中国客家博物馆等景区以及梅州市农业有关单位进行参观交流。台湾苗栗县农会理事周逢甲认为，梅州有被建筑学界称为中国民居五大特色建筑之一的客家围龙屋，独具特色的客家美食，是集客家文化之大成的"世界客都"。周逢甲表示，希望能与梅州加强农业交流，促进农业合作，以利两岸农业发展，嘉惠两岸农民。

（9）赣东南地区政府随团参与赣台经贸交流活动。2011 年 3 月 25 日，由江西省委常委、副省长陈达恒率领江西省农业厅、南昌市委、鹰潭市政府、上饶市政府、抚州市政府、赣州市政府等党政代表团赴台湾开展经贸交流活动。

（10）抚州举办抚台经贸合作项目洽谈会。2011 年 9 月 1 日，由江西抚州市委、市政府主办，市台办承办的抚台经贸合作项目洽谈会在抚州举行。中华江西省旅台同乡会总会会长黄玠率领台商考察团一行 40 多人参加了洽谈会。在抚州期间，台商考察团一行还参观了抚州市部分台资企业和城市建设。

4. 两地旅游合作持续推进

（1）两地政企携手，合作提升闽台旅游竞争优势。根据游客的不同需求，闽台旅游提出多种合作形式。由于福建赴台个人游便捷价廉，备受游客青睐，从而使福建日益成为两岸双向旅游的黄金通道和主要集散地。

（2）海峡两岸（厦门同安）温泉文化旅游节在厦门举办。为了发挥同安

区得天独厚的温泉资源优势，推动温泉旅游产业发展，2011年12月3日，海峡两岸（厦门同安）温泉文化旅游节拉开帷幕。福建省旅游局局长郭恒明、厦门市委副书记钟兴国为本届温泉旅游节标识揭牌，台北市旅行商业同业公会、台中市政府观光旅游局和两岸百家旅行社代表出席了当天的开幕仪式。

（二）海峡西岸经济区与台湾经贸交流合作态势展望

1. 对台"先行先试"从福建主体向海西全面推进

自2011年3月国务院正式批准实施《海峡西岸经济区发展规划》和《海峡两岸经济合作框架协议》正式生效以来，呈现出闽台经贸交流合作先行先试向海峡西岸经济区全面延伸趋势。一方面，福建充分发挥"五缘"优势和国家赋予的特殊政策，把对台经贸交流合作先行先试与推动福建经济社会跨越发展相结合，加强闽台经贸交流合作，加大对台招商引资力度，并向中央积极争取，在每年一届的"海峡论坛"上都有先行先试的新举措。

另一方面，近年来作为海峡西岸经济区重要组成部分的粤东、浙南、赣东南县（市）区主动融入，开创对台经贸双向交流合作先行先试的新局面。粤东、浙南、赣东南地方政府抓住机遇，积极作为，并在广东、浙江、江西省委、省政府的高度重视和支持下，充分发挥地方特色优势，努力打造各自对台交流合作新平台，采用"走出去""请进来"的方式，大力推动对台经贸交流合作先行先试工作的开展，取得了显著成效。2011年5月18日，浙江省政府批准设立浙台（苍南）经贸合作区，并将其列入省级开发区管理序列，使温州市参与海峡西岸经济区建设、推进两岸经贸交流合作有了重要平台；汕头市积极组织实施《海峡西岸经济区发展规划》，加快打造海西南翼区域中心城市建设，出台并实施《汕头经济特区台湾同胞投资保障条例》，鼓励台商投资，保障台湾同胞的合法权益，全力推进粤台经贸合作试验区建设；赣州、上饶、鹰潭、抚州市政府除积极组团参加赣台（南昌）经贸合作研讨会外，抚州市还独立主办"抚台经贸合作项目洽谈会"，对台招商引资取得了新成效。

2. 台湾提出建设"自由经济示范区"设想，为未来海西与"自由经济示范区"对接带来契机

2011年9月底台湾当局提出建设"自由经济示范区"规划。由于台湾南北经济差异大，产业门类繁多、结构复杂，要推进全岛经济自由化，将带来巨大产业冲击。因此，台湾方面设想在全岛设立若干个试点地区，以点带面，分步骤、分地区实施经贸自由化，以未来10年台湾加入跨太平洋经济伙伴关系协议（TPP）为目标，吸引外资、陆资和台资回流，振兴台湾经济和就业，让台湾受冲击产业有一个缓冲期，并将最终实现全岛经济自由化。同时，台湾当局还打算开放与大陆"区对区"之间的直接对接。

台湾设想所谓的"自由经济示范区"，与中国香港、新加坡自由经济区不同，其性质仍属于经济特区类。它的特点是对现有自由贸易港区（相当于我们的保税港区）或出口加工区及各类园区进行整合及转型，并赋予其自由经济区的综合功能。范围包括自由贸易港区（或出口加工区）＋各类园区＋其他相关区域。即在"自由经济示范区"内，把与货物贸易自由化相关的项目放在封关区域内的同时，实现"自由经济示范区"功能多元化，区内还可以实行服务贸易自由化、投资自由化、金融自由化，后者则以企业注册地作为区分标准，无须"封关"，可以在非封关区域运作。比如，台湾正在规划中的"大高雄自由经济示范区"就是以现有高雄自由贸易港区为核心，整合高雄各加工出口区及各类园区，形成"港口是前店、产业群聚是后厂"的新格局。高雄规划建设"自由经济示范区"，就是在功能上从货物贸易扩大到服务贸易、资本投资、金融活动等自由化。

今后台湾"自由经济示范区"正式运作，将通过签订ECFA后续协议、进入一种制度化保障的双向合作的区域试点，海西必然列入双向试点的主要地区，尤其厦门经济特区和平潭综合实验区在两岸双向试点合作中的地位和作用进一步凸显。

二　海峡西岸经济区与台湾文化及其他交流合作现状与趋势

（一）海峡西岸经济区与台湾文化及其他交流合作现状分析

1. 教育交流合作不断推进

（1）福建高校选派大学生赴台学习规模扩大。2011年秋季，福建省组织

福建师范大学、福建工程学院、厦门理工学院等 28 所院校，选派 300 名高校学生到台湾铭传大学、世新大学、云林科技大学等院校学习一年。

（2）两地教育交流合作由福建拓展到温州。2011 年 3 月 27 日，浙江省温州大学城市学院与台湾铭传大学正式签订合作协议。由于两所高校的院系设置和育人理念有很多相似之处，这将为它们在专业共建、师资培养等方面提供更大合作空间。温州大学城市学院将积极引进铭传大学的教育管理团队和优秀教师队伍；该校的专任教师将赴台培训、进修、担任访问学者。学生也有机会通过暑期访学、学期交换生、毕业设计等多种方式，共享两地大学的优质资源。2011 年 5 月 26 日温州医学院院长瞿佳随同浙江省代表团赴台交流，并与台湾义守大学进一步签署合作协议，两校结成姊妹学校。

（3）海峡两岸 300 多位专家聚集厦门研讨外语教学。为期 3 天的首届海峡两岸外语教学与研究研讨会暨福建省外国语文学会 2011 年年会，于 2011 年 12 月 3 日在厦门理工学院举办。来自海峡两岸的 300 多位专家、学者与 30 多名外籍教师共同参会，研讨两岸高校在外语教学与研究领域的最新成果。

2. 文化交流合作不断深化

（1）文化产业交流合作持续火暴。2011 年 10 月 29 日第四届海峡两岸（厦门）文化产业交易博览会隆重开幕，在展会规模、辐射区域、投资交易和展会质量等方面都取得了新进展、新突破，在两岸引起强大反响，成果丰硕。据不完全统计，第四届海峡两岸"文博会"总展览面积超过 4 万平方米，增长 25%；标准展位 1979 个，增长 47.25%。签约项目 155 个，签约总额 359.71 亿元，分别增长 12.32% 和 263.40%。其中涉台项目金额 41.47 亿元，增长 674.91%。投资领域涵盖文化创意、艺术品、动漫网游、休闲娱乐、广播影视和出版发行等文化产业核心内容，本届"文博会"吸引参展文化企业 819 家，比上届增长 23.34%；其中，台湾本岛参展文化企业和机构共计 349 家，比上届增长 71.08%；参展区域覆盖台湾所有县市，海峡两岸"文博会"的投资交易平台作用进一步显现。

（2）第二届漳州海商论坛开幕，两岸专家研讨"海商"文化。2011 年 12 月 1 日，第二届漳州海商论坛在福建漳州召开。来自台湾、北京、广州、厦门等地的数十位专家学者出席研讨会，福建省政协副主席郭振家在致辞中表示，漳州海商是闽商的杰出代表，他们不仅带动了福建东南沿海的对外贸易和开发建设，而且开辟了通往海外 47 个国家和地区的海上"丝绸之路"。

（3）海峡两岸沙滩音乐演唱会在湄州岛开唱。2011 年 8 月 12 日，湄洲岛黄金沙滩景区演唱会吸引了两岸 10 多个乐队、舞团及海内外游客等近千人参与。本次演唱会由《两岸一家亲》主唱、台湾女音乐创作家彭立主持。两岸乐队分别演绎了《酒干倘卖无》《城里的月光》《小星星》等近百首脍炙人口的闽南语、中文、英文流行歌曲，并穿插台湾少数民族传统古调演唱、台湾创意变脸等表演，以及"击鼓传花、爱的抱抱""义务净滩"等观众互动环节，演唱会融合民俗与现代、表演性与娱乐性为一体，将现场气氛推向了高潮。

（4）民俗文化交流热络不绝。2011 年 6 月 7 日泉台百家姓族谱暨中华姓氏联墨巡展在台湾举办，本次活动先后在台湾高雄市、台南市以及彰化县鹿港镇进行为期一个月的展出，是迄今为止福建泉州规模最大、历时最长的赴台族谱巡展。7 月 3 日，以台置连江县议长陈贵忠为团长的马祖北竿后澳境杨公八使宫白马尊王进香团一行 115 人，首次赴福州鼓山鳝溪白马王祖庙祭拜。9 月17 日台湾云林古坑慈灵宫进香团一行 220 人到福建漳浦县威惠庙参香谒祖，共同弘扬开漳圣王精神，增进两岸文化交流。

（5）两岸首度合作出版《2011 年大陆台商 1000 大》。由福建日报报业集团下属《市场瞭望》杂志与台湾《工商时报》合作出版、同步发行的《2011 年大陆台商 1000 大》于 2011 年 9 月 20 日正式面世。这是两岸传媒界第一次合作出版、同步发行的财经类刊物。《大陆台商 1000 大》是一本记录大陆台商努力轨迹、探讨两岸经贸合作新方向的刊物，以其权威、全面、专业的报道，成为企业经营、政府招商和学者研究台商的重要工具和信息来源。

（6）两岸艺术家在福建漳州召开木偶艺术传承与合作研讨会。2011 年 10 月 29 日，来自台湾如真园掌中剧团、台北木偶剧团、天宏园掌中剧团、兴洲园掌中剧团、宏兴阁皮影戏剧团等五个团体的艺人代表，与漳州木偶剧团代表齐聚福建省漳州市，共同研讨两岸木偶艺术的传承、发展与合作。

（7）2011 年 11 月 14 日至 20 日，由衢州市委副书记李剑飞率团入台，衢州文化参访团应邀参加台湾"2011 孔氏南宗文化行"活动。

3. 卫生交流合作取得新进展

海峡两岸红十字"博爱论坛"于2011年6月12日在厦门召开，会上两岸卫生界首次探讨构建灾害互援机制，这一举措再次体现了红十字人道组织在两岸交流合作中的重要作用。

4. 体育交流合作持续推进

（1）福州举办海峡两岸10万人登山活动。2011年9月25日，由国家体育总局登山运动管理中心、福建省体育局、福州市政府共同主办的第五届海峡两岸10万人登山活动在福州举行，活动吸引了全国各地以及台湾地区的登山爱好者及各界群众近10万人参与，台湾方面派出了近百人队伍参加，这是一次海峡两岸体育界及民间健身的重大交流活动，有助于增进两岸同胞之间的感情。

（2）两岸四地150余名游泳健将竞渡厦金海峡。来自中国大陆和台港澳的78支队伍、156名游泳好手，2011年7月29日从厦门环岛路椰风寨海域下水，横渡小金门双口村海域全长8公里的厦金海峡。此处活动由中国游泳协会、厦门市政府与"中华台北成人游泳协会"、金门县政府联袂主办，北京、江西、广东、福建等大陆游泳好手37队74人，与来自海峡彼岸的台湾34队68人，以及香港3队6人、澳门4队8人，参与本届厦金海峡横渡活动的竞逐。

5. 其他交流合作不断拓展

（1）2011年闽台启动首个消防交流活动。由福建省消防协会和台湾"中华消防协会"联合举办，厦门市消防协会承办的"共商消防对策，同襄防灾盛举"的主题交流活动，2011年11月8日在厦门市召开，闽台两地消防工作者就群众消防教育、民间消防组织、防灾救灾工作等方面，开展多角度的互动交流，增进了解，促进两岸消防事业共同进步。

（2）两岸少数民族村寨部落交流合作在闽签订合作意向书。2011年11月6日，龙海市隆教畲族乡与台湾台东县鹿野乡，龙海市隆教新厝村与台湾瑞隆村，龙海市隆教红星村与台湾富世村，签订建立联系合作加强友好交流意向书。双方决定定期或不定期组织文化团体互访，沟通交流各自民族特色文化，以深化彼此情感、友谊和共识；择机联合召开少数民族社会发展与文化保护之相关研讨会，共同推动两岸地方少数民族历史研究、文化交流及学术活动，更好地保护、传承与推广中华少数民族的特色文化。

（3）2011 年 10 月 20 日至 21 日，大陆与台湾产业安全与风险管理有丰富实务经验的专家，在福州举办两岸产业安全与风险管理专家研讨损害防阻研讨会。

（4）福建南安市与台湾新北市开展工会交流合作。2011 年 11 月，南安市总工会与台湾新北市各业工人总工会在南安举行两地工会建立对口交流合作意向书签约仪式。在两地工会代表的见证下，双方签订合作意向书，正式开展对口交流合作关系。新北市各业工人总工会现有职业工会 62 家、产业工会 3 家。该合作意向书的签订，将有利于两地建立长期、稳定的对口合作关系，推动两地工会长期交流互访。

（二）海峡西岸经济区与台湾文化交流合作态势展望

随着《海峡两岸经济合作框架协议》的签署和正式生效，推动文化的大交流与合作已成为两岸的共识。具有独特"五缘"优势的海峡西岸经济区，不断扮演着对台文化交流合作先行先试的角色，并呈现如下趋势。

一是文化交流合作不断取得新突破。从双向交流合作看，2011 年两岸传媒界第一次合作出版、同步发行了《2011 年大陆台商 1000 大》的财经类刊物，这是两岸出版发行界交流合作的一次新突破；同年在海峡两岸红十字"博爱论坛"上，两岸卫生界首次就构建灾害互援机制进行了深入探讨，开辟了两岸共同研究应对重大自然灾害在应急救援、志愿服务、社会动员等方面的新模式。从投资领域看，第四届海峡两岸"文博会"在上一届的基础上投资领域从演艺、动漫游戏、文化旅游拓展到艺术品、动漫网游、休闲娱乐、广播影视和出版发行等文化产业。

二是对台文化交流合作新平台不断推出。推进海峡西岸经济区与台湾地区的文化交流合作，需要构建各类平台。从 2009 年开始，每年一届的"海峡论坛"作为两岸民间大型综合交流平台，文化交流合作成为其中的一项重要内容。截至 2011 年底厦门市搭建平台，先后举办了七届"海峡两岸图书交易会"和四届"海峡两岸文博会"。2011 年 6 月，福建省莆田市湄洲妈祖祖庙、福州市马尾区的和青礁及白礁慈济宫与广东省的梅州市正式被国台办授予

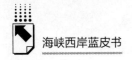

"海峡两岸交流基地"，2012年度海峡西岸经济区又增添了三个两岸文化交流合作的新平台。

三是海峡西岸经济区对台文化交流合作的先行先试为后续 ECFA 服务贸易协商提供了重要范例。文化产品贸易是服务贸易的组成部分。近年来，海峡西岸经济区通过举办"海峡论坛""海峡两岸图书交易会"和"海峡两岸文博会"，有效地促进了两岸文化产品交流与文化产业的投资合作。这些先行先试的成果，为 ECFA 下两岸服务贸易谈判达成共识创造了有利条件。比如，文化创意产业及其产品在大陆的"十二五"规划以及台湾的"黄金十年"愿景中，都是很重要的产业。特别是两岸共同拥有中华文化，透过创意、创新、营销形成文化创意产业所创造的产品及其贸易，为两岸人民带来喜闻乐见的精神享受，同宗同文的中华文化产品有助于增进两岸同胞的感情，为两岸和平发展、祖国和平统一作出贡献。

B.7
平潭综合实验区发展现状及趋势分析

陈俊艺　郑林岚

一　平潭综合实验区发展现状

平潭综合实验区地理位置优越，位于台湾海峡中北部，包括海坛岛及附属岛屿，陆域面积共392.92平方公里，海域面积共6064平方公里，总人口共39万人，距离台湾岛仅68海里，是祖国大陆距台湾本岛最近的地区，具有对台经济文化交流合作的独特优势。根据国务院于2009年下发的《关于支持福建省加快建设海峡西岸经济区的若干意见》精神，2009年7月，平潭综合实验区正式设立，2010年启动平潭开发建设，2011年，平潭经济社会发展呈现跨越发展的态势，各方面发生了历史性变化。

（一）国家战略指明方向

2011年是平潭开放开发全面飞跃发展的一年。国家"十二五"规划纲要将平潭的开放开发正式上升为国家战略；2011年4月，国务院批准了《海峡西岸经济区发展规划》，全面部署了平潭开放开发工作；同年11月，《平潭综合实验区总体发展规划》经国务院批复，同意平潭实施全岛开放，赋予了平潭综合实验区比经济特区更加特殊、更加优惠的政策，特别是允许在平潭实施"一线放宽、二线管住、人货分离、分类管理"的通关管理模式，同时，还对符合条件的企业按15%的税率征收企业所得税。胡锦涛等中央领导对平潭开放开发作出重要指示，吴邦国、贾庆林、李长春、李克强、贺国强等国家领导和近200位省部级领导上岛考察。有了国家战略的指引，2010年以来，平潭综合实验区在"五个共同"以及对台胞"放地、放权、放利"等方面进行了积极实践，逐渐将平潭打造成为一个现代化、国际化的综合实验区。

（二）顶层设计提高起点

2010 年 3 月，平潭综合实验区概念性总体规划启动伊始，就定位为"顶层设计"，顶层设计强调平潭的高起点、高标准、高水平规划开发。采取国际邀标的方式，从全球 20 多家顶尖设计单位中精选出德国、英国、日本、中国台湾 4 家公司，以台湾中兴工程顾问公司提出的"幸福宜居岛"为主，兼收并蓄其他 3 家的方案，共同编制了平潭综合实验区的概念性总体规划。之后，又学习借鉴国内外先进地区的规划理念和成功做法，进一步优化和提升了总体规划和各专项规划，最后，由两岸共同编写的《平潭综合实验区总体发展规划》获得国务院审批。在城市规划上，围绕建设共同家园和现代化、国际化综合实验区，突出海洋、海岛、海湾特色，形成了"绿屏环城、内湾筑城、山海融城"的规划理念。此外，生态环境保护、旅游开发、水资源配置、科技智慧岛等 30 个专项规划和组团控规、城市设计等编制基本完成，逐步形成了一套高起点、管长远的规划体系。

根据规划，优势产业发展实现高位起步。平潭将重点发展高新技术产业、现代服务业、海洋产业、旅游业和教育文化创意等产业，构建低碳、智慧、生态、高附加值的高端产业体系。目前，动工建设的各项产业基地已吸引了一批优质产业在平潭聚集。台湾协力科技产业园总投资 73 亿元人民币、平潭科技产业园（冠捷科技园）总投资 16.4 亿美元、"海峡如意城"城市综合体总投资 150 亿元人民币，这些大项目均已动工建设，"中华电信""智慧平潭"等项目已经落地。企业总部基地、对台小额贸易市场、文化创意产业园、平潭海洋大学、产学研创新研究院及职教园区等项目全面启动。一批高新技术产业正在逐渐向平潭转移、集聚，它们将成为建设综合实验区的有力支撑。

（三）经济实力跨越发展

2011 年，平潭综合实验区实现生产总值（GDP）111.52 亿元，同比增长 17.1%，增速高于全省近 5 个百分点，居于全省首位。如图 1 所示，2011 年地区生产总值是 2007 年的 1.98 倍，4 年将近翻了一番，比 2009 年提高 51.6％；全区人均生产总值 30247 元，比上年增长 14.0％。三次产业结构由 2010 年的 29.4∶20.4∶50.2 调整为 2011 年的 27.0∶28.5∶44.5，第二产业比重提升 8.1 个百分点；第二产业比重在历史上首次超过第一产业，产业结构优化升级取得明显成效。随着平潭海峡大桥通车，大量的车流、人流入岛，平潭综合实验区人气骤增，势必带动第三产业发展，为全区经济发展注入新的动力。

2011 年平潭综合实验区国民经济呈现较快发展态势，经济运行质量进一步提升，工业生产总值不断攀升，固定资产投资增势迅猛（如图 2 所示）。全社会固定资产投资 193.49 亿元，比上年增长 322.4％，是 2007 年的 13.44 倍；财政总收入比上年增长 45.5％，比 2009 年提高 220％；社会消费品零售总额 37.21 亿元，是 2007 年的 3.03 倍；城乡居民收入稳步增长，城镇居民可支配收入比上一年增长 15.2％，农民人均现金收入增长 16.5％，分别比 2009 年提高 35％ 和 23％；2011 年实际利用外资 13533 万美元，是上年的 19 倍，是 2007 年的 27 倍；2010～2011 年底，平潭综合实验区新增内资企业共 807 家、新增台资企业 26 家。自 2011 年起，实验区率先实施了高中阶段免费教育政策，同时，新农合标准高于国家标准；全区 60 周岁以上的城镇居民全部已纳入社会保险。

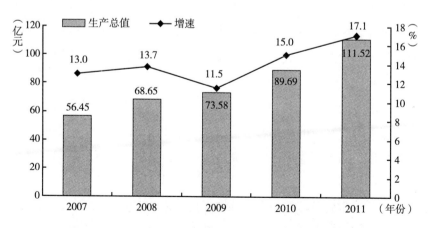

图 1　2007～2011 年地区生产总值（GDP）及其增长速度

资料来源：《平潭综合实验区 2011 年国民经济和社会发展统计公报》。

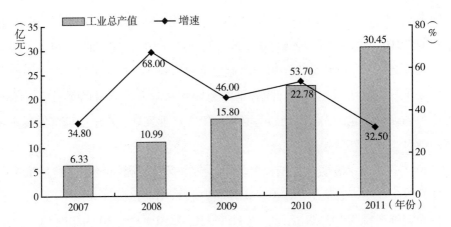

图2　2007～2011年工业总产值及其增长速度

资料来源：2008～2012年《福建统计年鉴》。

（四）开发建设如火如荼

一是快速便捷的现代交通体系逐渐形成。平潭海峡大桥和渔平高速公路于2010年12月底提前建成通车，结束了通过轮渡进出平潭的历史，自此之后，平潭和福州之间的车程由原来的3个小时缩短到80分钟；海峡大桥复桥加快建设；福州至平潭的快速铁路及跨海公路铁路大桥等基础设施项目均已开工。二是两岸海上快捷通道正在形成。2011年11月30日，由两岸共同经营的中国第一艘高速客滚轮"海峡号"由澳前海峡高速客运码头成功首航台中，平潭至台湾海上快捷航线正式通航，从平潭历时2小时30分钟即可到达台湾，开启了"两岸大轮渡时代"，平潭与台湾的"一日生活圈"不再是个梦想。"海峡号"通航不到4个月，乘客就突破1万人次，目前实现常态化运营，逐渐成为两岸人流、物流的重要通道。金井码头和两岸渔港中心动工建设。三是现代化的低碳生活展露雏形。中心商务区、高新技术产业区、港口经贸区、文化教育区、科技研发区、旅游休闲区等功能区块渐次显现。实施34所标准化学校建设项目；实施县医院、中医院和疾控中心改造提升工程，动工建设金井湾协和医院；开工建设竹屿湖、西航、莲花山、万宝山等6个公园，不断提升城市品质。四是民生保障稳步提升。水电保障水平逐步提升，岛外应急调水一期工程建成通水，启动建设闽江北水南调工程和岛内雨洪收集系统。生活垃圾焚烧发电一期工程按 BOT 方式建设，2011 年 11 月动工建设。污水处理厂二期扩建工程已完成。万宝路等城区地下管网和景观改造工程、城市道路立面改造工程快速推进。五是组团建设相继启动，金井湾组团吹沙造地工程于 2011 年 10 月完成，配套设施和商务营运中心开工建设；幸福洋组团吹沙造地一期工程 2011 年底完成，岚城、坛南湾等组团建设有序推进。六是生态环境逐步改善，在规划指导下大力实施"四绿"工程。制定了《平潭综合实验区生态建设指标体系》，目标是到 2016 年，基本形成城市东、北、南部的绿色屏障和生态安全保护体系。

（五）积极探索先行先试

一是体制创新取得突破。2011 年，为支持平潭发展，中编办特批平潭综合实验区管委会为正厅级机构，在实验区内实行大综合、扁平化、高效率的管理体制及运作机制。同时，还有效整合了原来由 12 个职能部门负责的 176 项审批事项，初步实现了"大部门、小政府"的高效运转。完成县级机构改革，政府部门由 29 个削减为 18 个。

二是围绕"五个共同"，探索实施"放地、放权、放利"政策。在"共同规划"方面，做到把"台湾元素"融入半潭开发建设的各个方面，制定出台《加强和创新社会管理实施意见》，加强借鉴台湾社区、卫生、交通等管理理念，两岸共同家园的元素在不断融合。在"共同管理"方面，坚持全方位与台湾对接，从局部、基层开始先行先试，支持和引导台湾方面更多地参与到实验区的各类事务的管理中，不断探索实现"共同管理"的新方法，目前，向台湾招聘的管委会副主任已开始履职。同时，成立了由台湾重要的工商、企业、文教相关人士组成的"顾问团"，共同商讨平潭开放开发中台湾同胞关注的重大问题。在"共同开发""共同经营""共同受益"方面，鼓励台湾各类营建机构参与平潭的基础设施和文教卫生设施建设，同时，还给予台湾同胞在教育、医疗等社会保障的多个方面享受当地居民同等待遇。

三是开展两岸经济文化交流合作综合实验，为两岸全面交流合作开辟新道路、拓展新空间提供示范。从 2010 年到 2011 年底，有 260 多批 2800 多人次的台湾重要团组到平潭考察洽谈，在高雄和新竹地区组织成立了平潭投资开发

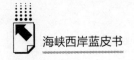

促进会，开创了两岸互动交流新格局；成功举办首届"共同家园"论坛和海峡两岸沙滩文化节；台湾东森电视节目正式落地；"闽台一卡通"在两岸无漫游业务开始运营。

四是积极借鉴自由港模式，努力研究制定"一线放宽、二线管住、人货分离、分类管理"的海关特殊监管机制的具体方案和实施办法，力争及早具备封关条件，实现全岛封关运作。

二 平潭未来发展的目标定位与趋势

鉴于平潭良好的自然条件和深化两岸交流合作的潜在优势，中央对平潭的发展定位是突出平潭综合实验区的先行先试功能，建设两岸同胞合作建设、先行先试、科学发展的共同家园。根据福建省"十二五"规划纲要以及《平潭综合实验区总体发展规划》要求，平潭综合实验区将加快开发建设步伐，力争在"十二五"期间取得明显成效。

（一）高起点、高标准打造全方位开放开发基础条件

一是加快完善各类基础设施。交通基础设施方面，努力确保平潭海峡大桥复桥于 2013 年底通车，长乐至平潭高速公路和福州至平潭铁路于 2015 年底通车；加快建设环岛路西线，实现岛内"一环两纵两横"主干道路网全贯通，加快推进金井码头建设，确保所有泊位于 2014 年上半年全部建成。完善两岸主通道方面，提升现有航线服务水平，筹备更多的直航航线，努力实现台湾机动车辆通过海上快捷航线进入福建，使平潭成为海峡两岸人流物流的主通道和中转枢纽。水资源瓶颈方面，2013 年完成岛外应急调水工程，建成岛内雨洪收集系统，全面完成三十六脚湖清淤扩容工程，建成日供水 10 万吨自来水厂，并加快推进平潭调水工程；同时推进中水利用，启动海水淡化和海水直接利用工程。

二是培育强化产业支撑。高新技术产业方面，加快推进协力科技产业园冠捷、安赢电子、纳米科技等项目建设，带动形成产业链，推动高新技术产业尽快形成规模，打造海西高新技术产业基地。服务业方面，重点针对台湾需要大

陆设点的高新科技和国内成长型的高新科技企业，主动对接，开展离岸服务外包，尽早启动"两岸数字备份中心"建设。争取列入国家级服务外包示范城市或基地，争取国家级服务外包示范城市优惠政策，把平潭建设成为两岸服务外包合作示范区；加快平潭对台海上直航航线培育，加快货运业务的发展，开通平潭至台湾的更多航线，为物流业发展创造条件；加快建设澳前、吉钓保税物流园区，加快平潭区域性物流节点城市和两岸商贸物流中转基地建设，推动仓储发展；加强与江阴港、长乐空港的联动，启动实施选择性征税政策试点工作；加快企业总部基地、商务营运中心、对台小额贸易市场、台湾特色商品交易市场等项目建设，为两岸物流业发展创造条件。海洋产业方面，加快推进海岛开发与保护研究中心、海水淡化等项目建设，推动相关装备制造业发展；加快推进平潭远洋水产项目，发展远洋捕捞、冷链物流、加工贸易产业链，打造海峡西岸经济区海洋经济示范基地。旅游业方面，加快建设香港世茂、海坛古城、民生海西养生基地大型旅游综合体建设，推进龙凤头阳光海岸景观工程，打造风筝冲浪和沙滩运动基地，加快岛上星级酒店建设，加快免税商店建设，积极发展与规范提升"渔家乐""农家乐"和快捷酒店，推动旅游业发展。

三是构建宜居环境。借鉴台湾经验，在社会事业及生态环保领域与台湾加强合作，形成人与自然和谐共处的社会发展及生态环境保护体系。通过植树造林计划的实施，加强防护林、防洪排涝、海域生态保护等基础设施建设，完善综合防灾体系。同时，充分发挥平潭优越的滨海旅游优势，加强两岸旅游在游客、线路、旅行社等方面的合作，扩大"海峡旅游"品牌的国际影响力，努力将平潭建设成为世界一流的海岛旅游休闲目的地。优先发展教育事业，巩固实施12年免费教育，力争率先实现15年免费教育。推进金井湾协和医院建设，加快建设岚城海坛医院。改造提升县人民医院、中医院、妇幼保健院等医疗卫生设施，推动创办台商独资医院，不断提升医疗水平。多渠道、多形式加强对失地、失海农民的培训，创造更多的就业机会，努力实现充分就业。高标准建设社会福利中心、老年康乐设施，等等。

（二）建立充满活力、富有效率的体制机制

一是构建"一办两部六局"的行政管理框架，抓好区县机构整合，探

索"一岛多街道多社区"的管理层级，形成高效率的行政管理体制及运作机制。完善提升行政服务中心、招投标交易中心和国库支付中心，建设全国一流的政府阳光平台。推动出台《平潭综合实验区条例》，争取中央赋予特别立法权，进一步明确实验区行政主体地位，使先行先试措施能够通过立法加以确定。

二是围绕"五个共同"要求，按照"放地、放权、放利"的模式，推动与台湾市县、农渔会等点对点合作取得新突破。依托实验区两岸政策法律研究中心，加大涉台政策与法律研究的力度，探索设立两岸商事仲裁中心。积极借鉴台湾在社区管理、社区服务、民间社会服务组织发展等方面的经验，鼓励台湾同胞多形式、多途径参与社会事务管理，推动平潭社会管理改革与创新，提升社会事务管理水平。在台湾同胞相对集中社区，开展"社区自治"试点，探索按照台湾的社会管理经验进行自主管理的模式。

三是建立国际通行的"境内关外"的运行机制。实施产业准入目录、税收优惠目录等政策细化落实方案。加快推进口岸开放，力争尽快设立国家一类口岸，落实便捷通关措施，实施高效通关服务，建设平潭电子口岸平台，推进闽台通关物流信息平台的对接。借鉴国际自由港海关监管理念，按照"一线放开、二线管住"的管理模式，加快口岸监管设施建设。

（三）统筹平潭与周边地区的发展空间布局

一是争取平潭综合试验区与福州保税港区、长乐空港工业集中区"三区"联动发展。用好用足政策，在"三区"内实现政策叠加共享和优势互补。平潭可以利用福州保税港区、长乐空港综合保税区的港口、机场和物流、仓储园区，构建便捷高效的空运和海运国际物流通道；将"海峡号"客滚轮航线延伸至福州保税港区，对接江阴汽车整车进口口岸，联手与台湾台中自贸港区共同打造海峡两岸汽车营运中心。福州保税港区、长乐空港综合保税区可以共享平潭自由港的政策红利，充分融入平潭的开放开发。

二是推动平潭与福清、长乐相关开发区"一岛两区"协作发展。平潭综合实验区作为"店"，充分发挥国家赋予的优惠政策，大力发展总部经济、高新技术产业和现代服务业等；福清、长乐作为"厂"，依托良好的地域优势、产业基础雄厚、基础设施配套齐备、人才资源丰富等有利条件，作为平潭发展的腹地，承载平潭产业和优惠政策的辐射，重点发展装备制造业、新材料产业、新能源产业、现代物流业、农业及海洋产业、生态环保业等实体经济。平潭、福清、长乐发挥各自比较优势，积极开展不同行业、不同类型、不同层次的产业分工协作，实现"一岛两区"资源共享、政策功能优势互补和产业联动发展的"前店后厂"多赢发展格局。

三　平潭综合实验区未来发展设想与展望

平潭的开发建设，是党中央的重大决策，关系福建省发展大局。福建将举全省之力，汇全省之智加以推进，创造"平潭速度"和"平潭质量"，相信在20年之后，以及在更远的将来，平潭将成为自由开放、生态优美、宜居宜业的现代化海岛城市。

（一）国际自由港

以平潭目前的基础，期待其短期内成为自由港不太现实。但现有的"一线放宽、二线管住"的管理模式，已经初步具备了自由港的某些政策。未来平潭有机会在以下几方面进行政策突破，逐步发展成为我国东南沿海重要的国际自由港。

一是实行自由贸易制度。对进出口贸易不设限制，除履行国际义务及维护安全外，进出口商品种类、价格、贸易主体身份和市场选择等都不受管制。不设置关税壁垒，除对烟、酒等限制类商品外，其他商品一律免征关税。进出口手续简便，除少数受贸易管制的商品外，大部分商品无须进行进出口报批。外来船舶免办进港申请及海关手续。

二是实行自由企业制度。借鉴国际自由港政策体系中的"自由企业"制度，实行准入前国民待遇，除少数受管制行业外，放宽准入门槛和限制，改革项目审批制度。特别是台资企业，可简化手续，减少费用。经验成熟后将优惠政策拓展至更多国家和地区的投资者。

三是实行自由外汇制度。近期目标是对台金融自由，允许台币直接投资平潭，开放台资银行在平潭设立分行，允许台币在平潭自由兑换成人民币；台胞

投资自由，法律法规不限制的，允许台胞凭身份证自由开店或开办公司，并给予特事特办；在区域内开展国际贸易人民币结算试点。远期目标是把平潭建设成为区域性的对台金融中心。

四是实行自由出入境制度。初期只对台湾同胞开放，台湾同胞可免办签注自由出入平潭岛，可在岛内自由投资、就业，享受平潭居民同等待遇。后期实行更加开放的自由出入境制度。

（二）台资企业总部

将平潭建设成大陆台企和海外台企的总部聚集地。缺乏淡水等自然资源限制决定了平潭无法大规模发展工业，但平潭作为综合实验区，具有独特的政策优势和区位优势，应当发展总部经济。

一是吸引大陆台资企业和境外台资企业来平潭设立总部。由于特殊的历史原因，台湾的"国际空间"有限，台资企业在海外发展经常面临各种制约。如果这些企业在平潭设立总部，在处理贸易摩擦等国际经济纠纷时便能受到政府的有力保护，同时台资企业也能以平潭为平台拓展东盟等自贸区市场。由于台湾未与东盟签订自贸协定，中国—东盟自贸区协议生效后，相较于大陆大部分产品进入东盟市场享受零关税，台湾产品则要承担5%～15%的平均关税。在平潭设立总部，台资企业便能以平潭为平台，将半成品在大陆加工增值后出口东盟市场。

二是拓展平潭政策空间，形成以平潭为前店、周边地区为后厂的联动发展布局。为最大限度地拓展、利用平潭政策，可采取"飞地工业"模式，使周边的长乐、福清等也能享受平潭的优惠政策。

三是两岸共同建设平潭总部基地，让总部基地成为平潭发展总部经济的孵化器。积极探索两岸共建总部经济的模式，鼓励台湾投资机构参与平潭总部经济项目的规划、投资、建设、管理。目前聚集平潭人隧道事业的"隧道总部经济大厦"已签约落地，应以此为基础，大力吸收船舶制造、航运物流、金融保险、文化创意等台湾优势产业在平潭设立总部基地。

（三）离岸免税岛

加勒比等地的一些国家和地区（多数为岛屿），设立了一些政策特别宽松的经济区域，即离岸金融区。在区内成立离岸公司，当地政府不征收任何税收，只收取年度管理费。为了营造平潭更加优惠的投资环境，未来可以探索参照开曼群岛、英属维尔京群岛的相关做法，在平潭试行"免税岛"的各项政策。

一是对在其境内注册的境外公司提供优惠税收。离岸公司所取得的营业收入和利润免缴当地税或以极低的税率（如1%）纳税，甚至免缴遗产税。

二是对境外公司只收取注册费、营业执照费和管理费等少量费用。离岸公司不必频繁提交财务报告，不要求每年召开股东大会及董事会，公司日常运作可委托秘书处理。

三是享有高度的隐私权。发行股份不需要到政府机构登记，公司股票可以在完全保密的情况下进行交易。为保证隐私权，严禁金融机构和咨询业人员将客户资料或有关会计资料泄露给任何第三方。

（四）低碳经济示范区

根据《平潭综合实验区总体发展规划》对产业发展及生态保护的要求，平潭未来有可能成为低碳经济岛和现代化的生态海岛城市。

一是低碳经济产业集聚区。平潭目前产业发展滞后，是张"白纸"，处于低碳状态，未来平潭在产业经济加快发展的同时将严格控制碳排放，着重推进低碳经济产业化发展，重点发展低碳产业、新能源产业、节能产业和环保产业。

二是国际低碳能源示范岛。低碳经济产业化发展从根本上讲还需要能源资源的支撑。建设平潭"低碳经济实验区"还需要建设低碳能源系统，建设平潭"国际低碳能源示范岛"。包括可再生能源应用示范、低碳技术集成示范、碳平衡示范以及低碳服务业发展示范。

三是海峡两岸低碳经济协作区。平潭是海西科学发展的先导区，与此相对应，台湾也在全力推进节能减碳计划，计划通过改造低碳能源系统、营造低碳产业结构、打造低碳小区与社会、建造低碳交通体系、创造低碳房屋建筑，使台湾CO_2排放量于2020年回到2005年水平，于2025年回到2000年水平。因此，未来平潭将可能与台湾签署相关合作协议，建设海峡两岸低碳经济协作区。

B.8
海峡西岸经济区产业转型
升级现状及趋势分析

刘立菁

转型升级是工业经济发展的永恒主题。当前,世界经济存在"二次探底"风险,国内营商成本上升,行业性、结构性融资难问题突出,小微企业经营困难。这是长期积累的结构性矛盾和经济波动周期性因素叠加的反映,海峡西岸经济区面临稳增长和调结构的"双重压力",需要一次全新的工业转型升级革命,赢得新一轮发展先机。

一 海峡西岸经济区产业结构的演进特点与发展趋势

第一,从三次产业结构考察,依据周边沿海省份工业发展经验,福建的第二产业仍有上升发展空间。按照时间顺序,第一是江苏省,第二产业发展最快,其比重在2005年达到最高值56.6%;第二是浙江省,第二产业比重在1998年达到最高值54.8%,回落一段时间后,在2006年又上升到54%;第三是广东省,第二产业比重在2008年达到最高值51.6%。从这三个省份第二产业产值比重最高值及出现的时间点来看,江苏省有可能已经触顶,浙江省还需要观察才能定论,福建省还有上升空间。

在海峡西岸经济区的其他城市,浙南第一产业比重最低(6.86%),第三产业的比重最高(40.68%),特别是温州第三产业的占比达45.3%,丽水也超过40%,达40.6%。赣东南第二产业的GDP比重最高达54.76%,第三产业占比最低,为30.09%。其中鹰潭第二产业占比达到64.6%,除赣州外,其余三地市的比重都超过50%。粤东的三次产业结构除梅州外,其余三地市的第二产业比重都在54%以上,梅州的第一产业比重较大,仍占GDP的20.35%。

表1 2011年海峡西岸经济区三次产业 GDP 结构

地区		三次产业结构	地区		三次产业结构
福 建	全 省	9.2:51.6:39.2	赣东南	赣 州	17.4:47.2:35.4
浙 南	丽 水	9.1:50.3:40.6		平均值	15.15:54.76:30.09
	温 州	3.2:51.5:45.3	粤 东	汕 头	5.3:56.1:38.6
	衢 州	8.28:55.57:36.15		潮 州	7.1:54.5:38.4
	平均值	6.86:52.46:40.68		揭 阳	10.5:59.95:29.55
赣东南	上 饶	15.89:53.93:30.17		梅 州	20.35:39.95:39.70
	鹰 潭	8.9:64.6:26.5		平均值	10.81:52.63:36.56
	抚 州	18.4:53.3:28.3			

注:(1)表中数据为以当年价格计算的各产业增加值比重。(2)汕头为2010年数据,其余各地区为2011年数据。

资料来源:各省相应年份统计年鉴。

第二,从工业内部结构考察,海峡西岸经济区大部分地区重化工业化倾向开始显现,但粤东的潮汕地区和揭阳的轻工业比重过半。

福建的工业化是以轻工业起步并以此为优势的。但"十五"以来,这种状况改变了,重工业的比重不断攀升,在2003年首次超过轻工业,并且现在一直保持着这种格局。2000年至2008年的9年间,福建的重工业总产值比重上升6.8个百分点,年均递增0.85个百分点,2011年重工业占比为54.3%。这说明福建开始进入重化工业化阶段。

表2 2011年海峡西岸经济区轻重工业结构

地区		轻重工业产值比 (规模以上工业企业)	地区		轻重工业产值比 (规模以上工业企业)
福 建	全 省	45.70:54.30	赣东南	赣 州	25.53:74.47
浙 南	丽 水	28.37:71.63		平均值	24.82:75.18
	温 州	35.87:64.13	粤 东	汕 头	63.23:36.77
	衢 州	27.37:72.63		潮 州	63.28:36.72
	平均值	30.54:69.46		揭 阳	63.95:36.05
赣东南	上 饶	30:70		梅 州	32.80:67.20
	鹰 潭	2.28:97.72		平均值	55.82:44.19
	抚 州	41.48:58.52			

注:汕头为2010年数据,其余各地区为2011年数据。

资料来源:各省相应年份统计年鉴。

浙南和赣东南的重化工业化加速的趋势更为明显。浙南三个地市的重工业比重都在60%以上，平均值接近70%，为69.46%。赣东南除抚州外，其余三地市的重工业比重都超过70%，鹰潭更达到97.72%。这三个地市分行业工业产值最大的是有色金属冶炼及压延加工业。

粤东四地市只有梅州的重工业比重超过50%，其余三地市都在36%左右。如潮州的工业产值最大的行业是陶瓷制品、电力生产和供应业，汕头则是纺织服装、塑料制品业等。2000～2008年，揭阳的纺织服装等轻工业的产值较大。

第三，从技术结构考察，海峡西岸经济区各地区差异化发展。福建和粤东产业结构演进呈逆高度化，劳动密集型的传统产业比重上升，高技术产业发展不尽如人意。这说明劳动密集型产业具有比较优势，高技术产业则由于居价值链低端环节而缺乏竞争力。浙南和赣东南大部分地区呈正向高度化倾向。

工业从劳动密集型产业向资本密集型和技术密集型产业升级是世界各国工业结构升级的普遍路径。这在浙南表现得极为显著，温州高新技术产业在工业中的比重已超劳动密集型传统产业约12个百分点，丽水和衢州大致相当。赣东南地区的上饶和鹰潭的高技术产业比重也超过传统产业。

表3　2011年海峡西岸经济区工业技术结构

地区		劳动密集型产业与高新技术产业产值比	地区		劳动密集型产业与高新技术产业产值比
福　建	全　省	35.61:22.63	赣东南	赣　州	20.96:13.49
浙　南	丽　水	18.02:18.29		平均值	15.46:16.27
	温　州	26.17:38.45	粤　东	汕　头	43.87:14.24
	衢　州	23.95:22.23		潮　州	15.83:7.89
	平均值	22.71:26.32		揭　阳	23.13:10.36
赣东南	上　饶	11.86:22.12		梅　州	20.77:26.25
	鹰　潭	1.27:9.70		平均值	25.9:14.69
	抚　州	27.75:19.75			

注：（1）汕头为2010年数据，其余各地区为2011年数据。（2）工业结构以各行业总产值占规模以上工业总产值比重表示。其中劳动密集型产业，主要包括木材加工、食品饮料、服装纺织等；高技术制造业，主要包括医药制造业、通用设备制造业、专用设备制造业、交通运输设备制造业、电气机械与器械制造业、通信设备计算机及其他电子设备制造业、仪器仪表及文化办公用机械制造业等。

资料来源：各省相应年份统计年鉴。

近年来福建轻纺产业大力实施品牌带动战略，注重扶持企业技术改造和产品创新，大部分名牌产品主要源自轻纺工业和农副产品加工工业，特别是轻纺工业具有较强的市场竞争优势。而值得注意的是，福建的高新技术产业呈现出逆高度化趋势。高新技术产业在工业中的产值比重远低于劳动密集型传统产业近13个百分点，这主要是因为电子工业比重大幅下降。与轻纺工业相比，以加工组装贸易为主的福建省电子信息产业，在研发、营销、创品牌方面存在极大的困难，致使这些行业长期处于价值链低端环节，技术含量低、附加值低，受外部经济影响大，缺乏国际市场竞争力。

第四，从第三产业结构考察，近年来海西各省市的服务业比重处于比较稳定状态，但服务业内部结构有所优化，表现为：传统服务业比重在下降，生产性服务业比重在提升，呈现出产业升级的较好态势。目前，就福建省的情况而言，生产性服务业在第三产业中所占的比重，与浙南和赣东南相当，但比粤东高。鹰潭和赣州因矿产资源勘探的原因，生产性服务业比重最大。温州和福建省的整体水平相当。估计在"十二五"期间，福建省的传统服务业比重将进一步下降，而物流业、旅游业、金融保险业等因与台湾有着良好的发展合作前景，比重将会不断提升，生产性服务业将得到转型升级。

表4　2011年海峡西岸经济区服务业产值结构比

地区		传统服务业与生产性服务业产值比	地区		传统服务业与生产性服务业产值比
福　建	全　省	61.26∶38.74	赣东南	上　饶	70.49∶29.51
浙　南	丽　水	68.02∶31.98		平均值	59.05∶40.95
	温　州	61.35∶38.65	粤　东	汕　头	78.50∶21.50
	衢　州	67.53∶32.47		潮　州	84.02∶15.98
	平均值	65.63∶34.37		揭　阳	87.48∶12.52
赣东南	鹰　潭	51.68∶48.32		梅　州	74.20∶25.80
	抚　州	63.60∶36.40		平均值	81.05∶18.95
	赣　州	50.41∶49.59			

注：（1）汕头为2010年数据，其余各地区为2011年数据。（2）本研究所指生产性服务业包括交通运输、仓储和邮政业，信息传输、计算机服务和软件业，金融业，租赁和商务服务业，科学研究、技术服务和地质勘察业。

资料来源：各省相应年份统计年鉴。

二 海峡西岸经济区产业转型升级的
影响因素与发展趋势

1. 世界经济进入后金融危机时代，发达国家经济结构调整，外向型产业萎缩可能将延续

世界经济自 2008 年以来一直处在动荡期。面临着复杂多变的外部政治经济形势和国内经济发展环境，我国经济发展在微观和宏观发展环境中面临的困难日益增多：企业经营风险加大，经营效益下滑；GDP 增长速度连续下降，工业增加值增长速度持续低迷，外需萎缩对经济增长形成掣肘。此外，受经济增长速度下降的影响，各级财政收入增速出现较为明显的减慢。作为经济外向度较高的沿海省份，受发达国家经济调整的影响尤为突出。

2. 在投资增长动力不足的情况下，内外需结合，稳增长调结构结合，成为下一轮经济增长的动力

由于投资促进政策的大力推动，当前投资的实际增速有所回升，主要是基础设施类的投资增速在加快。但是，要注意到一些省份地方税收增速放缓，土地出让收入减少，地方政府的投资能力在明显减弱，特别是在房地产市场调控和清理地方政府融资平台的背景下，地方政府缺乏稳定和规范的融资方式，公共基础设施投融资能力受到影响。

当前，在增长方式尚未根本转变的情况下，国家把扩大内需和拓展外需结合起来成为稳增长的重要条件。稳增长，不仅是为应对经济增速持续放缓，也是在为经济结构调整和产业转型升级争取时间和空间。当前产业结构调整的目的是提升优化传统产业，控制总量、抑制过剩产能扩张，提高增长的质量和效益。创新是企业发展的新驱动力，源自于企业对利润的追求，更来自于市场竞争的压力。

3. 国内需求拉动增强，区域产业竞争将激化

金融危机后，我国经济增长倚重出口的局面将改变，我国经济今后的持续发展将更多地依赖国内的需求来填补外需的不足。随着我国经济增长由依赖出口向依赖国内需求的转变，我国区域经济竞争也逐步地由争夺海外市场的竞争转向争夺国内市场的竞争。以电子信息产业为例，由于电子信息对其他产业的关联效应强，对区域产业结构提升带动效应较强，所以广东、浙江、江苏、福建等沿海发达地区都将电子信息作为主导产业。从20世纪90年代以来，沿海发达地区电子信息产业间的竞争主要是在争夺海外市场份额上，随着海外市场的萎缩，竞争区域将转向国内市场，由此国内需求市场同质化更为明显，电子信息产业的竞争将更加激烈。区域产业竞争的激化是海西产业结构调整以及产业竞争能力提升的内在动力，同时也是海西产业结构调整的巨大压力。

4. 闽台经贸合作深化，两岸产业将深度对接

随着海峡西岸经济区建设的全面推进，闽台"地缘相近、血缘相亲、文缘相承、商缘相连、法缘相循"的"五缘"优势日益凸显，闽台经贸合作不断深化。特别是福建省提出"求紧密经贸联系、求两岸直接'三通'、求旅游双向对接、求农业全面合作、求文化深入交流、求载体平台建设"的"六求"以来，闽台产业合作扩大了规模、拓展了领域，而且合作的内容已从初期的劳动密集型产业向以机械制造、精密仪器、电力电子为重点的技术、资本密集型产业转移，而且带动了台湾上下游关联企业来闽投资，已经初步形成了相对集中的产业群落，凸显了产业规模效应。闽台产业既有垂直分工的基础，也有相互合作分工的条件，加强两地产业合作具有广阔的空间。

三 海峡西岸经济区产业转型升级的未来展望

1. 产业转型升级的驱动机制

产业转型升级的关键是实行创新驱动，包括体制创新和企业创新两种创新。体制创新主要表现为政府加强服务能力建设，在宏观上引导、帮助和推动地方和产业转型升级。企业创新表现为企业的技术创新、管理创新和经营模式创新。企业根据政策的激励或限制，在市场机制配置资源的基础上，促进生产要素创新组合。

（1）营造良好产业生态，推进政府率先转型升级。

经济结构需要转型，政府职能也需要转型。产业发展类似于自然现象，也是一个完整的生态系统。在良性运转的产业生态系统中，政府主要是通过直接

影响外部环境而间接作用于产业群的。政府应当有所为有所不为，适时"入位"，不能"缺位"和"越位"，着力于制定完善的产业政策、提供高效的公共服务，改善地区经济发展的软硬条件，提升政府服务能力。制定的宏观政策应该要更有利于产业改造升级，为企业的生产经营创造良好的环境。

（2）强化企业创新支撑，增强经济内生发展动力。

第一，企业创新首要是激活企业家的创新精神。企业家阶层的规模及其创业能力决定着工业发展的方向和能力，而制造业员工的规模和能力又决定着工业发展的规模和速度，二者相辅相成。创业机制不完善或根本不存在的区域，不可能有新企业的持续诞生，工业发展也就无从谈起。第二，企业创新的先导是技术创新。制定并实施好适合企业的创新战略和政策，建立以企业为主导技术创新的体制机制，建成完善的技术创新体系。第三，企业创新的关键是管理创新特别是商业模式的创新。据统计，当今美国企业60%的创新是商业模式创新，40%的创新是技术创新。商业模式创新主要是借助信息化技术来提升传统产业，开发新市场。当前企业生产经营出现困难，外因是国内外经济形势的影响，内因则是企业发展方式、产业产品结构、体制机制等深层次问题的制约。要解决这些问题，迫切需要商业模式创新来提供科学的思维方式和有效的解决方案。第四，企业创新的保障是创新投入。创新需要有足够的资本投入来保障，资本投入的状况决定着企业创新的效益。

2. 产业转型升级的要素重组

产业转型升级本质上也是经济发展要素的优化。产业转型升级，必须走节约发展、集约发展、高效发展的道路，产业发展必须约束使用能源消耗型要素，更加仰仗技术资本、人力资本等新要素的支撑。

（1）要坚决贯彻节能减排的政策措施。

注重源头控制，加快淘汰落后产能，着力推动产业节能。以提高能源利用效率为核心，组织实施节能核心技术、关键设备、最优流程等重大科技专项，制定和实施主要耗能产品的能耗定额标准，实施固定资产投资项目节能评估和审查，限制高耗能行业发展。严格控制污染排放。对新建、扩建增加氨氮、总磷等主要污染物排放的项目，对废水排放量较大的制浆造纸、制革、农药、印染、纺织、石化、黑色金属冶炼与压延加工业等行业及高耗水行业依法严格审批。

提高投资项目资源环境准入门槛，严控高消耗、高排放行业过快增长。积极发展低消耗、高效益的高新技术产业和战略性新兴产业，运用高新技术和先进适用技术对纺织、轻工、冶金、建材、林产等传统优势产业进行改造提升，提高有效利用资源和环境保护的能力。

（2）要优化土地资源配置，加强入口监督。

从福建来看，福建的土地产出效率低。以开发区为例，福建省在开发区数量和开发面积上与东部省市不相上下，但开发区的单位面积产出效率低，仅15.4亿元/平方公里，仅相当于最高值（上海111.8亿元/平方公里）的13.8%，也远低于东部平均值32.7亿元/平方公里。

加强用地效益考核，建立节约集约用地指标体系，合理确定单位土地投入强度、产出效益等指标保障重点项目供地，优先保障战略性新兴产业、高新技术产业等先进制造业重大项目用地需求，对重点工业投资项目，根据技术含量、投资强度需要予以优先安排用地。加快制定土地"二次开发"政策，提高工业用地开发强度；有效整合各类开发区、工业园区，鼓励优势特色产业、关联产业与配套企业向工业园区、开发区集聚，并纳入当地城市规划管理。

（3）加快培养高素质产业人才队伍。

围绕培养、吸引、使用三个环节，从制度创新入手，建设好人才队伍，集聚高端要素。

加快培养一批学科带头人、高级管理人才和产业领军人才。在全省工业领域重点培养一批具有世界领先水平的科技领军人才、一批具有国内一流水平的科技专家和一批省内一流水平的科技带头人。培育创业人才，围绕重点产业、产业园区、企业孵化器等创业载体，引导创业人才加强原始创新、集成创新和关键共性技术研发，促进技术转移和成果转化。加强海西工研院等一批研发机构建设，培养造就一批高层次创业人才和创业团队，大力推行以业绩能力为核心内容的企业高技能人才评价办法。

完善柔性人才引进机制，探索市场化的运作机制，整合各类人才计划和扶持资金，支持企业建立人才引进平台，推动企业成为选才、引才、用才的主体。鼓励企业与高校双向互动，设立"企业创新岗"，鼓励高校院所高层次人

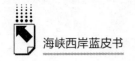

才到企业任职或兼职；选聘企业技术带头人和企业经营专家到高校担任"产业教授"。

3. 产业转型升级的重点领域

产业转型升级的重点在于工业转型升级，要特别注意处理好传统产业与战略性新兴产业的关系，既要发展高端制造也要提升中低端制造，既要培育新兴产业也要改造传统产业。在实际运作上，要将培育发展新兴产业和高端制造与改造提升传统产业结合起来，根据各个地区、不同产业及企业的差异性和实际情况，采取"退""高""升""育"等一系列措施，既要做"加法"也要做"减法"，从而保证工业转型升级的科学性和产业竞争力。"退"，即就地退出高污染高能耗的夕阳产业；"高"，即引进新的技术、新的项目，促进区域主导产业高端化；"升"，即通过技术改造、品牌营销提升传统劳动密集型产业；"育"，即培育新兴产业、提升企业创新能力，产业链向"微笑曲线"两端延伸。

（1）发展临港重化工业，加速推进工业化进程。

工业化中期是经济发展的"换挡期"，产业结构重心将由轻纺工业转向重化工业。产业转型升级就是要抓紧重化工业向沿海发展的机遇，充分发挥海西深水港口资源优势和区位优势，依托原有的工业基础和产业配套基础，重点发展临港重化工业；同时发挥后发优势，引进处于技术前沿高端的重化项目，实现重化工业的集约化、低碳化和循环化，走新型重化工业路子。

（2）实施品牌营销和技术创新双轮驱动战略，提升改造传统工业。

传统行业是工业经济转型升级的着力点，只有食品、纺织、服装等传统产业转型升级的路走好了，才能为福建工业的转型升级打好坚实的基础。

一是继续实施品牌营销战略。目前福建轻纺工业有 30 多项中国驰名商标，60 多项中国名牌产品，积极引导自主品牌企业与省内中小加工企业联合重组和业务外包，整合产业链，扩大品牌效应，并通过优势企业的技术和管理溢出与辐射效应，提升产品质量，降低生产和销售成本，力争创出更多名牌。

二是加大开拓市场的力度。鼓励大型企业建立全国性的营销网络，运用营销联盟的网络人脉资源，扶持企业开拓海外市场。面对金融危机与欧债危机，福建轻纺工业出口仍有一定优势，受到危机冲击程度相对较小。"十二五"期间，面对依然不明确的经济发展形势，要继续落实国家优惠政策，通过品牌收购、建设营销网络等开拓国际市场。

三是要用高新技术和先进适用技术提升传统工业。重点在于围绕改进质量、增加品种、降低消耗、提高效益，通过高新技术的运用和推广来推动工业整体水平和竞争力跃上新台阶。特别强调要建立完善工业设计公共服务平台。大力推动莆田市政府与中国工业设计协会共建的"中国鞋业研发设计中心"平台建设。深化闽台闽港工业设计产业合作，推动通信产品、小家电、照明产品、钟表等领域工业设计项目对接。

（3）精心筛选、大力培育战略性新兴产业。

发展战略性新兴产业是促进工业转型升级的重要突破口。战略性新兴产业不仅要有关键的先进技术，有较强的市场发展空间，更要具有较大的溢出效应，能够兼顾第一、第二、第三产业发展，能够创造较多的就业岗位。

（4）设置产业发展"门槛"，建立落后产能退出机制。

继续全面开展企业落后产能情况排摸调查工作，淘汰一批"低、小、散"落后产能，重点整治提升污染、高耗能企业比较集中的块状经济区域，力争每年50%的新上项目排放指标来源于存量调整。妥善解决淘汰企业职工安置、资产补偿、企业转产、呆坏账核销等问题，确保社会稳定。要有序调整电镀、冷锻、铸造、热加工等特殊行业，强制要求符合条件的企业搬迁至工业区中的专业加工区专区，并给予一定补贴。

B.9
海峡西岸经济区海洋经济
发展现状及趋势分析

赵 慧

近年来，快速发展的海洋经济已成为海峡西岸经济区经济发展的重要支撑和国民经济的重要组成部分，特别是《海峡西岸经济区发展规划》上升为国家战略，更是为海洋经济发展注入了新的动力。

一 海峡西岸经济区海洋经济发展现状

（一）福建海洋经济发展现状

（1）海洋经济在国民经济中的地位日益提高。从海洋经济总量来看，福建海洋经济生产总值从 2005 年的 1496.4 亿元提高到 2011 年的 4419 亿元，占全省 GDP 比重由 2005 年的 22.8% 提升到 2011 年的 25.4%，年均增长 19.78%，规模位居全国第 5 位。海洋经济在国民经济中的地位日益提升。如图 1、图 2 所示。

（2）海洋产业结构日趋合理。在海洋经济快速发展的同时，不断调整优化海洋产业结构，2006 年福建省海洋三次产业结构为 9.7:40.2:50.1，2011 年调整为 8.1:44.3:47.5，已经呈现出海洋第二产业比重上升而第一产业比重下降的发展态势，目前已形成较为完备的海洋产业体系。如表 1 所示。

（3）海洋主导产业和区域布局基本形成。2011 年，以海洋渔业、海洋港口物流业、海洋工程建筑业、滨海旅游业、船舶修造业为主导的五大海洋产业增加值达 1547.8 亿元，占全省海洋主要产业增加值的 79%。区域海洋经济发展迅速，以环闽江口、湄洲岛和厦门湾为代表的三大海洋产业集聚区海洋生产

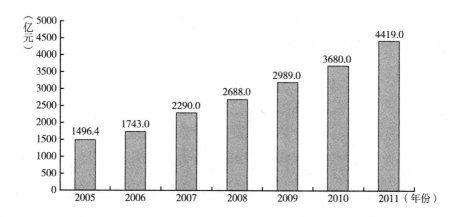

图1　2005～2011年福建海洋生产总值情况

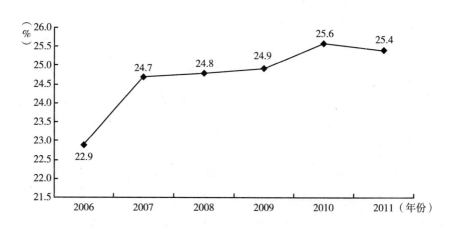

图2　2006～2011年福建海洋生产总值占地区生产总值比重

总值之和占全省海洋生产总值近90%。由环三都澳海洋经济集聚区、闽江口海洋经济区、湄洲湾海洋经济集聚区、泉州湾海洋经济集聚区、厦门湾海洋经济集聚区、东山湾海洋经济集聚区构成的沿海海洋经济区域布局已经基本形成。

表1　2006～2011年福建海洋产业结构变化情况

年份	三次产业结构	年份	三次产业结构
2006	9.7：40.2：50.1	2011	8.1：44.3：47.5
2010	8.3：43.4：48.3		

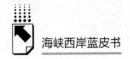
（4）现代海洋产业体系已初步形成。海洋渔业已由传统的捕、养为主转型为以远洋渔业、生态养殖业、精深加工业为主的现代海洋渔业。滨海旅游业持续发展升温，已占到海洋经济主要产业增加值总量的23%，仅次于海洋渔业。海洋交通运输业将依托港口资源优势，朝着港口现代物流业方向转型。海洋生物医药、海洋工程装备制造等海洋新兴产业加速发展。

（5）科学用海及科技兴海效果显著。福建省注重提升自主创新能力，充分发挥海洋科学研究院所以及教育机构的作用，例如国家海洋三所、厦门大学等通过实施重大海洋科技项目，研制出高纯度河豚毒素产业化开发等许多高新技术成果，福建省在海洋生物制药开发研制，以及海产品精深加工等方面有突破性进展，海洋高新技术企业已发展壮大，特别是诏安润科、厦门蓝湾、石狮华宝等企业已形成规模化、产业化。同时，为集聚海洋科技发展合力，通过有效整合海洋科技优势资源，初步形成厦门海洋科技发展中心、福州海洋科技发展中心，使科技进步对海洋经济及海洋产业的贡献率有较大提高，达到60%左右。为实现科学用海，开展了"海洋功能区划"修编，对省内7个重点海湾海域资源的开发与使用作出了明确规定，制定了"湾外围填海规划"，新增了11处湾外围填海片区，面积超过200平方公里。

（6）稳步加强海洋综合管理，不断提高海洋公共服务水平。福建率先建立了海域资源使用补偿机制，实行海域使用权抵押登记制度；有序开展了海洋"百千万工程"建设（百个渔港建设、千里岸线减灾、万艘渔船安全应急指挥系统），使海洋防灾减灾的能力不断增强。还编制实施了海洋环境保护、人工渔礁建设、无居民海岛保护与利用、海洋生态保护等规划。2011年近岸海域二类以上的水质为61.6%，比全国平均水平高出10%以上。

（7）福建与台湾海洋经济深化协作与融合。协作范围涉及苗种、水产养殖、远洋渔业、劳务合作及科技开发等诸多方面，开始在主要渔业产区建设了多个海产品生产与加工集散基地。在海运及滨海旅游方面，开通了对台海上直航客滚航线，在全国率先实现了两岸同胞的海上的双向来往，"两门""两马"等"小三通"航线也已成为两岸人员往来的黄金通道。

（8）沿海各地市海洋经济蓬勃发展。福州市海洋经济实力增强，2011年，海洋经济总产值为1539.5亿元，占全市GDP的41.2%，占全省海洋经济总量

的 1/3。罗源湾船舶产业集群正加快发展；已建成投产陆上风电装机容量 30
万千瓦；正在加快推进的物流载体项目有福州保税港区、江阴铁路物流货场、
江阴港口物流中心等。厦门着力发展海洋新兴产业，其中海洋生物制药产业以
及海洋保健制品产业已有一定规模；邮轮游艇业方面，海沧游艇制造基地、五
缘湾游艇展销中心、香山游艇会所等项目及厦门东南国际航运中心正加紧建
设；厦门的海水综合利用走在全国前列，吨水淡化能耗降到 3.5 度电，而目前
我国的平均水平是 5 度电。漳州市临港工业取得突破性进展，2011 年海洋经
济总产值达 823.2 亿元。部分临港重大项目如古雷 PX、PTA 建成，旗滨玻璃、
福欣特殊钢铁等项目相继建设并投产，诏安金都海洋生物产业园带动了当地海
洋生物医药业的快速增长。泉州市港口经济取得成效，泉州港已建成 71 个投
产泊位，其中万吨级泊位 16 个，专用集装箱码头泊位 6 个，10 万吨级、30 万
吨级原油码头泊位各 1 个，成品油码头泊位 18 个。现已开通航线 80 多条，其
中外贸航线 20 多条，集装箱航线 50 多条。2011 年，港口货物吞吐量达 9300
万吨、集装箱吞吐量达 150 万标箱，泉州的内贸集装箱运输成为全国五强港
口。莆田市涉海基础设施日趋完善，依托港口优势，莆田全力构建大通道。福
厦铁路、向莆铁路和湄洲湾北岸港口铁路支线都已通车使用。福厦、莆永、沈
海高速公路复线莆田段等高速公路或扩建或续建，湄洲湾至重庆高速公路开工
建设，东南沿海的区域性重要交通枢纽加快形成。LNG 接收站、燃气电厂、
沿海风电项目渐成规模。宁德市临港工业产业合理规划、科学布局，根据港口
地理位置和岸线特点，合理有序开发岸线，优化配置海洋资源，突出产业发展
特色，重点发展石化、船舶、装备机械、冶金、能源等五大临港工业，推进临
港工业集聚，形成具有一定规模的以沿海三都澳漳湾港区、赛岐及白马门港
区、溪南半岛和福鼎沙埕港等四大港区为重点的临港工业区。宁德核电站已动
工建设，大唐火电项目一期顺利投产发电，二期进展顺利，三期正在进行前期
工作；大型原油储备、大唐国际宁德综合储运中心等项目扎实推进，带动宁德
市海洋经济发展，2011 年全市海洋经济总产值 547.08 亿元，占全市 GDP 的
24%。平潭综合实验区根据自身优势以发展滨海旅游、海洋可再生能源为重点
发展海洋经济，目前建成了海滨公园、海渔广场，并计划建设海坛古城和投资
建设民生养生基地项目。平潭依托海上风力资源，着手建设海上风电场 4 个。

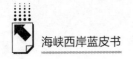

（二）浙南、粤东海洋经济发展现状

随着浙江省、广东省被列为国家海洋经济试点地区，海洋经济成为浙南、粤东又一轮大发展、争创经济新优势的战略重点。

1. 海洋经济为温州区域经济新的增长点

温州是海峡西岸经济区北部的核心城市之一，也是长三角及珠三角之间的重要港口城市。温州海洋资源丰富。据统计，温州海洋经济总产出由 2005 年的 472.1 亿元增加到 2011 年的 1270 亿元；海洋经济增加值由 198.6 亿元增加到 465 亿元，占全市 GDP 比重由 12.4% 提升到 15.8%。近年来温州市围绕建设"海洋经济强市"战略目标，大力实施科技兴海战略，目前，已经建成了南麂国家级科技兴海示范基地和瑞安、龙湾、洞头 3 个省级科技兴海示范区，现有涉海科研单位 10 家、企业研发中心 20 个、技术创新服务中心 2 家。已经启动温州市海洋科技创业园建设和海洋科技（产业）园筹建工作。为进一步从陆域经济延伸到海洋经济，瓯飞滩围海造地工程已于 2011 年 6 月开工建设，并为推进区域用海规划报批，同时印发了《关于开展依据海域使用权证实施基本建设工作的通知》，在全国率先开展了"海域直通车"工作。

2. 汕头市海洋经济综合实力增强

汕头市位于闽粤交界，全市六区一县均临海洋，分布在 385.07 公里的海岸线和岛岸线上，独特的区位条件使其成为珠三角经济区和海峡西岸经济区的重要连接点。近年汕头市通过采取优化海洋经济空间布局，合理开发海域资源，积极发展现代渔业，提升海洋科技支撑能力，完善涉海基础设施，加强保护海洋环境，努力建设南澳海洋综合开发试验县，推进海洋区域合作等一系列措施，使海洋经济保持了持续、快速发展的良好势头，部分海洋产业已粗具规模，海洋经济在国民经济中的比重持续上升。2011 年，汕头市海洋经济总产值已约占其 GDP 的 20%，已形成包括海洋渔业、海洋盐业、海洋电力业、海水利用业、海洋船舶工业、海洋工程建筑业、海洋交通运输业、滨海旅游业等的产业结构。其中，滨海旅游业、海洋渔业、海水利用业为最主要的海洋产业领域，三大产业的产值占海洋经济总产值的 97.7%。

3. 潮州市临海工业已成产业新龙头

潮州市充分发挥柘林湾天然良港的资源环境以及潮州港作为国家独立对外开放一类口岸、对台直航港口的优势，推进港口大项目建设，总投资337亿元的大唐潮州发电厂和华丰石化基地已落户潮州港并建成投产，临港工业布局逐渐形成。海山、大埕、所城风电场及大唐发电厂5～6号机组、和洋船舶配套产品生产线等一批新项目正在建设，拉动海洋经济的快速发展。2011年，全市海洋生产总值87.7亿元，占全市生产总值的15.8%。其中临海工业62.1亿元，已成为潮州海洋经济发展重要的增长点。此外，港口配套建设也在逐步完善。目前，全港共建成包括10万吨级在内的码头8座，泊位13个，全港2011年实现货物吞吐量635万吨。潮州正在大力推进30万吨级码头、疏港大桥等港口基础设施建设，着力抓好三百门国家一级渔港和柘林、海山2个二级渔港以及后沃、狮仔、大澳、大埕等渔港建设。同时，积极规划建设集深水港区、临港产业区、商业区等功能于一体的西澳港综合开发项目，该项目计划总投资150亿元，项目完成后将使潮州港成为以港口为龙头，现代工业与第三产业并举，集疏运体系和信息支撑系统完善，具有商贸展销、现代物流、高端旅游等功能的现代化港口和滨海新区。

4. 揭阳涉海重点项目取得突破性进展

揭阳市海岸线长136.9公里，海域面积9300平方公里，海洋资源丰富，特别是惠来沿海近岸具有水深、底质适宜建深10万至30万吨级以上深水码头、陆域开阔等优势，有利于发展大型临港工业，发展前景广阔。近年来，揭阳以抓涉海重点项目建设为突破口，加大招商引资工作力度，使惠来电厂、中海油粤东LNG项目、惠来乌屿核电厂等一批涉海发展项目成为海洋产业开发和沿海经济发展的一个新亮点。项目投资规模之大前所未有，2009年落户揭阳的世界级炼油项目总投资585亿元；惠来乌屿核电厂计划投资800亿元。目前落户揭阳项目投资额度在100亿元以上的就有惠来电厂、中海油粤东LNG项目、惠来乌屿核电厂和中石油等项目。惠来电厂项目、惠来乌屿核电厂项目、揭阳（惠来）大南海国际石化综合工业园项目规划建设顺利推进。2011年，以海洋电力、海洋交通运输、海洋渔业、滨海旅游为主要内容的海洋产业产值80亿元，比2005年增长275%。

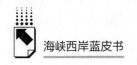

二　海峡西岸经济区海洋经济未来发展趋势分析

（一）福建海洋经济未来趋势与发展

2012 年，国务院批准了《福建海峡蓝色经济试验区发展规划》及根据规划而制定的《福建海洋经济发展试点工作方案》，这意味着福建海洋经济发展上升为国家战略。同时，福建省政府正式颁布了《福建省海洋新兴产业发展规划》《福建省现代海洋服务业发展规划》。之前福建省出台了《关于加快海洋经济发展的若干意见》及《关于支持和促进海洋经济发展九条措施的通知》，立足扎实推进全国海洋经济发展试点工作、加快海洋经济发展、建设海峡蓝色经济试验区，并提出了一系列力度大、针对性和可操作性强的政策措施。随着一系列海洋政策的出台，福建省海洋经济迎来跨越式发展机遇，将步入快速发展阶段。未来福建将以国务院《海峡西岸经济区建设规划》中制定的"建设海峡蓝色经济试验区，建成全国重要的海洋开发和科研基地"为目标，找准自身的发展定位，突出福建的海峡、海湾、海岛三大优势，重点做好"蓝色经济""海峡""试验"三篇大文章，积极推动全省海洋经济发展实现跨越式发展。

1. 突出优势，明确发展定位

立足"海峡、海湾、海岛"三大福建优势特色领域，加快生产方式转变，推进两岸海洋经济深度合作与融合，建成海峡蓝色经济试验区。

突出"海峡"，将把台湾海峡作为纽带，依托厦门经济特区、平潭综合实验区、台商投资区、古雷台湾石化产业园等载体平台，通过实施先行先试政策，全面推进海峡两岸海洋开发合作，加快两岸海洋经济对接融合，以实现优势互补、共同发展，建成"深化两岸海洋经济合作的核心区"。

突出"海湾"，将依托中心城市和重要海湾，加快推进集中集约发展，发挥海岸线资源优势，统筹陆海及临港产业布局，加快港口交通等基础设施建设，加快科技创新，优化港口资源要素配置资源，率先形成陆海关系协调、联动发展的新格局。建成"推进海洋生态文明建设先行区和创新海洋综合管理试验区"。

集聚发展新型高端临港产业，大力发展海洋现代服务业，提升发展现代海洋渔业；加强海洋科技中试基地及研发平台建设，加快培育壮大海洋战略性新兴产业，形成"全国海洋科技研发与成果转化重要基地"，建成"具有国际竞争力的现代海洋产业集聚区"。

突出"海岛"，关键在于对海岛的保护与管理，推进海岛开放开发政策方面的先行先试，加强海洋生态环境保护，推进低碳城市、低碳海岛示范建设，建成全国海湾海岛综合开发示范区。

到 2015 年，福建省海洋生产总值预计年均增长 14% 以上，达到 7300 亿元，基本形成海峡蓝色经济试验区，基本实现海洋经济强省的目标。海洋三次产业比例为 4：44.5：51.5，现代海洋产业体系基本建立，形成若干以重要港湾为依托，布局合理、优势集聚、联动发展的海洋经济密集区，两岸海洋经济深度合作先行区基本形成；海洋科技创新体系基本建立，科技创新能力明显提升，基本建成全国"科技兴海"的示范基地；海洋生态环境明显改善，近岸海域一、二类水质比例达 65% 以上；海洋综合管理水平显著提升，基本实现海洋管理的法制化、规范化、信息化；海洋基础设施和公共服务能力进一步提升，基本建成海洋监测、预警、预报、应急处置等防灾减灾体系以及海洋管理技术支撑体系。福建海峡蓝色经济试验区与台湾地区海洋经济融合不断加强，形成共同发展的新格局。

2. 突出特色，优化空间布局

建设海峡蓝色经济试验区，将充分发挥福建自身特色和比较优势，进一步优化布局，以"海峡、海湾、海岛"同步规划、协同发展为动力，加快形成"一带、双核、六湾、多岛"的现代海洋产业开发格局，促进福建省海洋经济科学发展、跨越发展。

①一带。即打造海峡蓝色产业带。以沿海城市群和港口群为主要依托，突出产业转型升级和集聚发展，突出创新驱动，突出两岸合作，加快构建具有核心竞争力、特色鲜明的现代海洋产业体系，形成以若干个海洋经济密集区以及高端临海产业基地为主体、布局合理、具有区域特色和竞争力的海峡蓝色产业带。

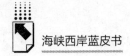

②双核。即构建福州、厦漳泉两大都市圈海洋经济核心区。在建设福州都市圈方面，将强化福州的龙头作用，加快推进福州市区与平潭综合实验区、闽侯县、罗源县、长乐市、连江县、福清市的一体化发展，做大做强海洋新兴产业和现代海洋服务业，推动高端临海产业集聚发展、优化发展，促进海洋科技成果高效转化，增强科技、教育、人才、金融、现代商务、综合管理等方面的支撑服务能力。在建设厦漳泉都市圈方面，将充分发挥厦门经济特区先行先试的引领示范作用，大力培育发展海洋新兴产业（以海洋生物医药业、邮轮游艇、海水综合利用为重点），提升发展海洋服务业（以滨海旅游、港口物流、金融服务、海洋文化创意为重点），合理布局高端临海产业，将其建设成为我国东南国际航运中心、海洋高新技术产业基地、现代海洋服务业基地和海洋综合管理创新示范区。

③六湾。即发挥福建海湾优势条件，合理布局，实现差异化发展，环三都澳、闽江口、湄洲湾、泉州湾、厦门湾、东山湾等六大海湾要突出重点、明确发展主题，形成各具特色的主题海湾，以成为全省海洋经济发展的重要依托和具有核心竞争力的海洋经济新兴产业密集区。其中环三都澳区域将主动承接长江三角洲和台湾等地区产业转移，在溪南、赛江、漳湾、沙埕等地着力打造临港工业片区，重点发展临海产业（如新能源、装备制造、油气储备等）；闽江口区域将加快推进以罗源湾、江阴半岛为重点的临港产业基地建设，积极发展海洋新兴产业和滨海旅游、海洋环保、金融和信息服务业等。湄洲湾区域将进一步整合优化海岸线资源，规划建设湄洲湾南北岸，重点发展高端临海产业，提升现代海洋渔业，积极发展海洋新兴产业和海洋服务业。泉州湾区域将统筹产业、港口、城市发展，加快泉州台商投资区、泉州总部经济带区域开发建设。厦门湾区域将提升港湾一体化发展水平，发挥整体优势，加快建设东南国际航运中心。东山湾区域将积极承接台湾和珠江三角洲等地区产业转移，加快发展石化、能源、装备制造等高端临海产业等。

④十岛。突出各个海岛的主题特色，着力提升海岛县和海岛乡镇的海洋经济科学开发水平，加快建设"海洋第二经济带"。按照"科学规划、保护优先、合理开发、永续利用"的原则，探索生态、低碳的海岛开发模式，实现平潭岛、东山岛、湄洲岛、南日岛、琅岐岛、大嶝岛、浒茂岛、三都岛、西洋岛、

大嵛山岛等10个海岛与周边海域自然资源的合理开发和可持续利用。（备注：平潭岛重点建成综合实验岛，东山岛重点建成国际生态旅游岛，三都岛重点建成高端商务旅游岛，西洋岛重点建成海洋生态渔业岛，大嵛山岛重点建成生态旅游岛，琅岐岛重点建成都市休闲岛，湄洲岛重点建成妈祖文化岛，南日岛重点建成特色渔业岛，大嶝岛重点建成会展旅游岛，浒茂岛重点建成湿地旅游岛。）

3. 突出转型，构建现代产业体系

推进海洋产业转型升级，以产品高端、技术领先、投资多元为方向，提高现代海洋渔业发展水平，培育发展海洋新兴产业，加快发展海洋服务业，集聚发展高端临海产业，严格限制发展产能过剩、高污染、高耗能的产业，突出龙头带动，延伸产业链、壮大产业集群，构建核心竞争力强的现代海洋产业体系。在提升发展现代海洋渔业方面，将重点建设福州、霞浦、连江、福清、惠安、漳浦、东山、诏安等大型设施化生态养殖基地，漳州、莆田等立体化生态养殖示范基地。同时推进连江、福清、东山、诏安等水产品加工示范基地建设，打造以福州海峡水产品交易中心、厦门闽台中心渔港为主要集散地的现代水产品流通网络。在培育发展海洋新兴产业方面，支持建设诏安金都、莆田、宁德、东山海洋生物产业园，推进建设厦门、福州、泉州等海洋生物及医药保健品研发生产基地，形成具有竞争力的海洋生物医药产业集群。同时建立游艇技术开发研究中心，建设我国游艇制造业的重要基地。推动厦门岛发展兴建国际邮轮母港。福州市要加强与宁德、莆田的产业协作，积极发展游艇制造、观光业，共同打造海峡两岸和国际知名的邮轮游艇基地。把平潭综合试验区建设成海水综合利用示范区。开展海洋可再生能源资源普查，科学规划海洋能开发，确定优先开发范围和重点；加快海上风电、波浪能、潮汐能、潮流能等技术研发。按照规模化、集约化发展的要求，加快福州、莆田、泉州、漳州和宁德装备制造业基地建设，培育具有较强国际竞争力和现代化技术水平的海洋工程装备制造产业集群。使海洋新兴产业2015年占海洋主要产业增加值的比重提高到15%左右，增加值达到500亿元以上，成为海峡蓝色产业带的重要组成部分。在加快海洋服务业方面，将以厦门、福州、湄洲湾三大港口为依托，鼓励港航物流企业到内陆城市建设"陆地港"。全省沿海港口货物吞吐量到

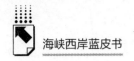

2015年争取达到5亿吨，集装箱吞吐量达到1500万标箱。厦门港货物吞吐量突破2亿吨，集装箱吞吐量突破1000万标箱；福州港货物吞吐量达到1.5亿吨；湄洲湾港货物吞吐量超过1.5亿吨。同时积极发展海洋旅游业、海洋文化与创意产业、涉海金融保险服务业等现代海洋服务业。

（二）浙南、粤东海洋经济未来趋势与发展

2011年以来，国务院相继批复了《浙江海洋经济发展示范区规划》《海峡西岸经济区发展规划》《广东海洋经济综合试验区发展规划》和《福建海峡蓝色经济试验区发展规划》。国家新一轮沿海发展布局，为海峡西岸经济区海洋经济未来发展提供了有利条件和广阔空间，推动浙南、粤东海洋经济步入更快、更好的发展时期。

1. 温州将成为海洋经济强市

温州将以建设"海洋经济强市"作为战略目标，提升其在浙江省海洋经济发展中的先行示范作用。根据市政府出台《浙江海洋经济发展示范区规划温州市实施方案》，预计到2015年，温州海洋经济占全市生产总值比重为17.7%，生产总值达到850亿元。根据温州市的未来发展实施方案，海洋经济发展的未来蓝图是"一核四片十区多岛"。具体内容如下。①海洋经济发展核心区（一核），依托温州大都市区主中心，建设海洋科技（产业）新区和瓯江口产业集聚区，目标是将科教研发、生产服务、高端产业等集中集聚。②平阳、乐清、瑞安、苍南海洋经济发展片区（四片）。③十大重点海洋产业区块（十区），是指重点将乐清湾港区、乐清经济开发区等十大重点海洋产业区块建设成为城市新区培育的主要平台。④"多岛"，是指通过开发利用与保护洞头岛、灵昆岛、状元岙岛、大小门岛等重要海岛，建设一批海岛开发开放的先导地区。在海洋经济产业结构上，发展壮大海洋新兴产业中的海洋先进装备制造、海洋医药与生物制品、港航物流服务等；扶优扶强优势产业中的临港工业、滨海旅游、海洋渔业等；突出培育海洋服务业中的海洋科技、信息服务、金融服务、海洋环保业等；努力打造现代海洋产业体系。

2. 粤东将成为重要的经济增长极

在海洋经济上升为国家战略的背景下，广东省率先提出了"三圈一带"的海洋经济发展战略构想。其中的粤闽台海洋经济合作圈主要是以粤东海洋经济区为基础的。海峡西岸经济区包括粤东的汕头、潮州、揭阳、梅州四个市，因此粤东将依托以福建为主的海峡西岸经济区积极开展粤闽台海洋经济合作开发。首先，汕头港、潮州港作为首批对台湾直航的港口将发挥其积极作用，加强与台湾的海洋运输与物流合作。同时加快厦深铁路建设，打造汕厦蓝色经济带。其次，通过深入挖掘独具特色的闽南、潮汕、客家、侨乡、妈祖等文化精髓，开发以潮州历史文化名城、南澳国际生态海岛为重点的旅游地，做强"海峡旅游"品牌。最后，加强粤闽两省邻接海域综合管理、生态环保的对接。未来粤东地区将成为广东省重要的经济增长极。特别是在海洋产业发展中将重点发展海洋能源、临海石化、海洋交通运输、海洋旅游、水产品精深加工及海洋生物制药、海水综合利用等战略性新兴产业。汕头将成为粤东地区海洋经济中心。

三 海峡西岸经济区海洋经济发展对策与措施

第一，着力推进海洋产业转型升级，提升现代海洋产业经济的核心竞争力。坚持以转变海洋经济发展方式为主要路径，以技术、产品高端为主要手段，加快推进海洋经济的升级和转型，提升现代海洋渔业，加快培育和发展海洋战略性新兴产业，集聚发展以港口群为依托的新型高端临港产业，大力发展海洋现代服务业，使现代海洋产业经济呈现出优势显著、特色鲜明、核心竞争力强的特征。

第二，完善海洋科技创新体系，以科技创新带动海洋产业发展。以实施"科技兴海"战略为前提，以提升海洋产业核心竞争力为目标，以大力发展海洋科技与教育为基础，加快人才培养，进一步促进产学研更加紧密结合，在实际运用中发挥科技创新体系对海洋产业发展壮大的引领和支撑作用，使科技进步对海洋经济发展的贡献率大幅度提升。

第三，深化海峡两岸海洋经济的交流与合作，拓展海洋产业快速发展的作

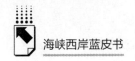
为空间。发挥闽台"五缘"优势，实施互利共赢的开放战略，以两岸签署经济合作框架协议为契机，着力先行先试，在建立海洋开发合作的长效机制的基础上，不断拓展新的开放领域和空间，以开放促海洋经济发展、促海洋科技创新。全面推进闽台海洋经济各领域的交流与合作，深化两岸海洋产业的融合，构建两岸海洋开发深度合作基地；加快推进平潭综合实验区建设，率先建立有利于两岸交流合作的体制机制和发展模式，为全国发展大局和祖国和平统一大业作出贡献。

第四，加强海洋资源与生态保护，确保海洋经济可持续发展。树立绿色、低碳发展的理念，大力提倡集约利用、综合利用海洋资源，加大海洋生态环境保护力度，建成人海和谐相处、文明宜居的海洋生态文明示范区。对岸线、滩涂和海域等海洋资源要合理高效利用，加强海洋资源利用的论证与监督管理，以充分、合理地利用海洋资源，推动产业链向海洋资源综合利用方向延伸，使海洋经济发展与海洋资源容量、承载力相适应。大力发展海洋循环经济，建成资源节约型、环境友好型社会。

第五，坚持先行先试陆海统筹，着力构建海洋科学开发的体制机制。针对海洋资源开发利用面临的问题，坚持陆地与海洋资源统筹、坚持集约利用和可持续开发、实现海洋资源的科学开发保护与综合管理体制机制，促进海洋经济持续、稳定与协调发展。严格执行海洋主体功能区划制度，坚持海洋生态环境保护和海洋资源开发相协调，科学论证、统一规划、严格管理、规范使用，建立科学用海新体制。开展海湾围填海后评估工作，防止海洋污染和生态破坏，促进海洋经济可持续发展；坚持科学围垦、生态围垦，充分利用福建省主要海湾的数模研究成果，科学论证填海项目，严格控制湾内填海造地，创新鼓励湾外区域用海新机制。完善涉海管理部门协调机制，建立健全近岸海域海洋环境部门协同保护机制，增强工作合力。规范海洋执法程序，创新海洋综合管理模式，建立完善海洋、交通、国土、环保、工商、海事、边防、反走私等部门相配合的海上执法协调机制，强化海洋执法监察监督，形成海洋综合执法的部门合力。

ℬ.10
海峡西岸经济区县域经济
发展现状及趋势分析

邹建铭

在海峡西岸经济区内，县域作为各种政策、要素、产业聚集的平台，在城镇化背景下，承担着统筹城乡发展的重要作用，加快县域经济发展，是促进国民经济健康、持续、稳健地发展的重要环节。

一　海峡西岸经济区县域经济发展的主要成效

近年来，海峡西岸经济区县域经济快速发展。2011 年，经济区内县级GDP 总额超过经济区整体 GDP 总额的 60%，县域经济的发展对于整个海峡西岸经济区发展起着至关重要的作用，涌现出了诸如晋江等一批县域经济发展典型。这些地方善于因地制宜，发挥自身优势，创造了许多好的经验和做法，其共同特点就是解放思想、先行先试，抢抓机遇、爱拼会赢，发挥优势、注重特色，以人为本、共建共享。

1. 县域经济整体实力明显增强

海峡西岸经济区各地的县域经济经历了由原来以农副产品加工为主体向以工业经济为主导、三次产业协调发展的县域经济转变，县域经济实力显著提高，综合竞争力明显增强，成为经济发展的重要支撑。

以福建省为例，全省 90% 的面积和 75% 的人口在县域，2011 年县域地区生产总值占全省的 55.6%，其中，第一产业增加值占全省第一产业增加值的85.9%，第二产业增加值占 56.8%，第三产业增加值占 46.9%，县域经济得到长足发展，县域经济发展水平总体高于全国平均水平，有 8 个县（市）入选全国百强县，数量居全国第五位。晋江市、石狮市、福清市、南安市、闽侯

县、惠安县、长乐市、龙海市、永安市、安溪县荣获年度福建省县域经济实力"十强"县（市），晋江市已连续领跑福建县域经济19年。一批基础扎实、实力较强的次发达县市或山区县市正发挥自身优势奋力追赶"十强"，经济实力提升较快，形成阶梯式前进格局，有力促进和拉动全省县域经济发展水平的全面提升。

2. 产业结构进一步优化

县域经济在各省生产总值中拥有大半壁江山，并且所占比例有继续上升之势。海西工业主导地位更加突出，产业发展特色化和集群化更加明显，产业布局向园区聚集，发展方式转变迈出新步伐。各地立足当地资源和产业基础，加快发展特色产业，形成规模效益，出现了一批专业化、区域化的特色产业集群，体现了"一县一品""一乡一特"，主导产业优势明显，县域经济结构进一步改善，传统产业改造、自主创新、名牌产品建设的步伐都在加快，后劲和活力得到了提升，投资和招商引资规模不断扩大，高起点承接产业转移，全民创业热情高涨，一批具有活力和竞争力的县域脱颖而出。抚州市推进重点项目建设，积极对接中央、省有关资金项目政策，精心筛选确定了40个项目，到国家部委和省厅汇报和争取支持，取得了实质性进展。赣州市以"三个三"产业为主抓手，推动矿产资源产业高端化、战略性新兴产业规模化、承接产业品牌化、传统产业高新化。坚持"政府引导、市场运作"，全面推进稀土、钨、萤石资源整合。揭阳市扎实推进自主创新和"质量强市"工作，推动纺织服装、化工塑料、生物制药、玉器加工、五金不锈钢、玩具鞋类等传统优势产业转型升级。梅州市坚持走新型工业化道路，以实施"双转移"为契机，以广州（梅州）产业转移园等工业园区为主战场，以招商引资为突破口，大力促进产业转型升级，重点发展有利于发挥自身资源优势，符合生态环境要求，科技含量高、经济效益好、低污染、有增长潜力的主导产业，努力构建绿色现代产业体系。

3. 城乡统筹稳步推进

随着城镇化的持续推进，交通、通讯等城市基础设施向农村延伸，城市公共服务向基层覆盖，海西县域经济工业化进程加快，促进农村富余劳动力实现就地就近转移就业。城镇户籍制度和社会保障制度改革的深化，降低了农民进城门槛，进城务工人员实现了自由流动。丽水市推进城市化进程，提升城乡统筹发展水平，启动市区污水收集处理、农贸市场改造提升、老小区改造三个"三年行动计划"，推进市区内河好溪堰水系整治二期工程。全面开展市区环境综合整治行动，建立城市长效管理机制，建成治安视频监控系统和道路智能管控系统，实现建成区数字城管全覆盖。汕头市注重统筹城乡发展，全力加快城乡一体化步伐，按照"一核多组团"的大特区城市发展新格局，整合全市规划资源，优化提升城市功能，加快推进城乡规划布局、产业发展、市场体制、基础设施、公共服务、管理体制一体化，促进城乡均衡发展、协调发展、可持续发展，不断增强区域中心城市的辐射带动功能。鹰潭市以全省统筹城乡发展改革试点为抓手，推进基础设施向县域延伸，公共服务和社会保障向农村覆盖，现代文明向山乡辐射，加快县城与中心城区的对接，完善交通、通讯、供水、供电、污水和垃圾处理等基础设施，有序推进土地、产业、人口三集中，构建以中心城区为核心、产业特色鲜明、基础设施健全、公共服务配套的城乡联动发展格局。

4. 促进了"三农问题"的解决

海西的区域范围除了涵盖福建省的闽东、闽西北山区县以外，还包括浙西、粤东、赣东南等地山区县（市），绝大部分人口生活在县域，因此"三农问题"主要集中在县域。农业是海西国民经济的重要基础，农业经济的持续稳定发展，促进了海西国民经济的持续快速健康发展，增加了农民收入，从根本上改变了农村面貌，使广大农民过上殷实的小康生活。衢州市为促进"三农问题"的解决，积极推进农业提质增效，制定出台水利改革、蔬菜产业发展、新型农业主体培育等扶持政策，建成粮食生产功能区和现代农业园区各30个，新认证有机食品、绿色食品、无公害农产品32个，成功举办农博会、粮交会、稻博会和农超对接活动。

二 海峡西岸经济区县域经济发展中存在的问题

与全国相比，海西县域经济社会发展还存在很大差距，表现在综合实力不强、产业层次不高、发展不平衡、基础设施不完善、产业结构不合理、特色产

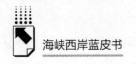

业不明显、城镇化步伐不快等方面。

1. 综合实力提升偏慢，GDP总量均量水平较低

海西2011年147个县（市）经济总量占国民生产总值的比重仅为55%，比山东省、江苏省低10个百分点；县域平均经济总量水平不高，仅为116.3亿元，只占东部省份平均水平138.1亿元的84.2%。晋江市在全国县域经济百强县（市）中排名第7位，而排名第一的江苏省昆山市地区生产总值是晋江市的2.2倍。

区域内县级政府财力不足，基础设施建设欠账多、能力弱。2011年福建省县级市财政支出总体规模5亿元以下的县有14个，占全省县级总数的1/4，5亿~10亿元的县有26个，占全省县级总数的近一半。

2. 区域发展不平衡

各地经济发展的自然资源条件和发展基础不同，发达县与欠发达县之间的差距十分明显。三明、南平、龙岩等闽西北及浙西、粤东、赣东南山区市的县域经济发展水平与福州、泉州、漳州、温州、汕头等地相比还存在很大的差距。沿海地市县域经济实力远高于内陆地市，2011年沿海县市GDP是山区县市GDP的2.5倍。福建省县域经济总量最大的晋江市GDP相当于排位最后的20个欠发达县的总和。山区相当一部分县域经济总量小、后劲不足，加快发展面临较大困难。

3. 产业结构不合理，特色不明显

一些山区经济欠发达的县域经济产品档次不高，难以形成有效的综合竞争力，交通能源等基础设施建设急需改善，结构调整滞后于市场变化，企业总体上结构趋同，存在小而全、小而散、重复建设的现象。一是产业结构层次低，第一产业比重高，新兴产业与技术含量高的产业发展严重不足。二是三次产业之间的联系不够紧密，县域工业对农业及其他的产业的支持不足，县域农副产品多是出卖原始的或者初级的产品，产品的深加工和精加工占比较少。三是县域之间存在产业结构趋同现象。形成规模的特色产业集群不多，许多山区县发展工业没项目，发展农业没出路，发展服务业没思路，农业发展停滞不前，工业都是资源性产品的粗加工，服务业和新兴行业比较少，"千县一品"忽视了当地地域、资源特色，追求"大一统"模式。

4. 各种生产要素不足

海西部分欠发达县可调配的生活要素有限，能力普遍偏弱。在科研开发、教育培训的投入方面尤为明显，2011 年，福建省县域财政在科学技术方面的支出占科技财政支出的 31.9%，县域教育支出占全省教育支出的 58%，与县域地区 75% 的人口比重相比，差距很大。在经济发展的资金投入上，中小企业普遍存在融资困难的问题。

5. 体制上的制约

受国家宏观调控导向和市场配置资源导向的双重作用的影响，资金、人才、技术、信息等生产要素越来越向大中城市、大中企业集中，国家对县域经济的发展难以形成一个系统的政策体系，尽管解决"三农问题"的政策不少，但往往是"头痛医头，脚痛医脚"，无论是出台的扶贫政策，还是制定的支农惠农措施，都只能治标不治本。如在财税体制改革中，部门权力强化，财力向上级集中，县级政权缺乏集中有效的经济调控手段，造成资金、技术、人才、信息难以流向县域经济。长期以来形成的市管县体制的负面效应影响较大，行政决策中往往倾向于资源向大中城市集中调配，大项目、大产业、大建设基本放在大中型城市，科技、土地、人才、金融等生产要素加速向中心城市集聚，县域经济受先天不足的条件影响，严重缺乏项目和资金支撑，发展后劲不足，导致广大城市与乡村发展差距越拉越大。

三 海峡西岸经济区县域经济发展趋势

随着海西经济社会的全面快速发展，县域经济发展所处的发展环境已出现新的变化，时代特征也呈现出许多新的特点。具体表现在以下几点。

1. 经济发展中的"区域化趋势"加剧，促进县域经济融合

在海西迅猛发展的大背景下，各地主动融入区域经济发展的大环境，立足自身优势和特点，打破行政体制约束，加强与地理相邻的区域之间的联合或合作，实现资本、技术、信息、劳务和商品方面的自由流动和有效配置，提高生产资料和社会资源的开发利用效益，经济发展开始从行政区经济逐步迈向区域经济的发展阶段，县域经济也将面临更多的交流与融合。

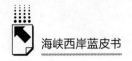

2. 政府"服务型功能"强化，有利于资源的有效配置与开发

各地在行政管理体制改革方面进行了积极的探索和实践，从经济管理和社会管理层面改革"省直管县"体制将成为未来中国城镇化进程和行政体制改革的主要方向，这种改革趋势将赋予县级政府更多的权责。伴随着行政体制改革的不断深入，政府将从全能政府走向有限政府，具体从以下五个方面实现转变。一是从优先于经济目标向优先于社会目标转变。二是从投资型财政体制向公共服务型财政体制转变。三是从封闭型的行政体制向公开透明的行政体制转变。四是从行政控制型体制向依法行政型体制转变。五是从条块分割的行政体制向统一协调的行政体制转变。这五个方面的转变意味着"政府替代市场"发挥资源配置作用的经济发展模式将结束，政府的服务型功能将得到加强，有利于城乡统筹和协调。

3. 社会主义新农村建设步伐加快，为县域经济发展提供了坚实的基础

在社会主义新农村建设中，不断加快农业科技进步，加强农业设施建设，调整农业生产结构，转变农业增长方式，提高农业综合生产能力，优化农业生产布局，推进农业产业化经营，促进农产品加工转化增值，发展高产、优质、高效、生态、安全农业，促进农业可持续发展，为县域经济发展提供了良好的发展基础和条件。

4. 城乡统筹不断深化，有利于提升县域的整体经济实力

我国已经初步具备了工业反哺农业、城市支持农村的经济实力，从中央到地方，围绕惠农支农和农民增收这条红线，先后出台一系列强有力的政策措施，直接给农民带来了实实在在的好处。中央关于破解"三农问题"的重大决策，既是当前和今后一个时期发展、壮大县域经济的最大最好的机遇，也给县域经济发展带来广阔的发展空间。

5. 户籍制度改革逐步推开，将从根本上打破城乡二元经济结构

不久的将来，户籍制度改革将全面推行，实行按居住地管理的方式，让在城镇有稳定收入、有居住条件和稳定职业的农业人口自动获得当地居民户籍，并享有同等的社会保障等公共服务。户籍制度改革从制度设计上坚持公共服务均等化原则，推进城乡居民就业、教育、社保、卫生等公共服务一体化，创造全体公民在城乡之间自由流动的条件，有助于从根本上改变二元经济结构，从而促进城乡融合，加快县域经济发展。

6. 农村消费需求快速增长，为县域经济发展开拓了广阔的市场前景

没有市场需求就不会产生经济发展，随着农村改革的不断深化和经济社会的长足发展，县域居民可支配收入的不断提高，也使得农村市场的巨大潜力必将得到越来越深入的开发。海西农村的广大地域和人口，决定了县域成为潜力最大的消费市场。现阶段的城乡差距所形成的农民相对较低的收入及消费水平，决定了农村广阔的市场前景和待开发性，而这一广阔的市场所蕴涵的巨大的消费潜能，将成为当前乃至今后一个较长时期内海西经济增长的重要拉动力。

四 海峡西岸经济区县域经济面临的发展前景和重大机遇

2009 年 5 月，国务院出台的《关于支持福建省加快建设海峡西岸经济区的若干意见》和随后《海峡两岸经济合作框架协议》及后续系列文件的签署，标志着海峡两岸经济文化交流合作开始步入制度化、常态化轨道，海峡两岸经济交流与合作具备了向纵深推进的良好条件和新的发展机遇。

一是拥有良好的区位优势和便捷的交通优势。海西县域的区位优势比较明显，从全球视野观察，海西位于东南沿海，背靠大陆，面向大海，海陆兼备，海运交通便利，区位优势所蕴藏着的市场潜力和经济前景，成为吸引国际资本的重要条件。从全国视角来看，海西北面承接长三角经济区，南面承接珠三角经济区，毗邻香港、澳门，东望台湾，西靠中西部地区，在区位上拥有一种不可多得的比较优势。

二是国内外产业转移步伐加快，客观上为海西县域经济持续、快速发展提供了难得的发展环境和战略机遇。位于东部沿海的海西县域，成为我国重要的产业承接地。同时，随着我国转变生产方式和东部地区产业结构调整的全面推进，发达地区大中城市中的一些传统产业需要向县域输出和转移，海西县域经济具备了吸收这种转移和输出的基础和条件。

三是海西县域基础设施建设，投资环境的不断改善，为县域经济发展提供了良好的环境。区域内县域基本实现了"村村通"，具备了比较完善的供水、供电、通讯、教育、文化、卫生等公共设施。2011 年，海西县域城镇固定资产投资增幅高出福建省 10.8 个百分点，所占比重由 2005 年的 30.7% 上升到 46.4%。各地坚持城乡统筹发展，加快基础设施建设。潮州市着力抓好城市向东拓展，加快潮州大桥、韩江东西溪大桥和相关路网的规划建设，推动城市向东扩展，促进以韩江东岸和潮州港经济区为重点的滨江、滨海新区建设，努力提高城市化发展水平。

五 加快海峡西岸经济区县域经济发展的措施

在海峡西岸经济区工业化、信息化、城镇化、市场化、国际化深入发展的重要阶段，县域经济发展要抓住区域内的资源优势，大力发展特色优势产业，形成拉动县域经济发展的支柱，促进工业化、信息化、城镇化和农业现代化同步协调发展。

1. 加快小城镇建设，促进县域城乡统筹发展

小城镇是城市和乡村经济社会结合的重要中间环节，集政治、经济和社会功能于一身，是城乡统筹的基点和落脚点，加强小城镇建设有利于聚集县域生产要素、吸纳农村劳动力，拉动农村的经济增长，为县域经济的发展提供不竭的动力，是实现区域可持续发展的重要举措。

一是抓好一批小城镇试点。推进试点工作要在城乡一体化的框架下，根据国家城镇化建设的总体部署，制定城镇试点的发展规划。试点工作要立足于城乡统筹建设，使现代交通、通信等基础设施建设向农村延伸覆盖，改善县域的基础设施配套水平。

二是统筹城乡产业布局，把小城镇建设的经济社会和文化事业发展结合起来，完善生产、生活、服务等配套设施，着力提升县域特色工业园区、专业市场发展水平，促进城乡产业融合，推动产业集群化，形成可持续发展的能力。通过直接放权、委托审批、联合执法和由派驻机构办理等多种方式，进一步扩大试点镇经济社会管理权限。

三是把引导农村消费和促进经济发展结合起来，加大财政、资金等方面对县经济发展的扶持力度，充分利用有限的公共资源，整合、落实各种强农惠

农政策，帮助农民拓宽发展生产和增加收入的渠道，促进农民转移就业。改善农村道路交通、通信等基础设施，解决好群众最关心、最直接的利益问题，更新、提升农村的生产与生活设施，推进村庄整治和农村居住集中化、社区化。

2. 以项目建设为重点，加快推进工业化

以新型工业化为目标，立足本地资源优势，着力发展园区经济和配套经济，让工业在海西县域经济发展中占主导作用，走工业支持农业、城市带动农村的道路。

一是产业要向规模化、集群化方向发展。产业发展要以市场为导向，以中小企业为主体，掌握海西县域经济的特点和资源优势，运用市场和政府引导使相关产品集中生产、专业化协作配套，促进县域工业化发展，增强县域经济竞争力。因势利导制定一系列政策、法规，培育产业集群，促进产业集群发展，推动区域经济发展。

二是企业要向集团化方向发展。立足海西资源特点、区位优势、产业特色和竞争优势，大力发展支柱产业，通过名牌产品带动，形成纵向一体化、上下游产品相互提供服务的企业集团。通过建立现代企业制度，鼓励外资入股、社会法人参股，实现企业股权结构多元化，并支持符合条件的企业争取股票上市。通过兼并联合、分块搞活、租股结合、先售后股、资产转让等方式，加快企业改制步伐。

三是增长方式要向集约化方向转变。合理确定海西县域工业化进程的中长期发展目标，坚持发展速度和质量效率并重，加快县域经济结构调整和增长方式转变，提高经济增长的科技含量和知识含量，加快技术创新和制度创新，以工业园区带动工业规模化、集约化发展，促进结构优化调整，促进产业升级转型。

3. 推进农业产业化进程

实行以城带乡、城乡统筹发展，发展县域特色经济，改善农业生产组织方式，优化农业产业结构，提升农业生活的竞争力。

一是引导农民发展专业合作经济组织，成立生产经营联合体专业合作经济组织，帮助处于不利竞争地位的农民通过自愿联合、自主经营、自我服务，形成利益共同体，其中农民既是生产主体，又是加工和经营主体，以保证产业化

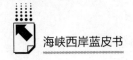
经营的利润回到农民手中。参加的农民由联合体统一供种、统一施肥、统一防病、统一品牌包装、统一价格上市，并成立专门的营销队伍，将产品集中成批地销售出去。

二是在农村推进建立现代企业制度，如建立股份制农业企业、家庭农场、集体农庄，推进农业的工业化，用工业化的方式组织农业生产经营，按照专业化、协作化、联合化、集约化、企业化的要求，把土地、劳动力、资金、技术、管理等生产要素组织起来，实现农业的企业化经营，提高农业生产经营的组织化程度，提升农业的竞争力。

三是培育龙头企业。打破行政区域界限，优化资金、土地、信息等生产资料的资源配置，围绕具有区域特色的主导产业，推进农业产业化经营。各个区域都应重点培育和扶持一批重点龙头企业，积极引导产品市场前景好、科技含量高、产业附加值高的大型企业进入农业产业化领域，成为县域经济发展中的龙头。

4. 强化特色经济

着眼于海西区域内产业分工，立足于发挥优势，按照比较经济利益的原则，研究制定县域特色产业发展目标和规划，充分发挥产业、资源、区位等方面的比较优势，主动参与县域外的经济分工与协作，做到有所为有所不为，发展一批旅游大镇、经济强镇、流通重镇，使资源在海西县域范围内得到充分合理的配置，比较优势得到充分发挥，形成特色，创出品牌，从而能够有效地提高县域经济发展的质量、效益和水平。

5. 激活民营经济

引入现代市场化经营管理模式，推进民营企业由传统家族式管理向以专门人才为主的现代化管理转变，进一步明晰产权和财产关系，为民营经济的发展注入新的活力。要加快科技进步，推动企业科技创新，引导民营企业向以资本经营为主转变，做大做强，实现企业规模化、集约化和集团化。调整产业制度安排和市场价值取向，按照公开、公平、公正的市场化原则，放开民营企业经营范围，减少行政审批，降低进入门槛。

6. 推动闽浙赣粤边际协作促进海西共同发展

发展县域经济不仅要立足于自身的条件和特点，找准县域在区域内所处的发展定位，主动融入所处区域经济的大环境，在区域范围内实现获取、组织和配置生活要素资源。闽浙赣粤四省边际县域经济协作各方地缘相连，人缘相亲，文化相融，自古以来民间往来频繁，商贸、文化交流密切，有着无法割舍的紧密联系，加强协作的基础好、潜力大。国务院《关于支持福建省加快建设海峡西岸经济区的若干意见》明确提出：推动跨省区域合作，发挥闽浙赣、闽粤赣等跨省区域组织的协作、互补作用，四省多地共同合作，建立更加紧密的区域合作机制。近年来，四省边际县域经济协作共识不断深化，协作机制逐步建立健全，联合与协作实践迈出坚实步伐，基础设施、文化旅游、道路交通等一批合作项目加快推进，呈现良好的发展态势。在基础设施方面，要进一步加强重大项目建设协调，根据区域经济协作发展目标，共同推进跨省域的铁路、高速公路、港口等重大基础设施项目统筹规划布局和协同建设，改善海西港口与内地经济腹地的交通状况。加强电子、机械、旅游、物流等重点产业对接和协作，推动产业集群发展，优化生产力布局，形成产业对接走廊。要根据生产要素合理流动的要求，建设区域内的要素共同市场，促进劳动力、物资、资金、信息等生产要素无障碍流动，统筹协调区域对台交流合作，提升海西与台湾对接能力。

7. 推动县域综合改革

进一步扩大县级经济管理权限，优化县域经济发展环境，加快行政审批制度改革，简政放权，将过于集中的权力下放，赋予县级更大的发展自主权和决策权。

一是积极探索省直管县（市）的体制，深化省对县的行政管理体制和财政管理方式改革，完善现行财政转移支付办法，较大幅度提高县级财力保障水平。实行"省直管县"财政改革就是在政府间收支划分、转移支付、资金往来、预决算、年终结算等方面，实行省财政与市、县财政直接联系，开展相关业务工作。

二是创新县域社会管理体制。要依照行政许可的新要求，进一步精简审批事项，规范和简化审批程序，建立权责明确、行为规范、监督有效、保障有力的行政执法体制，按照建设服务型、法治型政府的要求，强化镇级社会管理和公共服务职能。发展壮大基层群众性自治组织，激发社会活力，增强社会组织

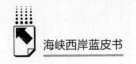

自我管理、提供服务、反应诉求的规范行为和作用。

三是着力构筑市场载体，培育市场主体，把农民组织成市场主体，把私营经济发展壮大为市场主体，把国有集体经济改造成市场主体，把竞争性社会事业规范成市场主体。政府当教练员、裁判员、服务员，不当运动员。

8. 优化县域经济发展的良好环境

创造良好的发展环境应按照市场经济和生产力发展的内在要求，强化服务意识，完善配套功能，实现政府职能转变，创新服务思路和方法，拓宽服务的领域和范围。

一是着力打造公平公正的法治环境。强化法治治理的理念，加强社会治安综合治理，充分发挥司法机关依法维护社会稳定、惩治各种犯罪、促进经济发展、创造社会公平、构建和谐社会的职能和作用，努力把关口前移，切实化解社会矛盾，加强社会治安综合治理，维护社会稳定、安定大局，为经济发展和生产经营创造良好的治安环境。

二是着力打造宽松优惠的政策环境。要在研究、梳理和整合现有政策的基础上，吃透、用好、用足各种优惠政策，并积极主动地争取上级的政策扶持，在坚持依法行政和依法办事的前提下，最大限度地发挥政策对经济发展的促进作用。

三是着力打造诚实守信的社会信用环境。要积极发展以市场准则为基石的社会信用建设，打造制度健全、手段完备、调控有力、治理有序、覆盖广泛的社会信用体系，促进政府讲信用、企业讲信誉、市民讲信义良好环境的形成。

四是着力打造宜居创业的人文环境。要增强社会和谐的亲和力，营造创业乐土和宜居生活的优良人文环境，为投资创业者和社区居民营造一个良好的人文氛围，提高社会服务均等化水平，完善社会保障和服务功能，加强生态文明建设和环境综合治理保护，提升县域公共文明指数，提升城市的品位和吸引力。

海峡西岸经济区民营经济
发展现状与趋势分析

项金玉

民营经济是海峡西岸经济区的特色和亮点，民营企业是本地区最富有发展活力、内生动力和创新精神的经济组织。2011年是海峡西岸经济区民营经济发展比较困难的一年，局部区域出现资金链断裂、企业倒闭潮的现象，有相当一批企业陷入生存危机。机遇与挑战并存、成绩与问题共生，总体呈现持续发展态势。

一 海峡西岸经济区民营经济发展现状

2011年是我国实施"十二五"规划的开局之年，也是海峡西岸经济区坚持科学发展观，加快转变经济发展方式，推进经济结构调整，继续保持经济社会平稳发展的一年。这一年里，海峡西岸经济区民营经济战胜国内外经济环境复杂多变等诸多不利因素，克服生产成本上升、资金紧缺、市场需求疲软等种种困难，在困难中前行，在压力下发展，继续保持平稳发展态势。

（一）福建省民营经济发展现状

2011年，福建民营经济在中央和地方相继出台的一系列扶持政策的推动下，发展环境进一步改善，实现了持续较快发展。一方面，福建省委、省政府贯彻实施经中央批复的《海峡西岸经济区发展规划》《平潭综合实验区总体发展规划》和《厦门市深化两岸交流合作综合配套改革试验总体方案》（简称"两规划一方案"），坚持改革开放和先行先试，力求科学发展、跨越发展，要求福建民营经济加快发展，在加快海峡西岸经济区建设中作出新的贡献。另一方面，福建省委、省政府持续打造民营经济发展环境，支持民营企业做大做强，在2010年出台《福建省人民政府关于营造优良环境提供优质服务支持民营企业加快发展的若干意见》之后，2011年福建省委、省政府召开了民营经济发展座谈会和民营经济产业项目洽谈对接会，出台了支持小型和微型企业发展的十二条金融财税措施等一系列政策、举措，省直有关部门和设区市也纷纷制定、完善相关配套措施，确保中央和福建省支持民营经济发展、扶持民营企业发展壮大相关政策的贯彻落实，有力地促进了福建民营经济健康发展。

（1）个体私营企业持续快速增长。截至2011年底，福建全省实有个体工商户84.95万户，比上年同期增加18.8万户，增长28.4%，其中港澳台个体工商户1461户，增长27.49%；全省实有私营企业30.73万家，比上年同期增加6.3万家，增长25.8%。全省个体工商户注册资金总额415.27亿元，比上年同期增加128.28亿元，同比增长28.8%；个体工商户从业人员228.4万人，比上年同期增加51.48万人，同比增长29.1%。全省私营企业注册资本总额1.28万亿元，比上年同期增加2262.71亿元，同比增长21.5%；私营企业户均注册资本415.85万元，同比增长7.67%；私营企业雇工人数283.84万人，比上年同期增加49.59万人，同比增长21.17%。

（2）民营企业产业、行业和区域分布集中。在产业分布上，福建省民营企业主要集中于第二、第三产业，按增加值统计，第二产业占55.7%、第三产业占30.5%、第一产业占13.8%；在行业分布上，主要集中在制造业和批发零售、贸易、餐饮业；在地区分布上，主要集中在闽东南沿海经济发达地区，泉州、福州、厦门、漳州和宁德市的私营企业数量排在全省前5位，5市企业户数合计占全省4/5以上。以泉州市为例，2011年泉州民营经济实现生产总值3730亿元，占全市生产总值的87.3%；民营工业增加值占全市工业增加值的97.3%；规模以上民营工业实现产值7133亿元，占全市规模以上工业产值的87.7%；民营企业就业人数500多万人。泉州民营企业数量、工业产值、就业人数三项指标均占全市90%以上，缴纳税金占全市财政收入的85%以上，提供了全市70%以上的乡镇财政收入、村集体收入和农民人均纯收入，民营经济几乎涵盖了第二、第三产业的所有行业。

（3）民营企业项目洽谈对接取得显著成效。为加快福建发展，福建省委、省政府提出要推进央企、民企、外企三个维度的项目对接，简称"三维"。福建省民营企业产业项目洽谈会，是省委、省政府推进"三维"项目实施、积极承接产业转移，加快转变经济发展方式、推动福建跨越发展的一项重大举措。2011年9月，福建省委、省政府和全国工商联共同举办了福建省民营企业产业项目洽谈会，共签约对接项目1334个，投资总额1.28万亿元。其中，具备签合同项目875项，总投资8238亿元；在洽谈项目459项，总投资4563亿元。截至2011年底，签约民企对接项目已开工427项，完成投资694亿元。在此次洽谈会上对接的项目不仅规模大，而且紧紧围绕"十二五"规划确定的目标任务，体现了龙头带动、链条延伸、产业集聚、结构调整的特点，为福建省科学发展、跨越发展积蓄了新的力量。

（4）民营经济推动了产业集聚、集群发展。截至2011年底，全省以民营企业为主体的产业集群60个，其中38个重点产业集群实现年产值10257亿元，占全省的47.1%，涌现出一批在全国乃至全球具有较强竞争力的产业集群。如晋江和石狮的服装纺织、晋江旅游运动鞋、南安石材、莆田鞋业、安溪铁观音、德化瓷器、福安电机、建瓯笋竹、仙游仿古家具等产业集群。其中，厦门"电子信息产业集群"、福安"电机产业集群"、泉州"箱包产业集群"、晋江"休闲运动鞋产业集群"、石狮"休闲运动服装产业集群"、南安"五金水暖器材产业集群"、德化"日用工艺陶瓷产业集群"等7个产业集群入选"中国百佳产业集群"，位居全国第5位。目前，全省近200件中国驰名商标和2200多件福建省著名商标中，民营企业创造拥有九成以上。

（5）民营经济有力地支撑了经济社会发展。2011年福建民营企业实现增加值11640亿元，占全省GDP的66.5%，贡献了50%以上的税收，提供了85%以上的城镇就业岗位。在外贸出口方面，2011年全省民营企业进出口总值562.8亿美元，同比增长55.6%，高出同期福建省外贸进出口总体增幅23.6个百分点。在固定资产投资方面，2011年民间投资达5712.2亿元，占全社会投资总额的56.4%，对全省投资增长的贡献率达到71.6%。

（6）民营经济发展的横向比较。广东、浙江、江西都是福建的近邻，福建的民营经济与广东、浙江比，无论总量还是规模实力还差一大截，如2011年中国民营企业500强中，浙江省占144家，连续13年居全国之首，广东也有 21 家，而福建省只有 6 家进入排行榜；江西省在个体工商户数量方面也超过福建。见表 1。总体而言，福建存在民营企业数量不够多、规模不够大、实力不够强等突出问题。

表 1　2011 年福建与邻省民营经济主要指标比较

省份	个体工商户户数（万户）	私营企业户数（万户）	民营企业生产总值（亿元）	占 GDP 比重（％）	全国 500 强企业（家）
福建	84. 95	30. 73	11640	66. 5	6
广东	348. 48	110. 83	23336	44	21
浙江	230	72	19872	62. 1	144
江西	115. 37	19. 4	—	—	2

（二）浙南地区民营经济发展现状

2011 年，尽管浙南地区特别是温州民营企业遭遇了因担保链断裂而引发的民间借贷风波，经历了前所未有的困难和生存压力，有相当一批民营企业破产、倒闭或歇业，但是民营经济整体仍然保持发展态势，取得了较好的成绩。

（1）温州市民营经济发展情况。民营经济是温州的经济特色和发展支撑力量。截至 2011 年底，温州市共有个体户 36 万户，从业人员 88 万人，注册资金 124.6 亿元；私营企业 8.28 万户，雇工人数 106.62 万人，注册资金 2416.2 亿元。全市 4161 家规模以上工业企业中，民营工业企业占 3832 家，实现工业总产值 3713.63 亿元，分别占总量的 92.1% 和 88.1%。一是民营经济已经成为地区经济主要的增长极。2011 年温州市生产总值 3418.53 亿元，其中民营经济实现增加值 2799.80 亿元，占温州市生产总值的 81.9%。当年，民营经济对 GDP 的贡献率已超过 80%。二是民营企业已经成为社会消费品零售主体。2011 年温州民营经济实现社会消费品零售总额 1582.54 亿元，占全市社会消费品零售总额的 89.5%。三是民营企业已经成为解决城乡就业的主渠道。民营企业的快速发展，发挥了越来越重要的就业功能。2011 年温州市民营企业从业人员 534.69 万人，占全社会从业人员的比重为 92.9%，有效地化解了就业压力，起到维护社会稳定的作用。四是民营经济成为财政收入的重要来源。民营经济的发展，拓展了财政收入的来源，改变了财政收入的结构，已成为温州市财政收入稳步增长的可靠保证。据统计，2011 年温州市民营经济实现税收收入 396.08 亿元，占全部税收收入的 82.4%。五是民营企业已经成为外贸出口的主力军。目前温州市已与世界上 212 个国家和地区建立了贸易关系，在美国、巴西、俄罗斯等国家创办多个专业市场，使温州经济从国内走向世界，进一步拓宽温州经济发展空间。当年温州市民营企业直接出口达 171.82 亿美元，占全部出口总额的 79.7%，加上民营企业经国有外贸公司出口的部分，比重还要高一些。六是民间投资已经成为全社会固定资产投资增长的重要因素。2011 年温州市民营经济完成固定资产投资总额 1198.39 亿元，占当年全社会固定资产投资总额的 68.4%。见表 2。

表 2　2011 年温州市民营经济基本情况

指　标	单位	绝对值	民营经济占全市比重（%）
民营经济生产总值	亿元	2799.8	81.9
工业增加值	亿元	1424	91.5
服务业增加值	亿元	1072.56	69.2
民营企业出口额	亿美元	171.82	79.7
民营经济固定资产投资	亿元	1198.39	68.4
民营经济消费品零售总额	亿元	1582.54	89.5
民营企业上缴税收	亿元	396.08	82.4
民营企业从业人员	万人	534.69	92.9

（2）丽水市民营经济发展情况。2011 年，丽水市委、市政府为促进民营经济发展，提出了"五转变""四着力"政策举措。以全省召开民营经济大会为契机，抓好机遇，用好政策，破解难题，加快民营经济发展已成为丽水市经济工作的重中之重，以民营经济的大发展推动丽水的"绿色崛起、科学跨越"。一是民营经济已经成为丽水最具活力的增长点。据测算，2011 年全市非国有经济实现增加值 409.92 亿元，比上年增长 11.0%，占生产总值的 75.0%，比重比上年提高 0.3 个百分点，民营企业在经济社会发展中发挥着越来越重要的作用。二是个体私营企业稳步增长。据统计，2011 年全市拥有个体工商户 70726 户，同比增长 4.1%；在册私营企业 13819 户，占全市企业总量的 81.8%，同比增长 9.7%。

三是民营经济促进企业集团、产业集群发展。以民营工业企业发展为例，纳爱斯集团、凯恩集团、元立集团、方正电机、艾莱依等一大批民营企业迅速成长，成为行业龙头企业。化学原料和化学制品制造业，皮革、毛皮、羽绒及其制品和制鞋业，橡胶和塑料制品业，金属制品业，黑色金属冶炼和压延加工业，以及通用设备制造业等特色块状经济发展迅速，产业集群日益明显，成为民营经济的主导行业，产值占整个工业总产值的60%以上。民营经济的较快发展，有效地增强了丽水市产业集聚和辐射功能，进一步夯实了经济发展基础。

（3）衢州市民营经济发展情况。一是民营企业呈稳中有进的发展态势，总量保持上升势头。2011年全市新登记民营企业2316户，注册资本67.15亿元；全市累计实有民营企业14338户，注册资本474.6亿元。全市规模以上民营企业数量也不断增加，注册资本100万~500万元民营企业达2859户；500万~1000万元1117户；1000万~1亿元1310户；亿元以上34户。二是个体工商户快速发展。截至2011年底，全市新增个体工商户13402户，注册资金155996万元；全市累计实有个体工商户75857户，注册资金469459万元。三是民营经济保持了较快的增长速度，对全市经济稳定增长起到较强的支撑作用。2011年全市民营工业企业实现工业产值651.51亿元，增长34.8%；实现利税82.49亿元，增长111%。在直接拉动国民经济快速发展的同时，民营企业在推动全市企业技术创新和带动社会就业方面发挥着积极作用。四是产业结构变化明显，呈"三二一"格局。据统计，2011年底全市民营企业在第一、第二和第三产业期末实有企业数分别为473户、5840户和8025户，所占比重分别为3.30%、40.73%和55.97%。五是行业分布相对集中，以制造业和批发零售业为主。制造业和批发零售业一直是衢州民营经济的主导行业，2011年，民营企业无论是期末实有数还是新发展数，制造业和批发零售业合计比重都超过全市民营企业总数和新发展数的60%以上。此外，衢州民营企业中所占比重较大的是租赁和商务服务业、建筑业以及科学研究、技术服务和地质勘察业，上述行业也是近年来民营企业的投资热点。

（三）粤东地区民营经济发展现状

面对纷繁复杂的国内外形势和经济增长放缓的态势，2011年广东省委、省政府扶持民营经济发展"动真格"，切实有效地帮助民营企业克服生产成本上升、国内需求不足等不利因素，有力地促进了粤东地区乃至全省民营经济发展。

（1）广东扶持民营经济发展政策措施有力。2011年广东省委、省政府出台《促进民营经济发展上水平的意见》，省政府办公厅细化制定《促进民营经济发展上水平工作分工方案》，提出优化民营经济发展的法制环境、投资环境、融资环境，提升民营企业的产业发展水平、自主创新水平、经营管理水平，提升对民营企业的服务水平、切实落实扶持民营经济发展的政策措施、加强对民营经济工作的组织指导等9个方面共52条措施，重点扶持100家民营企业及500家高成长性民营企业。为强化扶持民营经济发展工作，对地级市人民政府进行专项工作检查、考核。在2011年度考核中，粤东地区的揭阳名列全省第3名，评为优秀档次，梅州、汕头、潮州分列第8、第15、第16名，为良好档次。

（2）广东民营经济发展迈上新台阶。广东是我国民营经济大省。2011年广东民营经济发展迈上了一个新的台阶，民间投资总量突破万亿元大关，民营经济总量跃升至2万亿元以上。据统计，2011年全省拥有民营单位468.4万户，其中私营企业达110.83万户，个体工商户348.48万户。当年民营经济完成增加值23336.44亿元，同比增长11.9%，对全省经济增长的贡献率高达51.8%。民间投资总量也取得大突破，达10053.32亿元，同比增长37%，比同期全省投资增幅高19.4个百分点，拉动整体投资增长18.8个百分点。民营经济实现税收收入3718.96亿元，同比增长26.8%，比全省税收增速高9.7个百分点，占全省的比重提高到31.6%。其中私营经济实现税收913.51亿元，个体经济479.08亿元，混合经济2326.37亿元。民营单位户均创造增加值为49.8万元，户均上缴税收为7.94万元。

（3）粤东地区民营经济稳步发展。就广东省内而言，粤东地区民营经济总量偏小、发展水平相对偏低。2011年粤东地区各级党委政府贯彻执行中央和省委、省政府决策部署，坚持改善、优化民间投资和民营企业发展软硬环境，大力发展民营经济。2011年汕头市民营规模以上工业企业数达到1710家，占全市规模以上工业企业的3/4；规模以上民营工业总产值1169.76亿元，比上年增长17.3%，占规模以上工业总产值的62%；民营经济增加值713.52亿元，比上年增长15%。目前，汕头已形成了以民营经济为主体的16

个产业集群，全市年销售收入亿元以上的231家工业企业中，近半数为民营企业。民营经济已经成为规模经济的推动力量、高新技术产业发展的主体和品牌经济的重要载体。截至2011年9月底，梅州市实有个体私营企业104455户，比上年同期增长13.5%。其中私营企业9388户，比上年同期增长19%；个体工商户95067户，比上年同期增长13.6%。当年梅州市民营经济实现增加值409.38亿元，增长15.5%；民营经济占全市经济总量的比重达55.8%。2011年揭阳市实有个体工商户76979户，其中当年新增8688户；私营企业9227户，其中当年新增1768户；全市个体工商户和私营企业总数比上年增长5.37%，占全市市场主体总数的95.18%。2011年潮州市着力加快民营经济转型升级，一方面引导传统产业转型升级，另一方面扶持战略性新兴产业加快发展，全市民营经济保持健康快速发展态势。民营工业总产值占全市近七成。目前已形成陶瓷、服装、食品加工、不锈钢、工艺女装鞋、水晶器材、包装材料等七大传统产业，以及电子元器件及电子整机两大战略性新兴产业。

（四）赣东南地区民营经济发展现状

2011年，赣东南地区的上饶、鹰潭、抚州、赣州四个设区市切实鼓励、支持和引导非公有制经济发展，营造公平竞争、平等准入市场环境，大力推动个体私营企业转型升级，积极帮扶小微企业共渡难关，有力有效地促进了民营经济持续发展。

（1）个体工商户实有户数持续增长。2011年江西全省实有个体工商户115.37万户，比上年底增长7.95%。其中，赣州市实有21.08万户，居全省首位；上饶市实有15.42万户，居全省第2位；抚州市、鹰潭市分别实有8.30万户、2.23万户。见图1。当年全省新开业个体工商户20.88万户，比上年同期27.57万户，下降24.27%。其中，赣州市个体工商户新开业4.8万户，占全省新开业比重23%；上饶市新开业2.49万户，占全省新开业比重11.9%。

（2）私营企业实有户数保持较快增速。2011年江西省实有私营企业（含分支机构）户数19.4万户，比上年底增长14.18%，注册资本4523.5亿元。其中，赣州市实有2.18万户，居全省第3位；上饶市实有2.10万户，抚州市实有1.55万户，鹰潭市实有0.51万户名列全省末位。当年全省新登记私营企

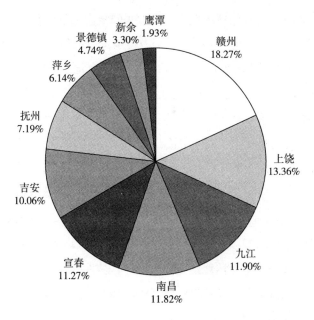

图1　2011年底江西省个体工商户实有户数地域分布

业 3.48 万户，比上年同期增长 3.93%。其中，赣州市新登记私营企业户数增长 21.86%，居全省第 2 位；鹰潭市新登记私营企业户数增长 20.07%，居全省第 3 位，而登记注册资金总额增长 95.89%，名列全省首位。见表3。

表3　2011年江西省设区市私营企业户数、注册资金增长比较

城　　市	年末实有户数（户）	年末登记注册资金总额（万元）	新登记户数增长率（%）	登记注册资金总额增长率（%）
赣　　州	21822	5414773	21.86	40.81
抚　　州	15496	2519929.4	16.01	20.91
上　　饶	20989	4320722	18.43	24.00
鹰　　潭	5116	1425881.17	20.07	95.89
南　　昌	53600	12699203.18	9.27	34.65
景德镇	5777	802058.46	22.26	25.09
萍　　乡	8170	1429938.2	14.81	31.73
九　　江	22894	5422217.48	11.30	19.38
新　　余	7410	1802648	20.18	39.39
鹰　　潭	5116	1425881.17	20.07	95.89
吉　　安	14086	2790022	16.57	22.62
宜　　春	17576	5052036	12.48	21.86

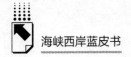

（3）个体私营企业规模持续扩大。2011 年赣东南地区民营经济发展态势与江西全省保持一致，呈现规模持续扩大、实力稳步提升的特点。从个体工商户发展看，当年全省个体工商户从业人员达 316.16 万人，登记注册资金数额达 551.82 亿元，户均注册资金 4.78 万元，分别比上年增长 15.20%、22.24% 和 13.23%。其中，上饶市 2011 年实有个体工商户 15.4 万户，从业人员 40.6 万人，登记注册资金总额 709075 万元，分别比上年同期增长 13.9%、7.37% 和 31.07%；鹰潭市 2011 年上半年实有个体工商户 2.3 万户，从业人员 7.5 万人，登记注册资金 89916.47 万元，分别比上年同期增长 33.78%、21.26% 和 99.09%。从私营企业发展看，2011 年江西全省实有私营企业 19.4 万户，从业人员 315.39 万人，注册资本 4523.50 亿元，户均注册资本 233.13 万元，分别比上年增长 14.18%、20.98%、29.24% 和 13.20%。其中，上饶市实有私营企业 2.1 万户，从业人员 30.46 万人，注册资本 432.1 亿元，分别比上年增长 18.43%、9.58% 和 24%。

（4）个体私营企业在产业上均呈"三二一"分布。从江西全省看，2011 年全省个体工商户从事第三产业有 101.90 万户，第二产业有 11.09 万户，第一产业有 2.38 万户，产业分布比重为 88.32∶9.61∶2.07。个体工商户在行业分布上，主要集中在批发和零售业，居民服务和其他服务业，住宿和餐饮业，制造业，交通运输、仓储和邮政业等 5 个门类，所占比重依次为 60.61%、10.10%、9.24%、9.04% 和 4.17%。当年江西全省私营企业中从事第三产业的有 12.41 万户，从事第二产业的有 5.83 万户，从事第一产业的有 1.16 万户，产业分布比为 63.97∶30.05∶5.98；私营企业主要分布在批发和零售业、制造业、租赁和商务服务业三大行业，所占比重分别为 33.20%、22.25% 和 9.37%。赣东南地区的个体私营企业产业、行业分布与全省情况一致。如上饶市，2011 年全市实有个体工商户中，从事第三产业的有 138770 户，从事第二产业的有 12623 户，从事第一产业的有 2770 户，产业分布比为 90.01∶8.19∶1.8；个体工商户在行业分布上也主要集中在批发和零售业、居民服务和其他服务业、住宿和餐饮业、制造业，分别占个体工商户总数的 64.8%、9.95%、9.04%、7.76%。同期，上饶市实有私营企业中从事第三产业的有 12592 户，从事第二产业的有 6772 户，从事第一产业的有 1625 户，三次产业结构比为 59.99∶32.27∶7.74；私营企业在行业分布上，主要集中在批发和零售业、制造业、商务服务业三大行业，所占比重依次为 26.69%、24.46% 和 8.90%。赣州、抚州、鹰潭三个设区市的情形也大体如此，只是具体比重大小略有差异而已。

二　海峡西岸经济区民营经济发展趋势

展望 2012 年海峡西岸经济区民营经济发展趋势，机遇与挑战同在，有利条件与不利因素并存。有利条件主要来自于政府的政策层面，有国家政策鼓励、支持和引导，也有省市县地方政府的支持、扶持措施；不利因素，既有国内外经济发展环境、市场环境的约束，也有民营企业自身存在的缺陷。简而言之，民营经济发展中长期困扰问题的显现程度，以及深层次矛盾的化解力度，将决定其发展的好坏与快慢。

（一）民营经济发展环境有望进一步改善

从全国层面看，党中央、国务院始终坚持发展民营经济不动摇，为鼓励、支持和引导民营经济健康发展，于 2005 年、2010 年先后出台了两个"非公经济 36 条"，有效地调动了各地发展民营经济的积极性，极大地刺激了民营企业家们的创业热情。近年来，为了化解金融危机、欧洲债务危机和国内经济增长放缓等因素影响，帮助民营企业战胜困难、渡过难关，国务院及其相关部委制定出台了财政扶持、税收减免、金融支持、创业激励和优化服务等一系列政策法规规章。进入 2012 年以来，为了拓展民间投资领域和民营企业发展空间，国务院要求打破"玻璃门"、拆除"弹簧门"，责成相关部委制定出台鼓励民间投资工作细则，进一步开放石油、高速公路、煤炭、航空、铁路、电力、电信、金融等垄断或半垄断性行业，准许民营企业进入，放宽民间投资门槛。这些改善民营经济发展环境的政策举措，后续效应必将逐步显现。

从海峡西岸经济区看，随着民营经济在地区经济发展中的战略地位凸显，无论是 4 个相关省份还是 20 个设区市，从省到县（市、区）各级党委政府都高度重视民营经济工作，主要领导亲自抓，想方设法发展、振兴本地区民营经济，千方百计扶持民营企业做大做强，可以说为民营经济发展"保驾护航"不遗余力。在工作中，广泛发动、全面部署，持续推进、强化落实，各地以召开民营经济工作会、民营企业家座谈会、民营企业产业项目洽谈对接会等形式加以推动。在改善民营经济发展软硬环境方面，除了贯彻落实好中央相关政策之外，近年来各地根据民营经济发展的特点、所处阶段和存在的突出问题，接连不断地并且还将继续出台具体的配套政策和扶持举措，形成扶持政策措施叠加效应。尤其是中央大力倡导、地方扎实推进的行政审批制度改革，以及转变政府职能和服务型政府建设，服务民营经济发展的意识不断提高、增强，主要体现在各级政府真抓实干为民营企业精简审批环节，简化办事手续，规范程序流程，提高办事效率。对于广大民营企业家来说，尽管还存在这样或那样的不如意、不满意，而发展环境持续改善是实实在在的，趋势向好是值得期待的。

（二）民营经济发展问题有待破解

综合分析海峡西岸经济区民营经济发展面临的困难和问题，普遍存在、相对突出、涉及长远发展的，主要有以下几个方面，基本上也都是"老大难"问题。

（1）转方式、调结构难度大。民营企业产业分布不合理、行业分布结构失衡，主要集中在传统产业、劳动密集型产业和服务、加工行业，而且在产业链的垂直分工中又处于低端或末梢，产品附加值小、毛利率低；从事战略性新兴产业、高新技术产业的企业少，技术创新能力弱、市场竞争不足。开拓国际市场方面，受全球金融危机和欧洲债务危机的影响，世界经济复苏缓慢，外需减少，欧美国家与中国的贸易摩擦增多，反倾销等措施对中国民营企业的出口造成较大的冲击。参与国内市场竞争方面，由于国内经济增长放缓，内需不旺，沿海地区民营企业产能过剩较为严重。凡此种种，都要求民营企业适应经济形势和市场需求的变化，主动转变发展方式，调整产业、行业结构，积极应对，抓住时机，迎接挑战。

（2）融资渠道仍旧不畅。改革开放政策，促进了民营经济的大发展。然而金融、投资的改革严重滞后，使得民营企业融资渠道不畅问题长期得不到有效化解。随着民营企业增多、扩张和经济总量的扩大，对资金的需求量也不断攀升。直接融资、银行信贷主渠道不畅，导致民间借贷盛行，非法融资时有发生。近年来，受宏观经济政策调整影响，信贷控制和金融抑制政策进一步造成民营企业融资难，企业之间"三角债"问题严重，在浙江、广东、福建部分地区，陆续发生了民营企业资金链紧张或者断裂，不仅导致企业经营困难，而且还对社会稳定造成负面影响。目前，民营企业"融资难、融资贵、融资险"的矛盾十分尖锐，目前还看不到缓解的迹象。

（3）税费负担仍然偏重。一个时期以来，从中央到地方一直喊要减轻民营企业负担，下文减免税费，然而民营企业特别是小微企业的感受却大不相同。究其原因，有政策不落实之故，有政策执行难之因，也有有令不行有禁不止的现象。据福建省工商联的问卷调查，在"企业最需要以下哪一方面的政策支持"选项中，100%的企业选择了"税收政策"，要求政府调整。另据泉州石业商会统计，该地区自2008年以来8项（次）调整小微企业税费，涉及土地使用税、增值税、企业所得税、房产税、城建税、堤防费和地方教育费附加，企业负担不仅没有下降反而上升了，一家年产值5000万元的企业，经过测算，2011年要比2008年增加400万元左右的税费负担。民营企业反映税费负担偏重，还源自企业税费负担增长与产值、利润增长不同步，前者的增长幅度远高于后者。

（4）发展空间、投资领域受限。近年来，"国进民退"的争论不绝于耳，如某地政府在煤矿业的结构调整中以牺牲私营煤矿业主的基本权利为代价，遭受社会诟病。民营经济发展时常遭遇"玻璃门""弹簧门"约束，民营企业想拓展投资领域、扩大发展空间实属不易。甚至有人认为，近年来行业垄断、行政垄断力量越来越强势，限制了民营企业的生存与发展。

（5）生产经营成本上升。绝大多数民营企业处在完全竞争领域，产品、价格、服务竞争十分激烈，利润原本就微薄。近年来，随着生产要素价格的全方位上涨，劳动合同法的推行、社保法规和环境法规的强化实施，再加上汇率变动，都直接或间接地提高了企业的生产经营成本。可以说，民营企业遭受生产经营成本上升的压力前所未有，小微民营企业能够生存下来实属不易，扛不住的只能关门、歇业。

（6）自主创新能力不足。民营企业在人才、技术方面先天存在缺陷。在发展中，为数众多的中小企业由于实力弱、知名度低，引进人才难，留住人才更难；员工队伍也极不稳定，熟练工人、技术工人常常流失；技术创新、产品研发需要大量、持续的投入，大多数企业无力承担。随着工业化、信息化的发展和融合，伴随市场竞争的加剧，自主创新能力不足、人才短缺等制约瓶颈，在民营企业中必将进一步显现，广大中小民营企业发展处境尤其尴尬。

B.12
海峡西岸经济区生态文明建设
现状及趋势分析

蔡卫红

一　海峡西岸经济区生态文明建设现状

（一）加强资源管理利用工作，增进对自然资源的保护和利用

土地资源方面。2011 年，海西进一步合理利用土地，土地开发整理取得了显著成效。一批节地建筑技术得到使用推广，土地利用率节节上升。为了进一步严格土地管理，福建省升级改造了国有建设用地使用权的网上挂牌交易系统，将已出台的网上交易服务协议和网上交易规则再行修订，共有 58 条辖区内的国有土地"招拍挂"信息向社会公开，"公开、公平、公正"的国有土地使用权出让体系与市场环境逐步完善。

由于福建省土地管理工作成效显著，国土资源部奖励福建土地利用计划指标 8800 亩。全省实施土地整理 31.5 万亩，同时，建设高标准农田 20 万亩，完成三年整合部门资金 28 亿元以建设 90 万亩高标准农田任务。福建认真组织开展第一次覆盖全省的土地卫片执法检查工作，有效遏制土地违法违规行为，全省土地卫片监测发现的违法用地已全部立案查处。配合国家土地督察上海局在福建开展土地例行督察和土地审批事项督察，认真整改存在问题，规范土地管理和利用秩序。粤东潮州市的土地资源管理利用工作有了很大成效。新开发补充耕地 1.5 万亩，增加了农业用地，有效地开展了违法违规用地查处工作，基本完成了土地利用总体规划的修编，潮州市土地管理工作通过国家土地例行督察并受到好评。揭阳市加强土地储备管理，提高资源开发效益。利用园地山坡地开发补充耕地 8.05 万亩，建设标准农田 25.81 万亩。坚持集约节约用地，

创新用地审批制度，以"亩产论英雄"，让最小的单位土地资源消耗实现产出最大化，实现土地财富到土地创富的转变。浙南衢州市有效开展农村土地综合整治，积极推进低丘缓坡综合开发利用试点工作，开展"批而未用"土地专项清理，消除建设用地"瓶颈"，提高供地效率，强化生产要素保障，完善征地政策和征迁机制。

水资源方面。2011年，海西水政水资源的工作顺利推进，水利普法宣传深入开展、水资源监督管理不断强化、水资源保护不断增强、节水型社会建设稳步发展、河道采砂管理不断完善、水行政执法队伍能力建设全面建成。福建省加强水资源总量控制及定额管理，加强工业、农业和城市节水，节水改造和水循环利用工作初显成效。福建省积极开展节水型社会建设工作，水资源有偿使用制度全面铺展，取水许可证制度日益完善，海水淡化和利用工作有序推进，区域管理和流域管理相结合的管理体制建立健全。一些重点工作成效显著，做好莆田、泉州两个国家级节水型社会建设试点工作，规范各地河砂开采行为。2011年11月广东出台《广东省水资源综合规划》，对2030年前广东省水资源开发利用目标、配置方案、节水规划、保护措施等进行全面规划，其中在韩江及粤东诸河片区，重点建设潮州供水枢纽及其配套工程，合理配置水资源，改善韩江下游灌溉及供水工程的取水条件；加快潮州粤东灌区（潮汕灌区）、公平水库灌区、揭阳市三洲榕南灌区、引榕灌区和普宁引榕灌区等工程改造力度。海西提高工业用水效率，加强工业、农业和城市节水，推进高耗水行业的节水改造和水循环利用。海西各地有针对性地举办水政监察人员专业培训班，提升水政监察人员的能力与水平。

矿产资源方面。2011年，海西严把关口，矿产资源的地质勘察工作力度加大，对矿产资源进行了合理开发、保护和储备。同时，抓紧抓好矿产资源规划的修编工作，加大对地质勘察的资金投入，新增了一批资源储量，发现了龙岩马坑铁矿外围等18个新的矿点和普查、详查基地。积极推进台湾海峡油气勘察工作，部署开展重点勘察区内的远景调查评价，积极推进福建省（含台湾）矿产资源潜力评价。扎实开展矿产资源开发整合工作，大部分整合矿区、勘察区的整合主体已经确定，整合矿区、勘察区的储量核实、勘察设计工作正在开展，福建省探矿权、采矿权数量进一步减少，矿业产值进一步增长。

严格规范矿业权管理，按照"从严从紧、提高门槛、疏堵结合、依法依规"的原则，从严审批探矿权、采矿权的出让、转让和延续登记。继续强化地质勘察项目全程管理，严格实施勘察区块退出制度，共退出81平方公里区块面积。加强矿产资源储量管理，福建省的矿产资源利用现状调查后来居上，得到国土资源部的肯定。进一步规范建设项目压覆矿产审批管理，提高审批效率，为福建省重点项目和民生工程提供优质服务。做好矿产资源储量登记统计，加强地质资料汇交管理和提供利用。赣东南赣州市实施钨和稀土资源利用生态化示范工程、废弃矿山综合治理等生态项目。粤东潮州市非法采矿和破坏性采矿"双打击"专项行动取得成效。粤东揭阳市强化土地管理共同责任，铁腕整治违法违规用地和盗采矿产资源行为。

（二）建设海西绿色屏障，强化生态环境保护

1. 森林覆盖率得到提高，植树造林成效显著

2011年，福建省植树造林总面积达46.76万公顷，超额完成8%的任务总量，其中，人工造林更新总面积为30.62万公顷，比上年增长180.8%。人工荒山造林面积为23.18万公顷；人工迹地更新面积为7.44万公顷。福建省森林覆盖率达63.1%。全省城市新增建成区的绿地面积达2476公顷，绿地率为36.3%；新增公园绿地面积为634公顷，人均公园绿地面积达11.1平方米。粤东的潮州市饶平与潮安两县已先后通过省林业生态县验收。潮州森林覆盖率达到61.2%。揭阳市造林6.13万公顷，森林覆盖率提高至53.2%；梅州市大力开展创建全国生态文明示范市的行动，高起点高标准建设生态景观林，"绿满梅州"行动轰轰烈烈地开展，森林资源得到有效的保护，美好家园建设行动方兴未艾。赣东南赣州市大力推进发展生态化战略。完成造林绿化89.92万亩，全市森林覆盖率提高至76.25%。赣江源晋升为国家级自然保护区。新增湿地公园面积16万亩。鹰潭市围绕建设富裕、秀美、宜居、和谐鄱阳湖生态经济区璀璨明珠的目标，开拓进取，扎实工作。深入实施造林绿化"一大四小"工程，完成造林面积8.17万亩。全市新增绿化面积100万平方米，中心城区提升了绿化品位。抚州市完成造林面积48.8万亩，投入造林绿化"一大四小"工程建设资金5.2亿元。

2. 加快生态公益林体系建设，优化生态公益林布局

福建省加强生态公益林区位调整优化，进一步明确生态体系建设的重点区域范围。2011 年 12 月，福建省林业厅部署开展了重点生态公益林区位图绘制工作，并形成《福建省重点生态公益林区位区划成果报告》提交专家评审。福建省将以重点生态公益林区位图为基础，围绕海西生态建设需求，与"十二五"林业发展规划、林地保护利用规划相衔接，出台相关配套政策，合理调整和优化生态公益林布局，以解决当前部分区域生态公益林分布点多面少、零星分散的弊端，同时也为地方政府调整产业布局，释放发展空间提供服务。浙南丽水市城市绿地 891.1 万平方米、新增生态公益林 545.66 万亩，森林覆盖率达到 80.8%。赣东南赣州市加强生态环境保护，推动建立和完善生态补偿机制，抓好公益林体系建设。

3. 加强沿海防护林建设，保护近岸海域生态系统

福建省已建有长达 3752 公里的沿海防护林，这些防护林带的建设一方面为沿海地区的经济社会发展建立起了良好的绿色屏障，另一方面也具有令沿海人民安居乐业的"生命林"保障。

"十一五"期间，福建省投入 5.575 亿元建设沿海防护林，完成面积达 21.16 万公顷的营造林，其中，完成 4.5 万公顷的沿海基干林带，0.16 万公顷的红树林，16.5 万公顷的纵深防护林。投入的资金中中央资金占 2.65 亿元。目前，在 3752 公里的海岸线上，效益高、功能强、层次多的集生态、经济、社会效益协调一致的综合森林防御体系已基本建成。

粤东潮州市的流域综合治理效果好，流域综合治理工作推进顺利，其中，韩江、枫江、黄冈河流域治理成效好。潮州市加大了大气污染治理、海洋生态环境治理的力度，生态环境保持稳定。

（三）加强生态重要地区的强制性保护，逐步完善生态安全保障体系

最近几年，海峡西岸经济区加强了重点地区的强制性保护。这些重点地区包括主要江河源头区、重要水源涵养区、水土流失治理区等。福建省"十一五"期间，建立起十大防灾减灾体系，起到了生态安全保障作用。全省共治

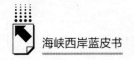

理水土流失面积 800 多万亩，水土流失面积占国土面积比重降至 10%。2011
年，福建省实施一批水利重大骨干项目，加快治理了 20 多条中小河流，推进
30 个小型农田水利重点县建设。水土流失治理面积达 180.7 万亩。2011 年，
在福建省 3535 公里评价河长中，共有 2699 公里河长总量的水质达标，符合和
优于Ⅲ类水的要求，占评价河长的 76.35%。赣东南赣州市实施小流域水土保
持综合治理 82 条，治理水土流失面积 96 万亩。完成废弃稀土矿山水土保持综
合治理 1915 亩，废弃矿山复绿 2 万亩。粤东梅州市加强生态保护区以及水源
涵养林的保护，共有 1780 多项水利项目建设开工建设，总投资达 320 多亿元，
做到搞好水民生，确保水安全，并进一步搞活水经济。

（四）全面加强污染减排与污染整治，加大有害物排放的控制力度

生产性污染减排方面。2011 年，海西对企业污染减排新技术、新产品、
新装备的研发引进和推广应用进行强化，主要污染物排放如二氧化硫、化学需
氧量、氮氧化物、氨氮等的排放得到有效控制，环境容量的合理有效配置更受
重视。各地各级大力推进节能减排，淘汰落后低效产能工作如火如荼地开展。
环境容量配置合理，环境容量指标尽量先安排到急需发展的行业和领域。"十
一五"期间，福建省共关停并转高消耗、高污染、低效能的企业达 1.35 万多
家，并通过实行差别电价、等量淘汰、财政奖励等政策，淘汰了一批制革、印
染、造纸、铁合金等企业。2011 年万元国内生产总值能耗下降到 0.644 吨标
准煤，是全国平均水平的 80%，二氧化硫、化学需氧量排放控制在国家下达
的指标内。2011 年 4 月，福建省环保厅筛选确定了 2011 年福建省重点监控污
染源名单（共 365 家），切实加强对重点监控污染源的监管。粤东汕头市积极
推进环保电厂建设，加大印染、造纸、电镀等高污染行业的专项整治力度。浙
南温州市单位生产总值能耗下降 4.5%，二氧化硫、氨氮、氮氧化物和化学需
氧量的排放量分别削减 3.6%、4.6%、0.8% 和 3.8%。衢州市节能减排不断
深化，扎实开展节能减排"百日攻坚"行动，新增清洁生产企业 50 家，淘汰
黏土砖瓦窑 6 座、水泥磨机 32 台，全面落实节能减排目标责任制。城乡环保设
施配置完备，铅酸蓄电池行业整治全面完成，农业面源污染防治加快推进，衢化
片区环境安全大整治卓有成效。丽水市环境污染整治工作有条不紊地开展。其主

要污染物减排任务基本达标完成，单位生产总值综合能耗累计下降20%以上。赣东南上饶市环境治理和监测力度加大，氮氧化物排放量削减了6040吨，二氧化硫排放量削减了4923吨，氨氮排放量削减了549.5吨，化学需氧量排放量削减了5841.5吨，年度减排任务如期顺利完成。节能减排措施力度大，推广使用节能空调、财政补贴节能灯、节能电机、节能汽车。重点实施晶科能源单晶炉、多晶炉节能改造项目，另外，对广丰县芦林纸业燃煤锅炉及电机系统节能改造项目顺利开展。赣州市扎实开展农业面源污染治理。主要河流国、省、市断面水质达标率91%，环境空气质量优良率100%，主要污染物总量减排完成省下达任务。

污水、垃圾无害化处理方面。福建省加大市县、重点建制镇污水处理设施建设进度，2011年新（扩）建成11座污水处理厂，新增污水日处理能力20万吨。出台实施《农村环境连片整治示范工程（农村生活污水处理工程）技术指南》。粤东潮州市的污染减排工作具有明显成效。饶平、潮安两县城污水处理厂建成投用，市污水处理厂扩建工程按时按量完成，市城区污水处理率高达82.5%，并已如期建成第一、第二期市生活垃圾卫生填埋场工程，同时，市区生活垃圾无害化处理率100%完成。粤东揭阳市建成市医疗废物处理中心和9个污水处理厂，首获省卫生城市称号。793个行政村建成"雨污分流"处理工程。汕头市加强城乡环境保护和监控执法力度，推进污水处理厂及配套管网建设，提高城镇生活垃圾无害化处理率及污水收集率。浙南温州市温瑞塘河30个片区截污纳管工作全面铺开，搬迁和拆除珊溪水源地禁养区养殖场395家，市区电镀企业全部入园，新增污水日处理能力21万吨、垃圾日处理能力1800吨。扎实推进农村环境综合整治，完成450个待整治村整治任务。

（五）深入推进节能降耗，充分挖掘节能潜力

2011年海西加大推进节能降耗，加快重点节能工程建设，重视节能评估审查和环境影响评价，完成节能降耗目标，促进节能产品推广应用，为大力挖掘节能潜力，实行以奖代补、替代发电、差别电价、区域限批等相关政策。2011年，福建能源消费总量达10638.60万吨标准煤，比2010年增长8.5%。其中，全社会用电量增长15.3%。万元GDP能耗下降3.29%。加强重点流

域、重点行业和工业园区污染治理，实施200项节能重点工程项目，落实节能减排目标责任制，生态环境状况指数保持全国前列。福建建筑节能科技工作成效明显，2011年建筑节能持续推进。在第五届"绿博会"参展中，建筑节能产品先进性创历届最好水平，突出了绿色建筑和生态城市新理念及福建特色项目，展示了福建省建设领域"十一五"节能减排成就。绿色建筑取得突破性成果，福州三木等7个项目获得绿色建筑评价标识。粤东汕头市节能减排完成"十一五"目标任务。潮州市的陶瓷清洁生产等工作推进很快，陶瓷窑炉节能降耗技术在广东省推广应用，节能减排工作超额完成省下达的目标任务，资源综合利用和陶瓷清洁生产等工作扎实推进。饶平县获得"国家绿色能源县"称号。

（六）积极推进清洁生产，大力发展循环经济

2011年，海西在推进清洁生产，发展循环经济建设方面有明显进展，循环型产业链模式在多个行业开展，如在交通、电力、冶金、石化等行业都进行了尝试。福建省坚持"宁可少一点也要好一点，宁可少一点也要实一点"，推进一批风电、核电、火电等能源项目，把环境容量作为项目引进的重要依据，把环境准入作为项目取舍的重要标准，严格项目准入门槛，避免走"先污染后治理"的老路，产业项目实行好中选优，严把环境保护关、资源消耗关、产业政策关，实施固定资产投资项目节能评估审查和环境影响评价。近年来，不少低水平扩张的工业项目，以及重复建设的工业项目等都得到有效遏制。一批有可能带来环境高污染、资源能源高耗费的项目被拒之门外。福建省可再生能源建筑应用示范全面推开，实现了由单个工程项目向城市（县）整体示范和新区集中连片示范发展。2011年获得中央可再生能源建筑应用财政补助资金1.8亿元，为历年之最。泉州、连城、武平和厦门科技创新园等分别列入国家可再生能源建筑应用示范城市、县和片区，福州、石狮和福鼎等地光电建筑应用项目列入国家示范，武平县可再生能源建筑应用示范工作得到财政部、住建部肯定，并列入扩大推广示范县。福州市在廉租房建设中推广可再生能源应用，厦门市在保障性住房中全面推广绿色建筑，列入国家节能监管体系监测平台建设试点城市。粤东揭阳市实施"生态创富"工程。大力发展循环经济，

积极推进清洁生产。落实节能目标管理责任制，加快淘汰落后产能，提高重点耗能行业和重点企业节能降耗水平。梅州市进一步完善机制体制创建工作，穗梅合作深入进行，梅州在全市范围内开展生态园区与工业新城建设。园区被评为第一批循环经济工业园。赣东南鹰潭市贵溪、余江再生资源回收利用基地被列入国家区域性再生资源回收利用基地。浙南丽水市加大力度实施工业循环经济"4121 工程"和循环经济"1030 工程"，大力发展循环经济和低碳经济，进一步深入实施和推行清洁生产，建立循环经济产业链，加快园区生态化改造。

（七）着力发展低碳产业，开展产业生态化建设

2011 年，福建省大力发展低碳产业，大力改造提升传统优势产业，同时，着力发展低污染、低排放的高新技术产业。如在传统优势产业的改造提升中，针对福建石材产业存在生产方式较为粗放、工艺水平较为落后等瓶颈问题，按照"全封闭、大循环、再利用"的原则与理念，多方引导石材企业实行清洁生产。对轻工、纺织、冶金、建材等其他传统产业也都加大技术改造力度。浙南衢州市重视三次产业的协同并进，同步推进产业的扩容、增效、提升，加快衢州生态产业集聚园区的建设。

赣东南赣州市积极打造一批特色产业园区和特色产业基地，加强园区交通、通信、供水、供气、供电、防灾减灾、污水治理等设施建设，增强园区综合配套能力。鹰潭市高新区被评为"全省先进工业园区"和"省级生态工业园区"。鹰潭市发展节能照明电器及其配套产业，节能照明产业基地被列入省级产业基地。

（八）强化环境综合整治，加快城乡污染治理

1. 强化农村生态环境综合整治

2011 年，福建省扩大新一轮造福工程覆盖范围，提高了补助标准。实施农村饮水安全工程，全年解决 201.3 万农村人口饮水问题。乡村垃圾治理效果显著，其中，畜禽养殖场污染治理得到好评。重点小流域综合治理成效显现，环境连片综合整治得到推进，农业面源污染防治全面铺开。此外，还着力开展

"田园清洁""家园清洁""水源清洁"等行动。2011 年 6 月，为加强对农村环境连片整治示范工程的技术指导，切实改善农村环境质量，福建省环保厅印发《福建省农村环境连片整治（农村生活污水）示范工程技术指南》。粤东潮州市 65.6 万人的农村饮水安全问题和 5.3 万农村人口饮水特别困难问题得到全部解决。潮州市农村无害化卫生厕所普及率达到 88%。饶平县沿海六镇饮水解困工程全面完成。浙南温州市完成 450 个待整治村整治任务，农村环境综合整治工作扎实推进。衢州市对 350 个村进行环境整治，改造修复了 1.3 万座农村危旧房，城市供水管网推进铺展并新覆盖农村人口 6.6 万人。丽水市对 125 个旧村的改造开始启动，对 3.54 万户农村危旧房施行改造，2.17 万农民得到转移搬迁，510 个村庄得到整治，20 个市级美丽乡村示范村基本建成，美丽乡村创建行动扎实推进。基本完成县级污水处理厂、垃圾填埋场和重点污染源在线监控设施。遂昌成为浙江省首批美丽乡村创建先进县。赣东南上饶市筹集 9.8 亿元资金，建设 1541 个新农村村点，并建设 5012 个农村清洁工程。赣州市完成 1739 个村庄整治工作，启动 6247 个村点垃圾无害化处理工作。新建农村公路 1799 公里，符合通行条件的行政村通客车率 93.4%。鹰潭市深入开展创建"秀美乡村"活动，突出城区、景区、园区、郊区和重点交通干道沿线，实行村镇联动、村落连片，全力打造 100 个以上环境美、实力强、管理新、风气好的"秀美乡村"。抚州市按照"建设农民幸福生活的美好家园"的要求，扎实推进新农村建设。农村清洁工程得到有效开展，900 个新农村建设村点工作全面铺开，85% 以上的新农村建设点有特色产业，实现"一村一品"带动效应，覆盖 20 个集镇与 2000 个村点的农村垃圾处理工作，正在有序开展。同时，加强水库水质污染整治，取缔了一批造成水质恶化的养殖项目。建立健全社区自治管理机制体制，在农村新型社区大力推广文明乡风，促进管理民主。

2. 强化城市生态环境综合整治

2011 年，福建省市县生活垃圾无害化处理率达 85%，市县污水处理率达 81.3%。城市生活垃圾无害化处理率高达 94%，污水处理率高达 84.5%。福建省住房和城乡建设厅确定 2011 年生活垃圾分类试点小区，被列入试点名单的试点小区全省共有 43 个。福建省空气质量达到或优于二级标准的城市有 23

个。其中，有 12 个城市的区域声环境质量较好，有 10 个城市的交通声环境质量属于"好"等级水平。粤东潮州市生活垃圾卫生填埋场和一、二期工程，实现了市区生活垃圾无害化处理率达到 100%。潮州市大力抓好环境卫生的"双整治"工作，取得了很好的效果，脏乱差现象少了，市容市貌有了显著改观，连续多年在国家城市综合整治定量考核中位居广东省前列。浙南丽水市的城市品位日渐提升，市区启动老小区改造、农贸市场改造提升、污水收集处理等 3 个"三年行动计划"，实施市区内河水系整治二期工程，市区环境综合整治行动扎实有效。赣东南上饶市的城市治理卓有成效，切实抓好环境卫生、城市交通秩序、社会治安综合整治三项治理活动，成效明显，国家园林城市的创建获得通过。赣州市城市"治脏、治乱、治堵"工作取得明显成效。文清路商业街综合改造、"百街小巷"整治和中心城区亮化绿化样板路三大工程，得到了市民的理解、拥护和赞同，城区环境更加优美，街道更加整洁，通行更加顺畅。鹰潭市推进"一江两岸"景观提升工程，全面完成林荫东路等重要街道综合升级改造，重点实施城区通道、信江新区路网绿化亮化工程，展示路靓城美新形象。有序推进月湖新城建设，努力把鹰潭建设成为鄱阳湖生态经济区中心城市。

（九）生态文明示范区创建有进展，生态旅游功能区建设显成就

海西积极开展园林城市建设，大力支持环保模范城市建设，可持续发展实验区创建工作持续推进，生态建设示范区创建工作有条不紊，生态文明示范基地创建也层出不穷。2011 年，福建省国家级生态示范区有 12 个，福建省级生态村有 357 个。福建有 51 处风景名胜区，其中 16 处国家级风景名胜区、35 处省级风景名胜区，新增泰宁丹霞世界自然遗产 1 处，风景名胜区总面积共达22 万公顷，占福建省土地面积的 1.8%。福建有 92 个自然保护区，其中国家级自然保护区达 13 个；自然保护区面积有 45.36 万公顷，占全省国土面积的2.84%。2011 年 6 月，福建省环保厅决定授予福清市江镜镇等 119 个乡镇第六批"福建省生态乡镇"的称号；授予福清市江阴镇屿礁村等 237 个村庄第四批"福建省生态村"的称号。被命名的乡镇、村珍惜荣誉，再接再厉，深入贯彻落实科学发展观，巩固创建成果，提升创建水平，进一步保护和改善农

村生态环境，服务海峡西岸经济区又好又快发展。粤东的潮州市，有86个新农村建设示范点属于新增，并建立了197个林业生态文明村。1796公里农村公路得到改造建设，潮州市提前一年完成省下达的镇通行政村公路硬底化的建设任务，通过调查获知，那些符合通车条件的行政村已全部开通客运班车。梅州市被评为"中国十大特色休闲城市"，其中，梅县跻身"中国旅游强县"，大埔入选"中国十大最美小城"。浙南温州市设立四大生态型旅游功能区，全国首个森林旅游试验示范区也落户温州。丽水市的《生态文明建设纲要》编制完备，处于全国领先地位，验收通过了国家森林城市创建，成功创建中国优秀旅游城市、省级园林城市、省级环保模范城市。成功创建了8个县（市、区）的省级生态县，新增18个国家级生态乡镇。丽水市连续四年生态环境质量公众满意度居浙江首位。生态环境质量连续八年居全国前列，在浙江省居于首位。丽水市着力推进生态休闲养生（养老）经济，建设"两大平台、八大行业"。其中，重点推进8大旅游综合龙头项目建设，拥有20多个4A级景区和省级旅游度假区，拥有10个休闲养生基地。丽水市作为"养生福地"的品牌影响力、知名度和吸引力得到显著提升。全市人均预期寿命达到77.31岁，高于全国和全省平均水平。赣东南上饶市的53.2万亩造林绿化工程全面完成，生态环境进一步优化，创建森林乡镇60个森林村庄200个。上饶市的国家级森林公园增至9家，占江西省的1/5强。

（十）推广绿色消费和绿色食品，建设绿色市场

在生态文明理念下，海西生态、能源、人口朝协调、健康发展，以建立一个环境优美的"绿色文明"区。绿色消费观念大大提升，绿色消费行为大大推广。福建省加快了绿色食品、无公害农产品、有机食品事业的发展，并制定了绿色食品、无公害农产品、有机食品工作业绩考评办法。浙南衢州市新认证的绿色食品、有机食品、无公害农产品有32个，成功举办了市粮交会、稻博会、农博会和农超对接等活动。丽水市新建高效生态农业示范基地43个，新增国家和省级认证的绿色食品、有机食品以及无公害农产品共计106个。在北京、成都、杭州等地新建3家丽水特色农产品配送中心。赣东南上饶市组织绿色生态名优特产品进入大商场、大超市、大批发市场，投资2000多万元改造

后的中心城区八角塘农贸市场获得全省首家"中国绿色市场"称号。抚州市实施新一轮菜篮子工程，2.6 万亩蔬菜标准化生产基地和 25 万亩无公害蔬菜基地建设扎实推进，推广无公害农产品生产。

（十一）生态政策法规体系逐步完善，生态建设体制机制活力不断增强

海西加大政策法规指导生态文明建设的力度，出台的系列法规保障了生态建设的可持续性。综合性政策法规包括加强环境保护促进人与自然和谐发展的若干意见、生态省建设总体规划纲要以及实施意见、落实科学发展观加强环境保护的实施意见、节能减排综合性工作方案等。生态型建设的体制机制活力也不断增强，建立环境保护联动机制，加强生态环境跨流域、跨区域协同保护，制订上下游生态补偿办法，加强大气污染联防联控工作，加大城市内河、噪声和机动车污染整治力度等。例如，福建省探索建立了水土保持生态补偿、矿山生态恢复保证金和生态公益林补偿、排污权交易等制度。2011 年，福建省集体林权制度改革深入推进，林权登记发证率达 86.6%、到户率达 81.2%。福建省委、省政府把森林保险列入年度为民办实事项目，要求抓好落实。2011年，福建省参投森林综合保险面积 9488 万亩，总参保率为 82.5%。其中，生态公益林 4226 万亩，参保率为 100%；商品林 5262 万亩，参保率为 72.3%。赣东南抚州市深入推进改革开放，生态建设体制机制活力不断增强，完成了28 个国有林场和森工企业改革。浙南衢州市新增土地流转面积达 4.7 万亩，在全省率先推行粮农互保和粮食订单质押合作贷款。

（十二）环保合作持续推进，闽台交流更加深入

海西积极开展资源环境保护开发利用的区域合作机制。制定区域环境保护指引、水环境保护合作、环境监测合作、环境信息和宣教合作。福建省积极开展环保对外交流与合作，深化闽台生态乡镇友好伙伴关系，强化与港澳地区的环保产业对接。

2011 年 9 月福建省环保厅与日本长崎县环境部、以色列环保部分别签署了环保交流合作协议。此外，还引进了加拿大环保技术，开展湖库富营养化治

理试点。福建省环保厅以环保技术交流和环保项目对接为主题，重点在工业废水处理、湖库水域净化、空气污染防治、清洁能源、生态保护等方面筛选出对外招商项目 29 项，并向国内外重点征集 18 项污染减排和废物利用技术，吸引来自日本、以色列、加拿大、法国等国家以及台湾、香港、澳门地区的环保相关人士组团参会，进行友好交流与合作洽谈。

自 2006 年起，福建省环保厅连续第六次举办环保项目洽谈会，该会已成为展示福建环保工作和技术需求的窗口，成为引进先进环保技术、促进环保合作的平台，成为加强福建与海内外环保行业沟通联系的重要桥梁。通过这一平台，一大批先进的环保理念、成熟的管理经验、实用的技术和设备得到引进和推广。

为推动闽台生态乡镇建设，2010 年福建省第五届环保项目洽谈会上，福建省环保厅举行了闽台首次生态友好乡镇结对仪式，闽台 6 个乡镇结为"友好生态乡镇"。2011 年这项活动得到了良好的延续与发展。闽台 2 个生态乡镇——福州市马尾区亭江镇和台湾马祖东引乡结成对子。闽台两地借助环保项目洽谈会平台，共同探讨农村建设发展、生态保护等问题，交流经验，共谋发展。

（十三）生态文明理念树立，生态文化培育得力

2011 年，福建省加强生态文明理念的宣传教育工作，为调动群众积极营造参与环境保护的社会氛围，福建省将生态城市的建设任务落到实处，广泛开展了"十佳环保志愿者"与"十大绿色人物"等评选活动，积极开展福建"环境文化节"活动。此外，还大力开展环保模范城市、卫生城市、园林城市、文明城市等创建工作。为使生态文明成为人们的价值观念、思维方式和行为准则，福建省积极开展群众性创建活动，包括开展绿色社区、绿色机关、绿色学校等的创建，调动了人民群众参与环境保护的积极性，强化了生态文化理念。厦门市荣获全国文明城市三连冠，侨乡泉州市列入国际花园城市。福建省荣登国家园林城市行列的城市有 11 个，人民群众逐步形成文明、环保、节约的消费方式。

粤东潮州市的生态环境逐步优化。潮州市积极开展国家环保模范城市创建

活动，韩江潮州河段环境整治与滨江景观建设，被授予"中国人居环境范例奖"。汕头市新增了"国家园林城市"名片，"国家卫生城市"再次通过复审确认。揭阳市实施"绿色揭阳"工程。强化"人树一体"理念，科学规划绿化布局。深入开展"人人植绿、我与绿树共成长"主题实践活动，积极创建绿色家庭、绿色校园、绿色单位、绿色村庄、绿色社区，见缝插绿、沿路植绿、满山播绿、全城尽绿。梅州市着力构建现代产业体系，明确了加快绿色经济崛起与建设美丽新梅州的重大任务，梅州的高新技术产业园和文化旅游产业建设特色区的建设进一步得到推进，城乡面貌焕然一新，人民生活水平不断提高。浙南衢州市牢固树立生态文明理念，充分发挥"绿色衢州"优势，深化探索高起点、跨越式、可持续发展的新路径，努力推进经济发展方式的转型升级，促进经济生态化、生态经济化发展进程，不断把生态资源转化为竞争优势、绿色产业和民生财富，努力让发展更快、民生更好、生态更优。丽水市围绕生态最大优势，全面打造"秀山丽水、养生福地"品牌，不断提升"中国生态第一市"和国际休闲养生城市的美誉度。赣东南赣州市积极申报国家级循环经济试点园区、国家生态工业示范园区。

二 海峡西岸经济区生态文明发展趋势

（一）着力建设生态效益型经济体系

推进节能减排和环保产业发展是加强生态文明建设的关键环节。积极发展绿色经济，培育以低碳为特征的新经济增长点，循环型经济体系构建朝高效、良性持续、循环方向发展。壮大发展循环型产业，不遗余力推进环保产业，着力建设资源节约技术体系和生产体系。各级各地积极发展能耗低、污染少、附加值较高的高新技术产业，并大力发展现代服务业，以及鼓励发展特色优势产业，全面推进节能减排，将绿色经济、循环经济、低碳经济的发展推上新台阶，切实转变经济发展方式。在制订和实施投资计划时，要把生态建设、节约能源资源和环境保护等生态文明建设项目列入重点投资领域，在资金、土地、劳动力等要素保障方面给予重点扶持。

（二）加快推进生态建设体制机制创新

海西各地各级政府要建立健全生态保护补偿机制。以政府投入为主，按照污染者付费、受益者补偿的原则，通过财政转移支付，以及资金、实物、技术补偿等方式，在矿产资源开发环境恢复治理、重要生态功能区保护与建设、自然保护区规范化建设、水土保护区治理、流域及海域水环境保护等方面，加大力度实施生态补偿。鼓励探索利益互补、区域合作等形式，强化生态补偿的市场化运作机制。

完善市场化要素配置机制。进一步完善土地征收制度，有效促进土地节约集约利用工作，有序开展水权制度改革试点工作。大力发展碳汇林业，建立林业碳汇交易机制和森林代保机制，积极探索土壤碳汇、湿地碳汇以及水生生物碳汇测度与建设工作。实行生态环境和规划建设监督员制度，及时发现并报告辖区内违反城乡规划、破坏生态环境的不当行为。

（三）加大生态文明建设的资金投入和政策扶持

生态文明建设投入是公共财政支出的重点。各地各级要充分运用投资补助、财政贴息、减免行政收费等调控手段，对生态文明建设加大财政支持力度，大力推动生态文明建设在公共财政上的导向作用，同时，采取多元化方式引导社会融资，进一步拓宽资金投入渠道。

多渠道筹集资金投入。涉及生态环境建设、民生改善等公益性项目，应当主要由政府财政资金予以保障。要鼓励各类金融机构支持生态文明建设，在信贷融资方面给予优惠政策；要加强人才培养与科技支撑，安排资金用于支持有关生态文明建设的科学技术研究开发，大力促进科研成果向现实生产力转化。要完善生态文明建设投融资体制和财税金融扶持政策。抓好国家有关改善生态环境、发展生态经济以及加强资源节约的各项税收优惠政策的落实，推动循环经济的发展。政府采购项目要优先考虑采用节能产品。海峡西岸经济区各科研机构、高等院校，应当加强生态文明建设等相关领域的学科建设，在人才培养与研发上加大投入。

（四）加强生态文明建设的组织领导和制度建设

建立生态文明建设指标体系，将生态文明建设工作列入海峡西岸经济区各地各级政府目标考核及干部政绩考核中，为使生态文明建设工作同经济建设和社会发展相协调，要严密编制并严格执行生态文明建设规划，同时，建立生态文明建设决策评价制度，充分考虑经济、社会、生态效益的作用的发挥。在进行重大决策时，凡与公共利益有关的生态文明建设，要通过专家咨询、听证、论证评估等形式，充分听取社会各方面及公众意见，推进决策的科学化与民主化，推进生态文明建设进程。

（五）培育生态文明理念，营造良好的生态文明建设法治环境

为推动生态文明实践，使生态文明观念深入人心，就要在海西强化效益意识、环保意识，从宣传教育、实践引导、法制监督等多个方面加快生态文明观念的培养。积极开展生态文明创建活动，组织开展创建节约型城市、节约型政府、节约型企业、节约型社会的活动。政府行政机关要依法办事，营造良好的生态文明建设法治环境。对破坏生态环境的违法行为，要严格依法查处。司法机关要对破坏环境、污染环境和破坏生态文明建设的单位和个人严格惩处。

B.13
海峡西岸经济区社会管理
创新现状及趋势分析

张著名

2011 年以来，海峡西岸经济区认真贯彻中央关于决策部署，把加强和创新社会管理作为关系全局的重大任务来抓。将社会管理创新纳入经济社会发展总体规划，通过举办加强和创新社会管理研讨班、召开电视电话会议、专题会和社会管理创新晋江现场会，社会管理创新工作跃上了一个新台阶。

一 海峡西岸经济区社会管理创新现状

经过一年努力，2011 年福建名列全国综治考评第 6 位，连续 8 年被评为全国综治工作优秀省，群众对社会治安的满意率达到 94.90%。海西其他地区社会管理创新工作也取得了显著成效。例如赣州市荣获"全国社会治安综合治理优秀市"称号，连续两届荣获全国综治"长安杯"奖。衢州市强化社会治安综合治理，荣获省平安市称号，该市"公安群众工作综合体"荣获中国十大社会管理创新奖。

（1）社会组织不断发展。福建省各级登记管理机关核准登记的社会组织从 1.1 万个发展到 1.76 万个，增长 65.8%，16 个社会组织被评为"全国先进社会组织"。社工人才队伍逐步壮大，1534 人取得社会工作者职业水平证书。出台了《中共福建省委办公厅、省人民政府办公厅印发〈关于加强社会工作专业人才队伍建设的实施意见〉的通知》。市县救助管理设施全面建立，救助流浪乞讨人员 25.2 万人次，其中救助保护流浪未成年人 1.6 万人次。福建省已建和在建社区服务中心（站）1430 个，城市社区综合服务设施覆盖率达到64%。经民政部同意，福建省率先允许社会组织冠名"海峡"突破行政区划，率先试点登记台湾同胞在闽举办的民办非企业单位，率先试点备案管理台湾经贸社团在厦门市设立代表机构。各类社会组织在促进对台交流合作方面发挥重要作用，近年来福建省组团与台湾互访的社会组织每年保持在 510 多批次。成立了福建省海峡两岸婚姻家庭服务中心，保障两岸婚姻当事人权益（福建涉台婚姻总数约占全国 1/3），引导婚姻家庭在促进两岸关系发展中发挥积极作用。温州市建立了政府委托（授权）社会组织承担（协同）社会管理服务事项机制，将政府各部门行业管理与协调性职能、社会事务管理与服务性职能、市场监督与技术性等职能，依法转移给有资质有能力的社会组织承接，并对受委托（授权）的社会组织加强资质审查、跟踪指导、服务协调和绩效评估。温州的社会组织共有 4093 家，其中社会团体 1796 家，民办非企业单位 2297 个，初步形成了门类齐全、层次不同、覆盖广泛的社会组织体系。这些组织在救灾、慈善、行业自理和对外交流上发挥了特别的作用。2012 年 10 月，温州市委、市政府更出台了《关于加快推进社会组织培育发展的意见》，要求到 2012 年底，全市登记备案的社会组织总量达 15000 个以上，进一步放宽社会组织进入社会管理和服务各领域的限制，在用地、项目、税收等方面为社会组织的准入创造条件，以平等参与为原则，推动形成政府部门、企业和社会组织公平享用公共资源秩序和环境。

（2）非公经济组织服务管理水平有效提升。福建省以非公经济组织"三五"党建工作机制为引领，推进"党建综治群团进非公"，在全省百人以上企业成立综治工作领导小组和综治办、调委会、治保会，落实矛盾化解、治安防控、法律服务、预防犯罪、平安创建等企地联防措施。加强综治平安协会建设，发展会员 10 万多个，共保区域平安稳定。按照协商、仲裁、诉讼的"路径图"构建劳动争议调处机制，2011 年以来，职工集体访、涉及人数同比分别下降 55% 和 70%，中央综治办对福建省做法予以推广。开展"和谐企业"创建活动，促进劳动关系、环境关系、社会关系"三位一体"，建立市、县两级欠薪应急保障金，提升企业职工生活后勤保障，加强企业文化建设，设立网吧、影视房、健身房、图书室等职工文娱活动中心以及幼儿园、超市、心理诊所等服务设施。全省有 3 万多家企业参与"和谐企业"创建工作。

（3）基层社会管理进一步夯实。福建省深化农村"168"和社区"135"

基层党建工作机制，建立了基层维稳信息员、维稳群众工作队、网络舆情引导员"三支队伍"，不断规范乡镇（街道）综治信访维稳中心建设，群防群治队伍有 4 万多支，共 50 多万人。出台进一步加强社会治安防控体系建设的意见，构建街面路面、城乡社区和村居、单位和行业场所、海上、区域治安、安全技术、"虚拟社会"七张防控网络。深化"平安先行县（市、区）"和"平安先行单位"创建活动，43 个县（市、区）和 24 个省直单位通过了达标验收，行业系统平安创建覆盖面达 80% 以上，军地平安共建、平安家庭、平安库区、平安海域等创建得到中央有关部门肯定。全省推广福州鼓楼区、厦门海沧区"网格化"管理经验，着力于精细化管理、信息化支撑、人性化服务，全面承接政府公共服务，连续 3 年把社区信息化建设列入为民办实事项目，2200 个社区建成"海西智慧平台"。推动"无讼"建设从社区拓展到校区、厂区、林区、海区等基层一线，建立"无讼"创建点 595 个，实现了"化讼、少讼、无讼"的创建目标，得到最高人民法院领导的批示肯定。确定 10 个省级社会管理创新综合试点和 18 个专项试点，梳理 11 个社会管理创新重点调研课题，建立省综治委领导挂点联系制度，市、县两级也确定 150 多个专项试点，形成不同梯次、各有侧重的试点工作格局。全国综合试点单位晋江市探索形成社会保障、政企互动、社会矛盾源头预防、流动人口服务管理、基层综合服务等社会管理创新"五大体系"，为福建省社会管理创新提供了有益启示。温州市平阳县通过社会服务指挥协调中心发挥作用的"一张网"模式实现了综合治理、禁毒、信访、新居民服务、劳动社保等 12 个部门集中办公；其他相关部门通过开通网格化管理信息平台账号，实现网络"接单"，有效解决了综治网格平台分散、分设、分立等问题。

（4）源头治理扎实有效。福建全省普遍建立重大建设项目社会稳定风险评估机制，对涉及群众利益的重大建设项目纳入评估范畴。积极推行和谐征迁"五五"工作法，全省因征地拆迁引发的群体性事件明显减少。从清权、确权入手，编制行政职权目录，市县两级分别绘制了 1.67 万幅和 4.25 万幅行政权力运行流程图，依法规范权力运行，有效减少了行政自由裁量权滥用，得到全国人大常委会副委员长李建国同志的肯定。全面推行调解、行政三级办理、法院两审终审、检察院法律监督、人大权力监督的依法处理信访事项"路线图"，把复杂的信访问题纳入依法治理轨道有序加以解决，得到时任中央政治局委员、中央政法委副书记王乐泉同志的充分肯定。开展省、市、县、乡领导机关、领导干部"下基层、解民忧、办实事、促发展"活动，2011 年 3 月以来，全省共有 20 多万名干部下基层察民情办实事、解难题促和谐。完善领导干部接访制度，每月 15 日各级党政主要领导、每周一各级党政领导班子成员在本级矛盾纠纷排查调处中心或信访局接访群众，促进社会矛盾与信访问题的有效化解。上饶市万年县，用群众工作统揽信访工作的"万年模式"在全市推广，成效明显。万年县由县委群众工作部牵头，各职能部门密切配合，协调联动。县委书记每月第一个工作日接访群众，并且每个工作日安排两名县领导接访，每月在报刊上刊登，每周在电视、网络上公布，同时开通了视频接访，切实减少了群众上访成本，提高了工作效率。这种统一受理群众的诉求和信访的模式及时化解了矛盾纠纷。万年县在江西省首创的"党员首议""阳光村务"和"百姓档案"等制度已经引起各县市的学习和效仿。揭阳市建设人民来访接待厅，深入开展"大排查、大接访、大调处、大防控"活动，积极预防和化解各类社会矛盾。完善应急管理机制，提高突发事件应对能力，完成县镇两级综治信访维稳中心建设任务，连续三次荣获"全省综治工作优秀市"称号。梅州市平远县东石镇创新社会管理模式，通过党员带头维稳"零上访"，"两代表一委员"接访群众"零距离"，企业落实维稳责任"零推诿"和离退休老干部发挥余热"零阻力"等"四零"模式及时化解矛盾纠纷，有效地把矛盾化解在基层，形成了群防群治的社会管理新局面。

（5）大调解工作深入推进。把专业调处机制向矛盾纠纷多发的行业领域延伸，在劳资争议、库区移民、征地拆迁、道路交通、医患纠纷等 11 个行业建立多元调处机制，有行业性、专业性调解员队伍 11.5 万人，县级大调解平台 69 个，调解委员会 1271 个。市、县（区）两级医院内部调解、第三方调解、社会救助、医疗责任保险、应急处置联动的"五位一体"医患纠纷多元调解机制建设普遍建立，实现了综治、卫生、司法行政、公安、民政、保险一体运作，医疗责任险和医疗救助基金全覆盖，2012 年上半年医患纠纷调解成功率达 88.56%。时任中央政治局常委、国务院副总理李克强同志充分肯定福建省化解医患纠纷的"福建解法"。全面建立人民调解、行政调解、巡回法庭、法律援助、伤情鉴定、保险理赔一站式服务的县级道路交通纠纷多元调解中心，2011年以来交通事故纠纷信访同比下降68.18%。2012年1~9月，全省信访总量同比下降17.9%。鹰潭市完善了人民调解、行政调解、司法调解"三位一体"的"大调解"体系，妥善处理土地征用、拆迁安置、涉法涉诉等方面的矛盾和问题。强化信访工作，健全市、县、乡、村（社区）四级排查网络，切实抓好社会矛盾排查和重复访化解工作。

（6）流动人口均等服务不断拓展。福建印发了推进户籍管理制度改革和做好企业用工服务八条措施的通知，按照建制镇、县（市）城区、市辖区3个层次分类推进户籍制度改革。泉州市率先推行暂住证改为居住证制度，明确了24项公共服务均等化措施，在出租房推行"旅馆式"租赁管理，在流动人口较多的企业建立流动人口综合服务中心，对流动人口实行市民化待遇、亲情化服务、人性化管理，成立政府序列的流动人口常设专门机构。探索创新境外人员服务管理模式，成立全省首支外国友人志愿服务队。从2014年开始，在福建省高中有三年完整学习经历的流动人口随迁子女，可在福建当地报名参加高考，与福建考生享受同等录取政策。开发区（工业园区）的生活设施用地用于保障性住房建设的面积不低于30%。据《中国农民工"生存感受"报告》调查显示，泉州市整体农民工、新生代农民工幸福感指数排名均位居榜首。开展流动人口信息社会化采集系统建设，研发互联网、电话语音、手机短信"三位一体"的流动人口信息采集平台，对流动人口实行"一站式"服务管理，采集信息的流动人口达1126.6万人，流动人口案前登记率上升到66.5%，犯罪率同比下降2.5%。

（7）特殊人群教育帮扶工作切实加强。福建省建立健全服刑在教人员教育改造和刑释解教人员无缝衔接、教育帮扶、服务管理、组织保障等机制。福建省委、政法委等五部门联合下发《关于在全省试行社区矫正工作的实施意见》，福建省委办公厅、省政府办公厅转发了省综治委《关于进一步加强刑满释放解除劳教人员安置帮教工作的实施意见》。目前，已开展试点35个县（市、区）累计接收社区服刑人员11168人，重新犯罪率0.09%。落实刑释解教人员出狱出所必送必接机制，福州、漳州等地建立集食宿、教育、培训"三位一体"的安置帮教基地，刑释解教人员安置帮教率达95%以上，重新违法犯罪率仅 0.74%，远低于全国平均水平。社区矫正工作实现县（市、区）全覆盖，累计接收社区矫正人员 41601 人，重新犯罪率仅为 0.12%。构建肇事肇祸精神病人"统一排查、统一评估、统一救治、统一保障"长效机制，福建省政府出台加强肇事肇祸精神病人强制治疗管理的意见，建立强制治疗管理制度，明确 33 家医院作为强制收治单位，对有肇事肇祸、轻微滋事、潜在暴力倾向等三类重性精神病人，以每人每年 5000 元标准建立医疗救助基金。福建在全省排查摸底社会闲散青少年，成立青少年事务服务中心，为 46 万多名社会闲散青少年组建维权服务团、心理咨询辅导团、就业创业导师团等，因地制宜落实帮教管理措施。对未能继续升学和就业的应届初高中毕业生开展免费职业培训，提高就业技能。将未成年劳教（戒毒）人员和未成年罪犯教育统一纳入九年制义务教育体系。建立重点青少年群体定期排查和教育帮扶机制，实行未成年人轻罪记录封存制度，福州市台江区以"鲲鹏青少年事务服务中心"为依托，通过政府购买公共服务组建专业化、社会化社工队伍，推动青少年事务服务管理可持续发展。平和县全面推行"未成年人零犯罪"工程，组建"阳光青少年网络学校"，创新青少年教育管理的载体平台。

（8）综治责任考评机制进一步完善。福建省连续 14 年实行省委、省政府主要领导与设区市市委、市政府主要领导签订综治领导责任书，从 2011 年起实行年终分类点评制度，对各设区市综治维稳工作提出"个性化"的要求。福州市建立系统的县（市、区）和市直部门领导班子及领导干部社会管理工作考核评价机制，形成以群众测评为导向、以量化考评为手段、以严格奖惩为支撑的综合考评体系。三明市委、市政府把综治一票否决权的行使由市综治委上升为市委常委会研究决定，提升了综治工作权威。龙岩市建立"平安和谐乡镇"创建责任奖惩机制，对达标的村居（社区）给予 2 万~5 万元奖励，并对村（居）民医疗、养老保险给予财政补贴，调动了基层参与综治维稳工作的积极性。福建省综治委每年开展两次群众安全感和社会治安满意率测评，对排名全省后 10 位的县（市、区）予以通报批评，连续两次排名后 10 位的予以黄牌警告、限期整改。霞浦县针对"三率"测评较低、社会矛盾多发等问题，集中开展"千名干部访万户、四下基层促和谐"活动，得到了时任国家信访局局长王学军同志的充分肯定。每年部署开展"排查整治突出问题、服务保障跨越发展"活动，2012 年确定了含 5 个县（市、区）在内的 39 个省级重点跟踪督导点进行挂牌整治，尽可能地不形成或少形成区域性突出治安稳定问题与新的热点。汕头市委、市政府制定出台《关于加强社会建设的决定》，编制幸福汕头客观指标评价体系和"十二五"民生发展规划，并纳入政绩考核体系，民生发展目标更加明晰。

二 海峡西岸经济区社会管理面临的挑战和存在的问题

随着经济体制、社会结构、利益格局以及人们思想观念的深刻变化，社会管理普遍面临以下新的趋势和挑战。一是社会结构、社会组织形态发生了重大变化。社会结构阶层多元化，大量私营经济、个体经济、股份合营经济等新型组织的出现，大量社会成员由"单位人"转变为"社会人"。二是社会流动不断加快，就业方式日益多样。农民工、城镇下岗职工、大学生就业呈现多元化、大流动趋势，大量新成立的就业组织采取"非单位"的管理体制，使流动人口逐年增加，市民社会开始形成，给经济社会管理带来新的难题。三是网络媒体迅猛发展。手机、电脑在城市、农村普及，网络媒体迅猛发展，而政府有关部门在对网络虚拟社会的管理方面既缺少专门管理人才，又缺少有效管理手段。四是新的社会事务大量产生。新的社会组织不断涌现，拆迁、征用、地摊、民生保障等方面的纠纷大量出现，而社会管理体制机制落后，使社会事务自上而下的贯彻落实和社会问题自下而上的解决都受到一定阻碍，一些社会纠纷和社会矛盾不能及时解决。五是城乡二元结构的户籍制度和保障制度。农村人进城居住就业上学，城里人下乡居住养老，而互不衔接的户籍制度、保障制度给社会管理带来难度，管理成本大大增加，以至于出现管理缺失的现象。

海峡西岸经济区包括福建、广东、浙江、江西等省的 20 个城市，由于各自隶属省份不同，社会管理推进程度不同，问题也各异，这里所述的主要是海西社会管理整体存在的问题。

（1）社会管理格局和管理体系内的运行机制不完善。一是规章制度欠缺。目前，部分地方和部门管理体制机制老化，机构运作迟钝和麻木，职能转变和职责内容更新迟缓，社会管理方法手段陈旧，特别是基层社会管理创新水平不足，难以满足基层民众日益增长的服务需要。社会管理规章有待建立健全。目前，北京等城市均制定出台了有关社会管理的文件，对社会建设和社会管理工作及目标进行系统部署，而海西各城市尚未出台类似的规章或文件，难以对社会管理和社会建设进行统筹安排。二是社会管理手段欠缺。在管理社会事务过程中，大部分仍然以行政手段为主，过多采用行政性的强制手段，在冲突过程中，由于政府与群众之间信息不对称，往往容易造成暴力性事件，进而降低政府的信誉和群众对政府的信任度。三是明确职能划分欠缺。一方面，政府对社会管理机构设置职能划分太细，导致社会管理机构和人员臃肿庞杂，有些职能部门之间职能交叉、管理混乱。另一方面，在涉及管理问题时，各层级政府和业务主管部门又相互扯皮、互相推诿。四是技术管理手段欠缺。如何在信息技术飞速发展的时代，很好运用信息技术手段来做好社会管理工作，还处于试点和摸索阶段，仍然需要加大投入力度。

（2）社会组织培育机制不健全。第一，社会组织来源单一。长期以来，鉴于历史原因，很大一部分社会组织是由各级党政机构直接创办，或由政府部门支持由原党政成员及与党政关系密切的知名人士所创办，或本身就从党政机构转变过来。这些社会组织，主管部门是党政机关，在运作理念、管理体制、活动方式上都承袭党政机关模式。第二，资金、人才来源单一。资金和人才缺乏是制约社会组织发展的重要因素。资金来源没有可持续性，长期依附党政机关。社会组织内部的各项管理制度不够健全，导致运作效率低下。在人才方面，由于现有人事管理模式，并不具有支持社会组织发展的配套措施，比如职称问题、档案问题，无法与机关事业单位工作人员衔接，导致难以吸引优秀人才。第三，机构能力单一。多数社会组织规模比较小，动员社会资源的能力也比较弱，社会认同和社会公信较差，在专业领域的理论和实践的研究都显不足，与承接政府转移社会组织的要求尚有一定差距。第四，结构不够合理。山区与东部沿海区域之间社会组织的发展有很大差距，沿海城市社会组织发展较好，山区城市社会组织普遍培育不足。

（3）网络虚拟社会管理工作仍然任重道远。一是管理理念没跟上，管理手段比较僵硬。随着微博微信的出现，网络虚拟世界作为一种新的社会存在与传播方式，深刻地改变了人们的思维方式。虚拟社会管理趋于复杂化。原有真实生活领域的传统管理手段，已经远远赶不上网络生活的变化。二是立法滞后，行政措施欠规范。鉴于对网络社会管理还缺乏相应的社会准则和法律规范，很多网络社会管理还处于法律空白的状态。对网络社会管理也必须依法进行。当前在法律缺乏空白的情况下，各地相关行政措施相对缺乏。三是行业自律较弱。网络社会具有虚拟性和匿名性等特点，如果没有外在的他律，自律在网络社会组织管理上还有待于进一步加强和完善。

（4）人口流动管理带来的挑战。随着海西各城市社会经济的发展，外来人口日益增加，以泉州市为例，外来人口已经有200多万。但对外来人口，特别是对农民工、城镇下岗职工、大学生等群体的社会管理新格局远未形成。这不仅给海西各城市经济社会管理带来新的难题，也给维护社会和谐稳定带来压力。如何创新流动人口的社会服务管理，着力解决流动人口的就业、居住、就医、子女就学等问题，已经成为海西各城市各级政府亟待解决的一个重大的课题。当前，对外来流动人口的社会管理还存在许多问题。一是外来流动人口无法与当地居民享受同等的就业权益、经济权益、社会权益。二是外来流动人口本地化问题以及外来农民工市民化问题，导致许多进城务工人员无法很好地融入当地的经济社会发展。

（5）社会管理创新工作还存在诸多薄弱环节。一是个别地方和部门对社会管理创新重视不够。缺乏从统筹经济发展、民生改善、社会稳定的高度对社会管理创新进行整体性、系统性、规律性研究，还难以适应社会管理从控制型向服务型转变的趋势和要求。二是重点攻坚克难的力度和突破不够。社会管理创新基础项目中，有的项目面临的瓶颈难题始终没能取得突破，有的项目仍停留在零敲碎打阶段，尚未实现整体推进，有的工作内容和手段单一，"老面孔""老一套"居多。三是基层基础的保障落实不够。社会管理创新人财物保障投入不足，特别是基层社会管理创新与综治维稳工作所需的办公场所、人员调配等未能很好落实，乡镇（街道）综治维稳"一人办""空壳办"现象仍然存在，部门之间整合资源、形成合力不够。四是特色亮点形成规模品牌不够。一些地方经验做法仍然局限在当地、局限在部门，尚未在省市层面全面推开，"小而散"等问题比较突出，不少社会管理创新试点尚未形成面上带动的示范效应。

三 海峡西岸经济区社会管理创新趋势

党的十八大报告把社会管理创新纳入社会建设中，明确提出，提高社会管理科学化水平，必须加强社会管理法律、体制机制、能力、人才队伍和信息化建设。为此，海峡西岸经济区社会管理创新工作，将会结合海西实际，按照中央加强和创新社会管理的部署要求，坚持统筹兼顾、系统设计、整体推进，坚持以人为本、创新机制、夯实基础，有效解决影响社会和谐稳定的前端性、源头性、体制机制性问题，着力提升社会管理科学化水平。

（1）将着力构建符合时代特征的社会管理体系。把加强和创新社会管理纳入"五位一体"的整体布局来谋划推进，努力走出一条具有海西特点、时代特征的社会管理新路子。充分发挥党委的领导优势，建立科学的考核评价指标体系，落实社会管理责任制。强化政府及部门的社会管理、公共服务职能，加快构建政府主导、覆盖城乡、可持续的基本公共服务体系。根据社会管理发展的新形势、新要求，重新审视、修订完善社会管理创新实施意见，制定社会管理创新阶段性发展规划，针对海西作为沿海省份和改革开放前沿等特点，用好用足中央赋予的先行先试政策，敢于创新，敢于开拓，在社会管理体制机制、基层治理等方面取得新的突破；针对海西外向型经济比重较高、非公有制经济组织发达、流动人口较多的特点，在非公有制经济组织服务管理、流动人口服务管理方面取得新的突破；针对海西开放度大、与外界联系密切、矛盾纠纷相互影响的新情况较多的特点，在构建矛盾纠纷"大调解"工作体系、加大社会面驾驭管控等方面取得新的突破。

（2）将着力重点攻坚实现整体突破。把握社会管理创新的重点领域和关键环节，努力在攻坚克难上取得突破性进展。出台并落实流动人口居住证制度实施办法，推动省直部门提出本部门本系统落实基本公共服务的硬性措施。建立健全特殊群体关怀帮扶体系，在每个设区市建立一个刑释解教人员安置帮教基地，落实好闲散青少年职业教育和技能培训措施，健全易肇事肇祸精神病人监测预警和救助治疗机制。建立健全省市县三级网络舆情研判导控服务平台，形成网上应对与网下处置、舆论引导与矛盾化解联动机制。建立新经济组织履行社会责任考核评价体系，加强境外非政府组织在闽活动管理。把社会稳定风险评估拓展到重大决策、重大项目、重大事项和重大活动等领域，实现征地拆迁、环境保护等重点项目稳定风险评估工作的全覆盖，出台贯彻落实《中共中央办公厅、国务院办公厅关于建立健全重大决策社会稳定风险评估机制的指导意见（试行）》的具体实施意见，把执行社会稳定风险评估的过程作为汇集民意、体现民智的过程。完善以社会化、网络化、信息化为重点的社会治安防控体系，强化治安、电子、信息三大卡口等项目建设。深化对突出区域治安稳定问题的排查整治，确保老问题有效解决，新问题不形成热点。

（3）将着力基层基础打牢综治维稳根基。2013年将重点在社区服务中心、网格化、流动人口、信息化等方面打牢基层基础。一是将全面推进农村"168"、社区"135"、非公企业"三五"和机关"1263"基层党建工作机制，以党的建设引领与带动综治维稳工作和社会管理创新。当前乡镇主要履行发展经济、改善民生、维护稳定、促进和谐四项职能，其中三项涉及社会管理综合治理；中央更是明确提出街道要把工作重心转移到社会服务与管理上来。应当把更多的力量调配与整合到综治维稳和社会管理创新中来，切实解决好基层综治维稳力量薄弱和分散问题。二是加强社区网格化服务管理，细化社会服务管理基本单元，打破部门界限和条块分割，推动基层服务管理力量下沉，实施精细化动态管理，把服务工作做到群众身边，切实体现社区党的建设、综治维稳、宣传教育、便民服务、网格管理的全面要求。三是加强人民团体、群众自治组织和社会组织建设，通过完善社会组织孵化、政府购买公共服务等政策措施，实现社会组织健康有序发展。

（4）将着力抓典型树亮点打造海西特色品牌。抓好全国和海西社会管理创新试点工作，落实党委、政府的主导责任，把试点工作作为区域经济社会发展重要组成部分，实现社会管理创新从单项突破到全面推进、从局部见效到整体提升、从分散建设到融合发展的转变。加强对现有经验的总结、提炼、完善，按行业、区域确定社会管理创新示范点，不断充实内涵、拓展领域、提升层次、突出特色，为面上工作提供引领示范。加强调查研究、组织协调、分类指导和督促检查，推动社会管理创新整体协调发展。各级党委、政府和职能部门的负责同志，多深入一线，解剖麻雀、培育典型、推动工作。要及时把社会管理实践中创造的成功经验上升为法规制度，推进社会管理法治化、规范化。

（5）充分利用好福建先行先试的政策优势，在平潭综合实验区先行部分社会管理创新试点。广东省的社会管理创新工作，走的是先试点、再铺开，先简单、后复杂，先改革、后调整的路子。改革中遇到与法律法规不一致或者与中央各部门规定有矛盾时，广东省采取的办法是争取中央的支持，先行先试，先干再说，在有改革基础和有条件地区先试点。中央赋予海峡西岸经济区先行先试及平潭综合实验区探索创新体制机制的政策优势，福建的社会管理创新也将利用这一优势，选取平潭综合实验区作为社会管理创新的试点地区，借鉴有关先进经验和做法，逐步开展一些社会管理体制试点，为全省开展工作探索经验。

B.14
海峡西岸经济区区域
合作现状与趋势分析

赵智杰

自 2009 年 5 月国务院出台《关于支持福建省加快建设海峡西岸经济区的若干意见》（以下简称《意见》），为浙南、粤东、赣东南地区连接台湾、接轨海西，更好地发挥"海上"优势、挖掘"山上"潜力，加快海峡西岸欠发达地区发展提供了契机。《意见》发布以来，海西 4 省 20 市区域合作不断加强，基础设施、科教文卫、贸易金融等领域的合作持续拓展，海峡西岸经济区一年一个样，三年大变样。2011 年，包括《海峡西岸经济区发展规划》《平潭综合实验区总体发展规划》《厦门市深化两岸交流合作综合配套改革试验总体方案》《福建省海峡蓝色经济试验区发展规划》等在内的福建省"三规划一方案"先后获批，再次为海峡西岸经济区扩大对外开放、推进区域合作、加快发展提供了千载难逢的机遇。海西战略实施三年来，海峡西岸经济区在区域合作的推动下，成功实现从"地方战略"向"国家战略"、从"五大战役"到"三群联动"、从"先行先试"到"同步增长"跨越的关键转变，海西域内综合实力快步提升，城乡面貌不断改善，居民幸福感逐年提升。

一 海峡西岸经济区区域合作现状

海峡西岸经济区正式成立以来，闽、浙、赣、粤 4 省高层互访、基层联动等长效机制逐步建立并不断深化，各类合作不断加强，合作效应日益拓展，区域经济优势互补、主体功能定位清晰、国土空间高效利用、人与自然和谐相处的区域发展格局正在形成。2012 年以来，各省继续加强合作，浙江省出台《浙江省贯彻落实海峡西岸经济区发展规划实施方案》，提出要抓住国家支持海峡西岸经济区发展的重大机遇，牢牢把握两岸关系和平发展的主题，着力调整经济结构，着力加强自主创新，着力建设生态文明，着力保障和改善民生。其中，温州市更是提出"两海两改"战略（"两海"指的是海峡西岸经济区发展战略和浙江海洋经济发展示范区战略，"两改"则是全国农村改革试验区和金融综合改革试验区）。广东省提出"汕潮揭同城化"，签署了推进汕潮揭同城化会议备忘录，提出将在近期尽快启动一批三市合作项目，其中包括实行三市年票互通互认，取消三市异地次票收费，合并交界地收费站，广播电视互相落地播出，医保联网结算收费等政策。江西省政府也与福建省政府在海口举行深化区域合作高层会商，提出进一步提升合作层次，拓宽合作领域，深化区域口岸合作机制，加强赣闽两省汽车整车进口合作，构建新的对外开放综合通道，推进区域旅游合作等方面取得新成果，促进两省经济社会共同繁荣和发展。

（一）惯例常规性交流有序推进

2012年，海峡西岸经济区域内原有的"闽浙赣皖九方经济协作区""闽粤赣十三市经济协作区""闽浙赣皖福州经济协作区""闽东北经济协作区""闽西南经济协作区""共建海西浙闽边际区域协作组织""闽粤赣三边经济技术协作组织""浙闽赣边际县域经济协作区"等跨省区域合作组织的惯例、常规性交流活动频繁。

已成立26年的闽浙赣皖九方经济协作区（南平市、金华市、丽水市、衢州市、上饶市、景德镇市、抚州市、鹰潭市、黄山市），2012年分别召开了闽浙赣皖四省九市人大工作联系会第28次会议、闽浙赣皖九方经济协作区2012经贸协作会、闽浙赣皖九方经济协作区三届八次党政联席会议、闽浙赣皖九方经济协作区林业系统三届九次会议、闽浙赣皖九方经济协作区职业教育创新合作研讨会、闽浙赣皖九方经济协作区九方市长论坛等，这些会议为四省九市共谋加快区域合作发展良策提供了机会，对共同统筹区域经济发展起到了至关重要的作用。同时，闽浙赣皖九方经济协作网也于2012年8月正式开通，为协作区携手应对挑战实现共赢发展提供了交流平台。

成立于1995年的闽粤赣十三市经济协作区（包括福建省的厦门市、泉州市、漳州市、龙岩市、三明市，广东省的汕头市、潮州市、揭阳市、汕尾市、梅州市和江西省的赣州市、鹰潭市、抚州市，全部属于海西成员）合作频繁，先后召开了闽粤赣十三市旅游局海西旅游网工作会议、2012年闽粤赣十三市旅游局长联席会议、闽粤赣十三市统计信息交流联席会、闽粤赣十三市党政领导第17次联席会议，13市共签订了包括交通、旅游、物流等方面的9个合作项目协议。

此外，海峡西岸经济区20个城市企联会长召开了第5、第6次联席会议，围绕"提升服务水平、促进企业发展"主题展开讨论；闽浙赣皖福州经济协作区还召开了第十四届市长联席会议、闽浙赣皖福州经济协作区办公室工作会议；闽西南五市召开了闽西南五市党政领导第15次联席会议、闽西南五市老促会第18次工作研讨会；闽浙赣三省八县市也召开了政协联谊会第26次会议。这些会议都在一定程度上总结了各地加强政策对接、推动区域经济发展的先进做法和经验，为促进海峡西岸经济区科学发展、跨越发展作出了有益的贡献。

（二）部委支持、央企入闽成果丰硕

从海峡西岸经济区战略提出至今，国家部委和央属企业的关注和支持伴随着我们前行。过去5年内，95个国家部委和央属企事业单位与福建省签署合作协议，大力支持海峡西岸经济区建设，"部省合作"模式正在逐渐升级，助推海西建设跨上更高的平台。

部委支持持续深化。2012年2月，工业和信息化部与福建省人民政府决定建立部省合作机制，全力支持海西先进制造业基地建设，将在推进海峡西岸经济区先进制造业发展、加速新一代信息技术产业发展和应用等方面支持福建发展；10月，福建省人民政府与文化部、国家文物局在北京签署了《进一步加快推进海峡西岸经济区文化发展合作协议》，三方将就共同推进福建文化项目建设、共同推进福建文化活动平台建设、进一步支持福建加强对台及对外文化交流与文化贸易、进一步加大对福建文化建设的资金支持、进一步建立健全文化共建工作机制等5个方面开展合作；11月，国家质检总局与福建省政府合作备忘录联席会议召开，国家质检总局再次出台了支持福建发展的8个方面的措施。11月，《工业和信息化部、福建省人民政府关于合作推进"数字福建"建设实施方案》印发实施，该规划将在加快海西信息化建设步伐，推动"数字福建"建设进入更高层次发展的新阶段作出贡献；11月，国家质检总局为支持福建发展，再出八项举措，内容包括：支持平潭综合实验区开放开发、支持福建省陆地港加快发展、支持开展通关模式优化试点、支持全面实施以风险管理为基础的监管模式改革、支持厦门市经济社会发展和对外开放、支持闽台质检合作、支持福建质检科技和检验检测机构建设、支持福建质检机构编制和人才队伍建设。

央企入闽带动海西借势登高。2012年，中国医药集团总公司与福建省政府签订项目合作协议，共同推动福建省生物医药产业发展；中国交通建设集团有限公司与省政府签订项目合作协议，加快推进"十二五"期间完成在闽投资超千亿元计划；中国石油西气东输三线福建段开工，578公里天然气管道将于2014年6月建成投产；此前，中国石油集团济柴动力总厂与省船舶工业集团公司合资建设的发动机组装厂落地连江船舶工业园区；总投资约200亿元的神华集团福建罗源湾港储中转发电一体化项目奠基；中国长江三峡集团公司与省政府签订项目合作协议，计划在"十二五"期间投资200亿元助力福建省打造海峡蓝色经济试验区，建设海峡西岸能源基地。央企竞相入闽投资，带来一大批更加注重效率和质量的大项目，拉动经济总需求，推动经济量升质提，成为福建加快科学发展跨越发展中亮丽的风景。

（三）经济金融合作蓬勃开展

海峡西岸经济区跨省区域合作中的经济、金融合作为区域发展带来明显进步，区域经济金融合作仍是合作的主流，经济金融的进一步融合发展，有效地推动了域内合作向纵深推进。

经济合作方面。一是继续签署合作协议。2012年，厦门和龙岩两市签署了新一轮山海协作协议，龙岩长汀县和泉州晋江市也签署了晋江—长汀山海协作"双飞"工业园建设合作协议，确定正式启动晋江"双飞"工业园建设工作，客商、潮商两大商帮组织首次联手合作，签订《战略合作框架协议》，共建经济发展联合体。二是继续开展技术合作。2012年，第三届中国海西稀土产业技术成果对接会围绕"新材料、新技术、新战略——合作、发展、共赢"

的主题，围绕技术突破及应用等问题展开深入交流。同时，"海西纺织服装检验检测公共技术服务平台"建设宣告启动，为海西进一步深入开展标准化信息咨询，质量诊断测试以及共性技术攻关、推广和产业化支撑等公共服务方面的改革试点工作。

金融合作方面。金融业跨省办银行再迈步。一是跨市金融合作和支持不断增多。正在征求意见的《厦门经济特区促进两岸区域性金融服务中心建设条例（草案征求意见稿）》提出，厦门将加强与漳州、泉州以及海峡西岸经济区其他城市在金融领域的相互协作和支持，增强厦门金融业的辐射功能，此外，厦漳泉或将共建公共信用体系。二是金融同城化呼之欲出。厦漳泉金融同城化试验区呼之欲出，厦漳泉三地统一的资本、货币、外汇、保险、证券、期货市场等金融平台即将建立，使三地的资金、人才、信息等要素在区域内自由流动，并建立起覆盖各地金融机构间的统一、方便、快捷、高效的服务体系，形成同城化的要素市场。三是跨省互设分行继续拓展业务。继 2011 年底，福建海峡银行首家跨省分行落户温州之后，2012 年 1 月，赣州银行福建区域总部的建设正式提上日程，作为入驻厦门的第一家异地商行的省外分行，赣州银行厦门分行正式开业。在当前厦漳泉同城化的大背景下，赣州银行厦门分行已将业务延伸到了泉州和漳州等省内地区，并将适时到漳州、泉州和龙岩等地设立二级分行。四是金融论坛提供业务交流新平台。2012 年 10 月，海西青年企业家金融论坛举行，就运用融资租赁提高企业资产使用效率、破解中小企业发展资金瓶颈等问题进行了交流。

（四）交通基础设施合作动力十足

近年来，围绕发展大港口、大通道、大物流，在海西四省的合作和努力下，连接海峡西岸经济区的现代交通道路网络不断完善。

铁路方面，海西积极推进形成"三纵六横九环"海峡铁路网建设。2012 年，厦深铁路（福建段）梁山隧道克服地质复杂、难度极大、建设任务艰巨等障碍，历时 5 年终于实现全线贯通，海西铁路网逐步完善。公路方面，2012 年，梅漳、大潮两条出省出海高速公路合作协议签订，国道 324 线漳州新江东大桥及接线公路工程 BT 融资建设合作框架协议签订。厦漳泉城市联盟厦门段一期工程基本全线贯通，二期工程正在加快建设，2013 年厦漳泉公共交通智能管理系统在三市上线运营。由 11 条线路构成的福莆宁城际轨道交通线网方案基本形成。厦安高速终于如愿通车。厦漳跨海大桥 2013 年可望通车。航空方面，2012 年 3 月，温州到台湾正式实现飞机直航，至此从温州只需 80 分钟即可直达台湾。港口方面，近年来，海峡西岸积极整合港湾资源，加快建设海峡西岸港口群。2012 年，厦门港务与广东潮州市港口管理局共同出资在潮州推进整个三百门新港区的整体综合开发运营和功能优化，这是厦门港务首次在厦门港以外地区合资建港，成为推进东南国际航运中心建设的又一大成果。

（五）科教文卫合作持续深化

随着各地合作意识增强，海西科教文卫方面的合作不断增多，通过各地科技信息交流、区域教育资源整合以及加强文化和卫生方面的合作，海峡西岸经济区社会事业合作持续深化。

科技合作渠道拓展。近年来，以福建省为主体，在全面推进海峡西岸经济区建设中努力搭建科技合作平台，2012 年，闽浙赣皖四省九市科技协作会、第三届中国海西稀土产业技术成果对接会等科技协作会议的召开，为海西经济发展提供智力支持。中科院海西研究院泉州装备制造暨动力研究所正在筹建，预计该研究院的落户，将带动装备制造业的技术改造和产业升级。

教育合作资源共享。由于社会事业发展的需要，海西四省的教育合作从封闭割裂走向优势互补。2012 年，标志着海西 20 城教育联盟成立，四省协作单位将共同推荐优秀培训名师，组建海西 20 城教师、校长培训库，包括高校、科研机构专家、教研一线人员和中小学名师等，通过遴选一批师训、干训基地，凸显不同的教育特色和风格。依托共享的优秀资源，四省还将联手承接培训业务，根据各自擅长的特色实行优势互补，提高培训的质量。此外，四省教材可以合编，师资可以互聘，教学课程可以互相借鉴。

文化合作方兴未艾。2012 年以来，丽水市海峡两岸经济文化交流协会以及闽粤赣收藏家协会联盟成立，闽浙赣皖九方经济区协作网网站开通，第三届海峡西岸经济区四省 20 市老年书画交流会以及梅州、龙岩两市作家协会协办的"且行且吟"作家编辑客家文学异地采风活动的成功举办，闽粤赣边客家生态文化

城的建设，以及海峡西岸经济区文化发展合作协议的签订等海西文化合作，进一步深挖海西各市文化合作共同点，使各市共享海西区域文化亮点。

医疗卫生合作不断加强。2012 海西城市消化高峰论坛成功举办，为来自闽粤浙赣四省海西城市的近 50 名消化病学和消化内镜学专家提供交流平台；"第四届海峡两岸医药品论坛"在台北召开，论坛期间还举办"2012 台湾生技月/生物科技展"及"海峡两岸生技产业商机对接会"。这些医疗合作，为推动两岸医学交流合作和共同发展，携手共创两岸医学互利双赢新局面作出贡献。海西 7000 万百姓将最终受益。

（六）旅游物流合作扎实推进

2012 年以来，各地继续巩固和发展旅游合作成果，完善旅游合作机制，大力发展现代物流业，加强区域物流合作，推进区域经济加速融合。

1. 旅游合作推动无障碍旅游区建设

2011 年底，闽粤赣十三市的旅游目的地营销网站，海西旅游网在十三市旅游局长的共同启动下正式开通，上线一年以来，通过不断整合十三市旅游资源信息和产品，已经发展成为各市网络宣传营销的有效平台，成为各市间旅游资源互补、区域旅游合作的重要平台。2012 年，闽浙赣皖九方经济协作区在旅游协作方面，江郎山、三清山、武夷山共同签署了旅游合作联盟。四省联动开启红色文化自驾游，2012 厦门自驾旅游节以"畅游海西·魅力滨海"为主题，启动首届红色文化自驾游活动。此外，闽浙粤赣四省旅游局共同主办的"海峡西岸经济区旅游局长座谈会"，围绕深化海西区域旅游合作、做大金马澎"个人游"市场和构建"环海峡旅游圈"三大议题进行研讨，海西 20 个设区市旅游局局长共同签署了《联手做大做好赴金马澎"个人游"合作宣言》，根据合作宣言，海西 20 个设区市将深化区域合作，共同构建无障碍旅游区。

2. 物流合作带动区域共赢

海西物流业合作深入开展，域内省际物流业悄然崛起。继 2011 年底国家邮政局正式印发了《海峡西岸经济区快递服务发展规划（2011～2015 年）》，2012 年 4 月，福建省邮政管理局组织上海、江苏、浙江、安徽、福建、江西、山东、广东等省（市）邮政管理局领导和负责规划工作的同志，以及福建省快递协会相关人员，召开贯彻落实海峡西岸经济区快递服务发展规划和邮政业发展"十二五"规划座谈会。2012 年 6 月召开的闽粤赣十三市物流发展合作联席会提出闽粤赣十三市将在厦漳泉一体化的物流合作、区域冷链物流整合、提升赣州物流软硬件设施水平、推进汕头和潮州港口码头开发等方面形成合力，以项目对接、区域协作等方式，实现共赢。

（七）法律、公安、海事、质监部门合作交流增多

近年来，依靠地缘及区域合作优势，海西四省的法律、公安、海事、质监等有关部门联合开展安全检查和专项整治活动，为地方共同利益和区域安全保驾护航。

法律方面。2012 年 8 月，潮州、梅州和漳州三市签订打击制售假冒卷烟违法犯罪活动边界合作协议书，标志着两省三市边界打假合作机制正式启动。10 月，闽粤赣边三县（武平、蕉岭、会昌）法院党风廉政建设工作交流座谈会在武平召开，三县法院就如何加强法院廉政文化建设、提高队伍拒腐防变能力、树立法官清正廉洁形象等方面进行了交流。11 月，已举办 10 期的海西法官大讲坛在福州开讲，对党的十八大报告进行解读，对提高法院干警综合素质起到了积极作用。

公安方面。一是召开各类协作会议。相继召开了粤闽赣三省十市公安局110 联动协作第 7 次会议、闽浙赣皖四省十一市第 26 届公安协作会、闽粤赣边界第 17 届刑侦协作会议，为共同完善区域治安联防大格局，进一步凝聚共建意识，深化协作层次，注重重点突破，加强资源整合，尽快实现数据资源共享，系统互联互通，促进边界地区的社会治安稳定起到了积极的作用。二是签署合作备忘录。2012 年 8 月，汕头、潮州、揭阳、汕尾、梅州粤东五市政府16 家单位在汕头市联合签署《粤东区域打击治理非设关地走私合作备忘录》。三是开展综合演练。2012 年 9 月，国家人防办在闽赣举行信息化条件下城市防空袭综合演练，重点检验人防系统的平战转化、预警报知、指挥控制、整体防护、应急救援和综合保障能力。

海事方面。2012 年 11 月，汕头市海事局与厦门市海事局举行 VTS（船舶交通管理系统）共建协议签字仪式，同时，汕头市海事局、厦门市海事局和

漳州市海事局共同开展了跨辖区联合巡航及搜救演练活动，此举对于提升双方在管辖海域内的海事监管服务能力与搜寻救助能力，共建台湾海峡中南部平安海域起到了积极作用。

质监方面。第二届龙梅赣三市质监系统联谊会在广东梅州召开，进一步交流了各市质监工作经验，研究了扩大质监法规、特种设备安全监察、食品安全监管、稽查打假及技术机构等领域合作，提升三市质监部门合作层次，更好地服务闽粤赣经济发展等有关事宜。

（八）气象、应急、林业等方面合作有效开展

海峡西岸经济区成立之后，持续在气象、应急、林业等方面展开合作。2012年，海西各地继续共同致力于推进海西气象、应急等方面服务，共享合作盛宴，推动气象、应急、林业等事业共同发展。

气象方面。2011年福建省政府与中国气象局在北京签署《共同推进气象服务海西建设合作协议》为海峡西岸经济区开展省部合资提供了依据。2012年，海峡气象研究所成立，以海峡气象特色领域为重点科研方向，提升气象防灾减灾能力。闽浙赣皖毗邻地区军队、地方气象联防会议第40次年会以及粤东闽西南灾害性天气联防协作会的召开，为海西四省气象联防协会继续运作，加强交流合作，全面联动协防，提升四省气象防灾减灾能力发挥更大作用，以及进一步发挥粤东闽西南区域天气联防在灾害性天气预报服务中的作用，进一步加强技术、管理等方面的交流，增强粤东和闽西南地区各市、县天气监测方面的联防协作、互动功能，构建粤东闽西南地区较强的防灾减灾气象服务体系，为保护人民生命财产安全作出积极贡献。

应急方面。2012年，闽粤赣毗邻三市应急联动合作第二次联席会议暨粤东北六市应急联动合作第三次联席会议在潮州市举行，会议就"加强队伍建设，完善应急体制机制"主题进行了交流和探讨。海西公共安全应急指挥与位置服务系统及应用示范项目启动，该项目为福建省各类应急系统、应急终端和社会公众提供基于位置的应急信息服务，为突发公共安全事件处置和决策提供精准应急支撑平台，提高应急管理能力。

林业方面。2012年，以突出两岸合作的第八届海峡两岸林业博览会，

以"深化两岸合作、促进绿色增长"为主题，突出林业特色、对台合作、企业参与、品牌展示和产业招商。同年召开的闽浙赣毗连地区第四联防区2012年度第一次护林联防工作会议也提出，各地要进一步加强对护林联防工作的领导，把护林联防工作深入持久地开展下去，要不断改革和创新护林联防工作机制，丰富和发展护林联防工作内容，进一步开创护林联防工作新局面。

二　海峡西岸经济区区域合作新趋势

三年多来，福建充分发挥地缘优势，加快海西域内合作步伐，努力推进以福建为主体，辐射浙江、广东、江西部分地区，涵盖四省20市、人口达亿的区域合作，使得海峡西岸经济区作为两岸和平统一的"加速器"、沿海经济走廊的"链接区"、中西部内陆地区的"出海口"作用日益凸显，海峡西岸区域合作亮点纷呈，新的特点和趋势不断涌现。

（一）海西合作整体利益逐渐战胜地方利益占据上风

利益是推动地方政府走向合作的根本原因，在实践中，如何整合海西四省20市的现实要求来谋求彼此之间的合作，进而达到满足彼此需求的目的，长期以来都是海峡西岸经济区跨省合作中地方政府难以理性权衡的问题。

作为地方利益代表的20市成员，具有追求自身管辖行政范围内经济利益最大化的强烈动机。在各地方政府都同时拥有可利用行政权力来为本地牟利而又没有有效约束或协调机制存在的情况下，任何放弃使用这种权力的地方政府都会处在一种相对不利的境遇之中，各地方政府会竞相利用行政权力来试图使本地利益最大化，区域政府合作难以达到理想状态。

在海峡西岸经济区三年多的跨省合作实践中，海西成员的共同利益如教育问题、水资源分配与管理问题、交通问题、港口建设问题、能源问题、环境保护与公共卫生问题等共同利益有效推动了区域政府合作，区域整体利益在与地方利益的博弈中，逐渐占据主导地位。

（二）区域合作协调机制效率逐步提高

海峡西岸经济区成立之初，区域政府间合作的沟通渠道和协调机制的制度化程度较低，由于地方政府倡导非制度化的合作协调机制，政府间的共识达成主要是靠地方领导人的承诺来保障，从而导致这种共识缺乏法律效力和稳定性，容易造成地方领导职务变动使合作机制失效。同时，由于地方政府间的合作主要采取集体磋商的形式，没有形成类似欧盟形式的谈判机制，在涉及实质性利益的问题时往往由于分歧太大而无法合作。

近年来，随着《意见》的出台和《海峡西岸经济区发展规划》的出炉，在中央层面及各部委的推动下，海峡西岸经济区主体地位变得明晰，上自国务院和中央部委、下到海西20城市合作意向强烈，海西成员都深刻意识到深化海西合作，不仅有利于各自的经济社会发展，而且将会极大地造福人民，海西成员纷纷抓住机遇，进一步提升合作层次，拓宽合作领域，出台加快融入海西的实施意见和具体举措，使海西区域合作逐步做到有章可依，区域合作效率不断提升。

（三）区域经济一体化进程加快

海峡西岸经济区在地理上连为一体，在自然、文化上具有相似性的天然特性，包括经济发展、市场体系等内在紧密联系，使得海峡西岸经济区区域经济一体化极为必要。各级政府在注重规划和引导的基础上，强调在管理体制上减少行政干预，多次下放管理权限，不断增加调控的科学性，使得区域经济一体化效率提高。闽粤赣、闽浙赣等各类跨省区域协作组织在海西区域经济一体化方面发挥了重要作用，有力地促进了区域协调发展。

海西战略的深入实施，使得以打破各种形式的垄断和封锁为突破口，清除阻隔生产要素自由流动的体制障碍逐渐消除。在区域合作组织的协调配合下，劳动力、资本、技术等生产要素在市场机制的作用下，流动性不断增强，区域内基础设施不断完善并有效对接，产业和企业的整合重组也正朝着区域利益最大化的方向前进，区域内投融资渠道不断拓展深入，各类社会保障体制有效对接，自然资源、生态保护的全面推进等都使海西区域一体化格局全面推进。

（四）同城化不断推进带动海西竞争力提升

（1）厦漳泉同城化迎来提速年。改革开放以来，随着经济迅速发展，体制不断创新，厦漳泉三市在经济、交通、文化、政治、自然保护等方面的联系越来越密切，三市共同合作、共同发展已经成为趋势。2012 年 5 月，《厦漳泉大都市区同城化发展总体规划纲要征求意见稿》出炉规划，10 月，《厦漳泉大都市区同城发展总体规划》获审议通过，厦漳泉大都市区的范围、发展目标、战略定位和空间布局渐渐清晰。规划提出，要在总体上，将三市发展为"一核、三带、两轴"的空间布局，到 2015 年，厦漳泉大都市区要初步实现同城化，2020 年基本实现同城化。2013 年同城化将迎来提速年。

（2）福莆宁同城化时代开启。2012 年 3 月，福建第二个"同城"出炉，《构建福州大都市区、推进福莆宁同城化发展框架协议》签订，福州、莆田、宁德紧随厦漳泉之后，正式驶上"同城化"快车道。框架协议确定近期目标为 2013 年福州大都市区框架将初步形成，福莆宁同城化取得实质性进展；远期目标为至 2015 年福州大都市区框架将基本形成，福莆宁同城化初步实现。三市将实现三市出租车跨市联运，还将推行旅游景区通票制度，并实现区域医保实时结算。

（3）潮汕揭同城化成功迈出第一步。根据 2012 年底出台《推进汕潮揭同城化工作方案》，三市将建立半小时生活圈和一小时经济圈，实现通信资费同城化，联合打造上中下游产业联系紧密、相互配套、竞争力强的产业体系，共同打造布局合理、功能完善、联系紧密的城市群。其中，三市将合作推进城际快速轨道交通项目，加强三市城市轨道交通项目与城际快速轨道交通项目的对接，促进三市轨道交通的衔接互联。同时，依托揭阳潮汕机场和厦深高铁潮汕客运中心站，在三市交界地区规划建设合作开发区，打造三市产业融合发展的试验区。

附　　录

Appendix

B.15

海峡西岸经济区各市主要经济指标

表1　各市生产总值

地　区	地区生产总值(亿元)									
	2007 年		2008 年		2009 年		2010 年		2011 年	
	总计	比上年增长(%)	总计	比上年增长(%)	总计	比上年增长(%)	总计	比上年增长(%)	总计	比上年增长(%)
总　计	16351.54	15.5	19212.77	13.1	21111.45	12.0	25190.61	13.9	30252.29	13.0
福州市	2029.28	15.8	2355.67	13.7	2604.04	13.0	3123.41	14.2	3736.38	13.0
厦门市	1402.58	17.0	1610.71	13.5	1737.23	8.0	2060.07	15.1	2539.31	15.1
莆田市	511.76	16.5	610.01	14.7	691.42	14.5	850.33	15.3	1050.62	14.3
三明市	571.76	15.9	723.01	14.7	800.24	13.2	975.10	13.9	1211.81	14.1
泉州市	2343.30	16.9	2795.63	15.0	3069.50	12.5	3564.97	12.8	4270.89	13.5
漳州市	877.63	15.1	1002.39	13.6	1178.01	13.3	1430.71	14.9	1768.20	14.7
南平市	466.07	15.0	559.20	14.1	621.65	13.9	728.65	11.7	894.31	12.2
龙岩市	595.16	16.6	734.06	15.1	824.88	14.0	990.90	13.9	1242.15	13.0
宁德市	457.45	16.3	542.98	14.5	612.28	13.3	738.61	15.0	930.12	15.2
温州市	2158.91	14.3	2424.29	8.5	2527.88	8.5	2925.57	11.1	3418.53	9.5
丽水市	441.02	15.9	515.06	11.9	546.55	10.6	663.29	12.9	798.22	11.5
衢州市	478.50	16.5	580.05	13.0	617.50	11.1	752.78	13.3	919.62	11.4

续表

地 区	地区生产总值(亿元)									
	2007 年		2008 年		2009 年		2010 年		2011 年	
	总计	比上年增长(%)	总计	比上年增长(%)	总计	比上年增长(%)	总计	比上年增长(%)	总计	比上年增长(%)
汕头市	829.49	13.0	951.81	10.5	1035.87	10.7	1208.97	13.9	1275.74	12.0
梅州市	411.62	12.5	479.61	10.2	519.29	9.8	612.85	14.1	707.54	13.6
潮州市	372.80	14.5	438.08	12.2	480.18	12.5	559.24	14.1	647.22	13.0
揭阳市	585.99	18.1	724.23	16.0	816.09	16.0	1009.51	19.6	1225.86	14.6
上饶市	528.12	13.7	628.69	13.5	728.50	13.6	901.00	14.8	1110.58	13.1
鹰潭市	220.20	13.0	256.81	14.2	256.80	12.3	344.89	14.1	426.70	12.3
抚州市	367.92	14.0	439.63	14.2	502.91	13.9	630.01	15.0	742.51	12.5
赣州市	701.97	13.5	840.85	13.2	940.63	13.3	1119.74	13.8	1335.98	12.5

表 2   各市规模以上工业增加值

地 区	工业增加值(亿元)									
	2007 年		2008 年		2009 年		2010 年		2011 年	
	总计	比上年增长(%)	总计	比上年增长(%)	总计	比上年增长(%)	总计	比上年增长(%)	总计	比上年增长(%)
总　计	5824.81	23.3	7232.03	17.9	7648.46	14.1	9975.29	21.5	11395.13	19.4
福州市	744.54	21.6	881.63	17.0	873.53	14.1	1117.55	20.4	1283.99	16.8
厦门市	661.53	16.9	707.58	12.0	686.79	2.8	915.27	24.5	1055.50	19.5
莆田市	223.40	23.6	283.24	22.2	319.17	18.7	404.05	24.6	474.36	21.5
三明市	200.28	23.4	274.36	24.8	301.26	19.6	400.32	22.6	543.94	24.3
泉州市	1037.39	21.7	1352.21	19.1	1440.65	14.0	1826.20	18.0	2209.61	19.3
漳州市	265.37	21.8	313.00	20.4	399.75	15.8	542.47	25.3	671.95	22.0
南平市	126.86	22.6	165.46	20.3	172.79	18.6	213.43	18.0	230.55	19.0
龙岩市	229.11	26.7	311.58	18.6	322.55	14.6	448.46	20.1	555.12	20.0
宁德市	110.21	36.4	143.16	25.8	158.63	19.8	243.70	32.5	353.59	26.9
温州市	737.68	15.8	872.30	5.5	815.25	6.0	1023.06	16.8	916.80	10.1
丽水市	139.46	24.7	198.81	23.3	216.13	16.1	272.39	16.2	282.52	15.6
衢州市	151.72	22.8	203.21	20.5	224.14	16.1	303.74	22.0	315.39	17.0
汕头市	270.75	19.7	350.05	18.0	389.59	15.4	483.20	17.6	416.86	18.0
梅州市	109.68	20.4	125.30	9.5	134.35	8.1	166.00	18.7	161.71	21.1
潮州市	115.36	23.8	143.00	14.5	152.41	13.6	194.91	20.0	215.79	21.6
揭阳市	156.23	49.4	236.92	36.7	307.48	26.8	512.46	38.9	547.05	29.9
上饶市	134.17	48.2	178.99	26.6	221.61	20.4	266.15	22.6	316.23	21.2
鹰潭市	134.34	14.9	143.48	22.1	128.82	15.8	190.85	20.0	239.55	15.0
抚州市	93.31	49.8	114.60	22.1	133.60	22.0	160.15	22.5	174.27	19.6
赣州市	183.41	40.0	233.15	22.3	250.49	20.2	290.93	21.0	430.35	18.7

表3　各市全社会固定资产投资

地　区	全社会固定资产投资(亿元)									
	2007 年		2008 年		2009 年		2010 年		2011 年	
	总计	比上年增长(％)	总计	比上年增长(％)	总计	比上年增长(％)	总计	比上年增长(％)	总计	比上年增长(％)
总　计	7258.20	31.3	8809.96	21.4	10883.64	23.5	14000.93	28.6	16467.28	31.1
福州市	1001.45	36.7	1252.71	25.1	1646.72	31.5	2317.44	40.7	2692.07	23.2
厦门市	927.70	40.1	931.38	0.4	882.12	-5.3	1009.99	14.5	1117.26	30.4
莆田市	240.93	45.9	301.83	25.3	362.70	20.2	496.52	36.9	699.33	63.0
三明市	363.14	50.5	512.73	41.2	678.26	32.3	847.81	25.0	900.20	23.3
泉州市	695.11	40.6	860.66	23.8	976.47	13.5	1250.81	30.0	1527.11	28.2
漳州市	327.04	36.6	441.40	35.0	579.21	31.2	837.11	44.5	1075.65	39.9
南平市	299.48	38.7	396.29	32.3	502.03	26.7	622.02	23.9	669.24	19.3
龙岩市	248.63	50.8	322.61	29.8	433.97	34.5	582.95	34.3	754.98	41.8
宁德市	181.31	14.8	237.22	30.8	287.15	21.0	371.71	29.4	446.03	37.4
温州市	737.03	14.2	758.44	2.9	837.78	10.5	925.98	10.5	1751.52	89.2
丽水市	237.26	6.8	248.85	4.9	279.19	12.2	320.38	14.8	358.47	20.3
衢州市	317.00	15.9	361.19	13.9	415.40	15.0	481.80	16.0	504.63	12.9
汕头市	206.69	18.0	261.36	26.5	291.90	11.7	361.68	23.9	438.15	21.1
梅州市	125.00	15.3	140.54	12.4	162.98	16.0	195.52	20.0	197.65	1.1
潮州市	120.83	11.9	128.31	6.2	162.98	27.0	182.78	12.2	198.94	8.8
揭阳市	203.19	34.1	265.79	30.8	393.50	48.1	564.07	43.3	658.08	16.7
上饶市	405.06	27.8	516.91	27.6	728.92	41.0	943.97	29.5	828.46	25.9
鹰潭市	95.00	30.0	129.47	36.3	185.71	43.4	260.00	40.0	276.86	23.0
抚州市	226.05	42.5	336.27	48.8	481.95	43.3	647.40	34.3	553.12	15.3
赣州市	300.30	34.7	406.00	35.2	594.70	46.5	781.00	31.3	819.55	28.1

注：2010 年以前为全社会固定资产投资；2011 年起固定资产投资统计起点由 50 万元提高至 500 万元，且不包含农村农户投资；增长速度为可比口径。

表4　各市社会消费品零售总额

地　区	社会消费品零售总额(亿元)									
	2007 年		2008 年		2009 年		2010 年		2011 年	
	总计	比上年增长(％)	总计	比上年增长(％)	总计	比上年增长(％)	总计	比上年增长(％)	总计	比上年增长(％)
总　计	6073.05	18.3	7345.13	20.9	8594.42	17.0	10286.53	19.7	12173.12	18.3
福州市	947.37	21.6	1144.64	20.8	1338.64	16.9	1624.28	21.3	1947.81	19.9
厦门市	410.85	19.9	495.86	20.7	566.12	14.2	685.02	21.0	800.28	16.4

续表

地　区	社会消费品零售总额(亿元)									
	2007 年		2008 年		2009 年		2010 年		2011 年	
	总计	比上年增长(%)	总计	比上年增长(%)	总计	比上年增长(%)	总计	比上年增长(%)	总计	比上年增长(%)
莆田市	178.44	19.8	215.06	20.5	246.13	14.4	290.37	18.0	338.02	16.4
三明市	142.60	16.7	172.09	20.7	206.65	20.1	245.58	18.8	291.51	18.7
泉州市	754.05	16.7	903.54	19.8	1055.20	16.8	1234.43	17.0	1462.09	18.4
漳州市	289.08	15.3	342.75	18.6	400.21	16.8	472.63	18.1	563.51	19.2
南平市	165.85	13.6	195.34	17.8	225.22	15.3	262.04	16.3	306.27	16.9
龙岩市	174.70	16.5	220.00	25.9	261.97	19.1	312.17	19.2	374.33	19.9
宁德市	149.39	13.1	177.28	18.7	202.03	14.0	234.64	16.1	275.28	17.3
温州市	906.46	16.3	1082.95	19.5	1264.72	16.8	1498.10	18.2	1767.64	18.1
丽水市	169.07	16.1	202.98	20.1	232.62	14.6	266.13	14.4	315.89	18.7
衢州市	179.45	16.6	215.61	20.2	250.25	16.1	290.82	16.2	344.34	18.4
汕头市	474.98	18.3	572.01	20.4	661.96	15.7	830.41	25.4	972.21	17.1
梅州市	184.60	19.1	228.94	24.0	267.98	17.1	319.05	19.1	372.79	16.8
潮州市	142.89	20.2	172.85	21.0	207.89	20.3	245.47	18.1	287.73	17.2
揭阳市	215.15	25.5	275.90	28.2	341.46	23.8	446.62	30.8	573.45	28.4
上饶市	186.92	18.3	231.51	23.9	276.36	19.4	330.10	19.6	378.23	18.0
鹰潭市	49.50	17.4	61.27	23.8	72.67	18.6	86.64	19.4	103.27	17.5
抚州市	135.46	17.1	167.61	23.7	199.21	18.9	236.68	19.0	266.17	17.2
赣州市	216.24	17.1	266.95	23.5	317.14	18.8	375.35	18.6	432.32	17.3

表5　各市进出口总额

地　区	进出口总额(亿美元)									
	2007 年		2008 年		2009 年		2010 年		2011 年	
	总计	比上年增长(%)	总计	比上年增长(%)	总计	比上年增长(%)	总计	比上年增长(%)	总计	比上年增长(%)
总　计	1031.64	20.1	1174.97	13.9	1122.85	-4.4	1531.08	36.4	1993.77	31.4
福州市	186.41	12.0	203.21	9.0	178.49	-12.2	245.86	37.7	346.45	40.9
厦门市	397.78	21.3	453.77	14.1	433.07	-4.6	570.31	31.7	701.58	23.0
莆田市	21.49	25.7	23.21	8.0	23.47	1.1	34.22	45.8	46.47	35.8
三明市	8.71	44.0	7.95	-8.7	8.81	10.8	12.80	45.2	17.75	38.7
泉州市	68.51	24.8	85.03	24.1	81.79	-3.8	112.56	37.6	170.64	51.6
漳州市	46.48	9.0	53.19	14.4	47.99	-9.8	73.99	54.2	97.13	31.3

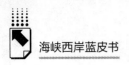

续表

地 区	进出口总额(亿美元)									
	2007 年		2008 年		2009 年		2010 年		2011 年	
	总计	比上年增长(%)	总计	比上年增长(%)	总计	比上年增长(%)	总计	比上年增长(%)	总计	比上年增长(%)
南平市	6.26	20.1	7.62	21.8	8.28	8.6	10.83	30.8	14.73	36.0
龙岩市	2.71	37.6	5.39	99.0	6.81	26.3	15.13	122.1	24.01	58.7
宁德市	6.17	40.9	8.84	43.1	7.78	−11.9	12.11	55.7	16.47	36.0
温州市	122.48	23.8	139.92	14.3	132.79	−5.1	170.94	28.7	215.72	26.2
丽水市	8.43	48.2	12.68	50.4	11.11	−12.4	15.33	38.0	21.25	38.6
衢州市	10.61	65.8	13.25	24.9	11.84	−10.6	18.89	59.5	26.87	42.2
汕头市	61.12	12.9	62.98	3.1	60.28	−4.3	73.64	22.2	87.88	19.3
梅州市	5.28	13.8	7.62	44.5	7.89	3.5	11.73	48.7	13.65	16.4
潮州市	21.73	−5.4	22.31	2.7	27.88	24.9	38.23	37.2	41.81	9.4
揭阳市	20.87	23.6	24.62	18.0	29.82	21.1	36.27	21.6	42.24	16.5
上饶市	2.99	65.3	5.62	88.2	6.44	14.6	16.67	158.9	26.54	59.2
鹰潭市	21.89	74.9	21.94	0.2	21.43	−2.3	39.68	85.2	43.77	10.3
抚州市	2.57	96.4	3.04	18.4	4.77	56.8	5.59	17.2	9.59	71.7
赣州市	9.16	32.4	12.79	39.7	12.12	−5.2	16.30	34.5	29.23	79.3

表6 各市进口总额

地 区	进口总额(亿美元)									
	2007 年		2008 年		2009 年		2010 年		2011 年	
	总计	比上年增长(%)	总计	比上年增长(%)	总计	比上年增长(%)	总计	比上年增长(%)	总计	比上年增长(%)
总 计	322.79	18.2	359.23	11.3	350.59	−2.4	494.68	41.1	647.53	35.7
福州市	63.31	10.4	67.34	6.4	58.39	−13.3	82.78	41.7	105.31	27.2
厦门市	142.24	15.8	159.79	12.3	156.47	−2.1	217.07	38.7	275.12	26.8
莆田市	6.00	39.9	6.05	0.7	6.73	11.2	12.32	83.1	18.66	51.5
三明市	0.62	−8.2	0.93	50.7	1.19	27.5	1.53	28.4	2.29	50.4
泉州市	18.70	28.6	27.08	44.8	22.88	−15.5	29.76	30.0	62.81	111.1
漳州市	12.31	−4.0	14.43	17.2	14.15	−2.1	23.31	65.0	32.22	38.2
南平市	1.23	34.0	1.28	4.1	1.83	43.0	1.74	−4.9	2.82	61.8
龙岩市	0.27	−34.3	0.80	199.8	0.88	11.0	2.00	124.3	5.50	175.1
宁德市	0.42	150.7	0.59	39.3	0.79	33.7	2.37	201.0	2.11	−10.9
温州市	21.00	15.9	20.89	−0.6	23.43	12.2	25.51	8.9	34.06	33.3

续表

地　区	进口总额(亿美元)									
	2007 年		2008 年		2009 年		2010 年		2011 年	
	总计	比上年增长(%)	总计	比上年增长(%)	总计	比上年增长(%)	总计	比上年增长(%)	总计	比上年增长(%)
丽水市	0.94	336.9	2.37	151.8	1.76	−25.7	1.84	4.5	3.11	69.0
衢州市	3.39	92.3	4.26	25.7	4.54	6.6	6.85	50.9	9.26	35.2
汕头市	22.00	14.0	19.75	−10.1	20.12	1.9	24.31	20.7	28.35	16.6
梅州市	0.92	10.6	1.84	101.0	1.18	−35.9	2.21	88.5	2.71	22.6
潮州市	4.27	−13.6	4.76	11.6	9.18	92.7	14.82	61.5	14.72	−0.7
揭阳市	3.18	16.9	3.64	14.8	4.57	25.4	5.47	19.5	4.32	−21.0
上饶市	0.18	12.5	0.80	342.0	0.60	−25.5	1.46	143.0	2.36	62.0
鹰潭市	19.35	110.9	19.52	0.9	18.48	—	36.01	84.4	37.67	4.5
抚州市	0.01	−67.2	0.04	305.5	0.03	−50.0	0.13	508.1	0.11	−15.7
赣州市	2.45	27.0	3.05	24.9	2.33	−23.7	3.20	37.2	4.00	25.3

表 7　各市出口总额

地　区	出口总额(亿美元)									
	2007 年		2008 年		2009 年		2010 年		2011 年	
	总计	比上年增长(%)	总计	比上年增长(%)	总计	比上年增长(%)	总计	比上年增长(%)	总计	比上年增长(%)
总　　计	708.82	21.0	815.76	15.1	772.27	−5.3	1036.35	34.2	1346.24	31.3
福州市	123.09	12.8	135.87	10.4	120.11	−11.6	163.08	35.8	241.14	47.9
厦门市	255.54	24.6	293.99	15.0	276.58	−5.9	353.24	27.7	426.45	20.7
莆田市	15.48	21.0	17.16	10.8	16.74	−2.5	21.90	30.8	27.81	27.0
三明市	8.09	50.6	7.02	−13.3	7.62	8.6	11.27	47.9	15.46	37.1
泉州市	49.80	23.4	57.95	16.4	58.91	1.7	82.79	40.6	107.83	30.2
漳州市	34.17	14.6	38.76	13.4	33.87	−12.6	50.68	49.7	64.91	28.1
南平市	5.03	17.2	6.34	26.1	6.45	1.7	9.09	41.0	11.91	31.1
龙岩市	2.44	56.5	4.59	87.9	5.92	29.0	13.13	121.8	18.52	41.0
宁德市	5.75	36.7	8.25	43.4	6.99	−15.2	9.74	39.3	14.36	47.4
温州市	101.48	25.6	119.04	17.3	109.34	−8.1	145.43	33.0	181.65	24.9
丽水市	7.49	36.9	10.31	37.7	9.35	−9.3	13.49	44.3	18.14	34.5
衢州市	7.22	55.6	8.99	24.6	7.30	−19.0	12.05	65.1	17.61	46.2
汕头市	39.12	12.3	43.23	10.5	40.16	−7.1	49.35	22.9	59.53	20.6
梅州市	4.36	14.4	5.78	32.6	6.71	16.0	9.51	41.7	10.94	15.0

地 区	出口总额(亿美元)									
	2007 年		2008 年		2009 年		2010 年		2011 年	
	总计	比上年增长(%)	总计	比上年增长(%)	总计	比上年增长(%)	总计	比上年增长(%)	总计	比上年增长(%)
潮州市	17.46	-3.1	17.55	0.5	18.70	6.5	23.41	25.2	27.09	15.7
揭阳市	17.69	24.9	20.98	18.6	25.25	20.4	30.80	22.0	37.92	23.1
上饶市	2.80	70.6	4.81	70.0	5.84	21.3	15.21	160.5	24.18	59.0
鹰潭市	2.54	-23.9	2.41	-5.0	1.90	-21.1	3.62	90.4	6.10	68.2
抚州市	2.56	100.7	2.99	4.5	4.74	58.4	5.45	14.9	9.48	73.9
赣州市	6.71	34.4	9.73	45.0	9.79	0.6	13.10	33.9	25.23	92.5

表8　各市实际利用外商直接投资

地 区	实际利用外资(亿美元)									
	2007 年		2008 年		2009 年		2010 年		2011 年	
	总计	比上年增长(%)	总计	比上年增长(%)	总计	比上年增长(%)	总计	比上年增长(%)	总计	比上年增长(%)
总　计	63.06	24.9	78.39	24.3	77.30	-1.4	81.90	6.0	89.29	9.0
福州市	7.00	5.9	10.02	43.1	10.32	3.1	11.85	14.8	12.77	7.8
厦门市	12.72	33.2	20.42	60.6	16.87	-17.4	16.97	0.6	17.26	1.7
莆田市	1.20	26.3	1.30	8.3	1.83	40.4	2.30	25.4	2.53	10.1
三明市	0.54	5.9	0.66	23.4	0.75	13.0	0.86	15.8	0.92	6.6
泉州市	12.75	38.6	17.00	33.3	17.20	1.2	14.93	-13.2	16.15	8.1
漳州市	4.50	12.2	5.01	11.1	5.50	9.9	7.01	27.4	8.87	26.6
南平市	0.48	20.0	0.59	22.5	0.62	5.3	0.68	10.1	0.78	14.8
龙岩市	1.20	55.8	1.34	11.7	1.52	13.4	1.65	8.4	1.78	7.6
宁德市	0.22	—	0.38	76.1	0.57	48.7	0.71	25.1	0.95	34.0
温州市	6.18	33.5	2.62	-57.6	2.34	-10.7	1.76	-24.8	1.02	-41.9
丽水市	0.22	14.2	0.81	264.3	0.29	-64.0	0.38	31.0	0.44	40.5
衢州市	0.41	2.9	0.58	43.3	0.64	9.8	0.62	-1.6	0.45	-27.2
汕头市	1.72	22.9	1.94	13.0	2.04	5.2	2.56	25.2	3.46	35.0
梅州市	1.12	36.9	1.29	14.3	0.80	-37.7	0.90	11.9	1.02	13.2
潮州市	0.82	21.0	0.91	20.7	1.01	11.0	1.12	11.0	1.26	12.4
揭阳市	0.91	30.0	1.27	45.5	1.32	4.1	1.49	12.5	1.71	14.7
上饶市	2.57	38.5	3.01	15.0	3.49	16.0	5.04	44.5	5.94	17.7
鹰潭市	0.85	4.8	1.02	20.5	1.11	8.8	1.20	8.1	1.45	21.4
抚州市	1.08	22.5	1.22	3.1	1.36	11.2	1.52	11.5	1.76	16.3
赣州市	6.58	11.5	7.00	11.0	7.72	10.3	8.36	8.3	8.77	5.0

表9　各市地方财政一般预算收入

地　区	地方财政一般预算收入(亿元)									
	2007 年		2008 年		2009 年		2010 年		2011 年	
	总计	比上年增长(%)	总计	比上年增长(%)	总计	比上年增长(%)	总计	比上年增长(%)	总计	比上年增长(%)
总　计	1046.16	28.2	1249.68	19.5	1423.08	13.9	1780.63	25.1	2282.78	28.2
福州市	146.56	26.8	168.86	15.2	195.26	15.6	247.82	26.9	320.04	29.1
厦门市	186.53	37.0	220.23	18.1	240.55	9.2	289.17	20.2	380.50	31.6
莆田市	23.82	28.8	29.56	24.1	37.91	28.3	47.63	25.7	63.93	34.2
三明市	27.49	24.8	32.96	19.9	37.96	15.2	49.64	30.8	64.54	30.0
泉州市	114.61	23.2	137.17	19.7	150.05	9.4	181.53	21.0	242.09	33.4
漳州市	47.41	35.2	60.49	27.6	70.95	17.3	88.57	24.8	112.09	26.6
南平市	23.89	29.7	28.05	17.4	31.31	11.6	38.59	23.0	48.68	26.2
龙岩市	36.66	28.7	46.28	26.2	54.34	17.4	66.75	22.8	84.28	26.3
宁德市	20.18	28.2	24.22	20.0	27.54	13.8	40.51	47.1	54.30	34.1
温州市	157.03	21.9	180.15	14.7	195.64	8.6	228.49	16.8	270.87	18.5
丽水市	32.66	31.0	36.15	10.7	37.42	3.5	44.94	20.1	57.36	27.6
衢州市	29.35	24.7	34.39	17.2	37.85	10.1	46.98	24.1	57.57	22.6
汕头市	42.49	21.6	51.22	20.6	58.54	14.3	72.65	24.1	85.58	17.8
梅州市	22.97	25.9	27.11	18.0	30.77	13.5	38.95	26.6	46.89	20.4
潮州市	13.50	26.8	16.02	18.8	18.25	13.9	23.25	27.4	27.27	17.3
揭阳市	17.32	25.9	22.37	29.1	28.87	29.0	38.65	33.9	46.35	19.9
上饶市	32.06	26.3	36.65	14.3	48.10	31.2	72.56	50.9	95.58	31.7
鹰潭市	12.54	46.8	16.34	30.3	18.11	10.9	29.51	62.9	38.82	31.6
抚州市	20.15	44.7	26.00	29.0	35.59	36.9	55.43	55.7	75.99	37.1
赣州市	38.93	27.8	55.47	42.5	68.08	22.8	79.01	16.0	110.05	39.3

表10　各市城镇居民人均可支配收入

地　区	城镇居民人均可支配收入(元)									
	2007 年		2008 年		2009 年		2010 年		2011 年	
	平均	比上年增长(%)	平均	比上年增长(%)	平均	比上年增长(%)	平均	比上年增长(%)	平均	比上年增长(%)
福州市	16642	17.1	19009	16.0	20289	9.1	22723	12.0	26050	14.6
厦门市	21503	16.2	23948	11.4	26131	9.1	29253	12.0	33565	14.7
莆田市	14351	16.9	16495	16.2	17308	10.1	19068	10.2	21843	14.6

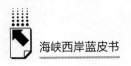

续表

地区	城镇居民人均可支配收入(元)									
	2007 年		2008 年		2009 年		2010 年		2011 年	
	平均	比上年增长(%)	平均	比上年增长(%)	平均	比上年增长(%)	平均	比上年增长(%)	平均	比上年增长(%)
三明市	14246	12.8	16013	13.8	16500	9.4	18194	10.3	20778	14.2
泉州市	18097	13.3	20420	12.8	22913	8.0	25155	9.8	28703	14.1
漳州市	14153	13.1	16023	15.9	16616	10.0	18482	11.2	21137	14.4
南平市	13161	17.1	15098	16.4	15867	7.9	17332	9.2	19735	13.9
龙岩市	14128	20.6	15689	13.4	16572	10.6	18406	11.1	21085	14.6
宁德市	12504	16.4	13936	11.5	15147	9.8	16815	11.0	19314	14.9
温州市	20922	-3.7	22855	9.2	24467	7.1	27250	11.4	31749	13.5
丽水市	15910	14.0	17710	11.3	19018	7.4	21093	10.9	23391	12.2
衢州市	16388	12.7	18069	10.3	19539	8.1	21811	11.6	24900	14.2
汕头市	11716	7.0	12542	7.0	13651	8.8	15179	11.2	17474	15.1
梅州市	10802	16.7	12109	12.1	13113	8.3	14728	12.3	16761	13.8
潮州市	10391	8.5	11320	8.9	12398	9.5	13669	10.3	15664	14.6
揭阳市	10751	9.2	11757	9.4	13169	12.0	14907	13.2	16879	13.2
上饶市	11341	15.3	12676	11.8	13989	10.4	15535	11.0	17698	13.9
鹰潭市	11290	17.0	12808	13.4	14140	10.4	15618	10.5	17518	12.2
抚州市	11101	17.7	12293	10.7	13119	6.7	14445	10.1	16633	15.1
赣州市	10540	15.2	11834	12.3	12901	9.0	14203	10.1	16058	13.1

表 11 各市农村居民人均纯收入

地 区	农村居民人均纯收入(元)									
	2007 年		2008 年		2009 年		2010 年		2011 年	
	平均	比上年增长(%)	平均	比上年增长(%)	平均	比上年增长(%)	平均	比上年增长(%)	平均	比上年增长(%)
福州市	6286	12.4	7142	13.6	7669	7.4	8543	11.4	10107	18.3
厦门市	7637	11.2	8475	11.0	9153	8.0	10033	9.6	11928	18.9
莆田市	5628	14.3	6436	14.4	6921	7.5	7663	10.7	9066	18.3
三明市	5141	12.5	5853	13.8	6327	8.1	6949	9.8	8205	18.1
泉州市	7244	9.7	7973	10.1	8563	7.4	9296	8.6	10578	13.8
漳州市	5696	12.3	6506	14.2	7054	8.4	7861	11.4	9128	16.1
南平市	5059	14.7	5712	12.9	6116	7.1	6759	10.5	7861	16.3

续表

地　区	农民人均纯收入(元)									
	2007 年		2008 年		2009 年		2010 年		2011 年	
	平均	比上年增长(%)	平均	比上年增长(%)	平均	比上年增长(%)	平均	比上年增长(%)	平均	比上年增长(%)
龙岩市	5086	13.2	5775	13.5	6252	8.2	6931	10.9	8234	18.8
宁德市	4687	14.1	5404	15.3	5838	8.0	6542	12.1	7756	18.5
温州市	8591	13.9	9469	10.2	10100	7.1	11416	13.0	13243	16.0
丽水市	4373	13.0	5050	15.5	5703	12.9	6537	14.6	7809	19.5
衢州市	6071	13.3	6843	12.7	7336	7.2	8270	12.7	9635	16.5
汕头市	4581	4.0	4885	6.6	5260	7.7	6518	16.6	7893	21.1
梅州市	4613	5.6	5038	9.2	5390	7.0	6367	18.1	7825	22.9
潮州市	4599	6.5	4977	8.2	5492	10.4	6373	13.0	7787	22.2
揭阳市	4561	5.2	4926	8.0	5433	10.3	6128	12.8	6993	14.1
上饶市	3902	10.7	4353	11.6	4701	8.0	5317	13.1	6134	15.4
鹰潭市	4406	13.4	5100	15.8	5510	8.0	6249	13.4	7623	22.0
抚州市	4096	14.9	4718	15.2	5117	8.5	5848	14.3	7051	20.6
赣州市	3271	9.0	3570	9.1	3856	8.0	4182	8.5	4684	12.0

B.16
海峡西岸经济区重要文件政策摘编

海峡西岸经济区发展规划
国家发展和改革委员会

2011 年 3 月

前　言

　　海峡西岸经济区东与台湾地区一水相隔，北承长江三角洲，南接珠江三角洲，是我国沿海经济带的重要组成部分，在全国区域经济发展布局中处于重要位置，具有对台交往的独特优势。福建省在海峡西岸经济区中居主体地位，在对台交流合作中发挥着重要作用。党中央、国务院高度重视海峡西岸经济区的建设。2009 年 5 月，国务院出台了《关于支持福建省加快建设海峡西岸经济区的若干意见》（国发〔2009〕24 号，以下简称《意见》）。这是党中央、国务院审时度势、着眼全局，在两岸关系出现重大积极变化、海峡西岸经济区建设进入关键时期作出的重大战略决策，意义重大，影响深远，标志着海峡西岸经济区建设进入了一个新的阶段。

　　为谋划好海峡西岸经济区发展布局，指导和促进海峡西岸经济区在更高的起点上实现又好又快发展，根据《意见》要求，特制定本规划。本规划范围包括福建省全境以及浙江省温州市、衢州市、丽水市，广东省汕头市、梅州市、潮州市、揭阳市，江西省上饶市、鹰潭市、抚州市、赣州市，陆域面积约 27 万平方公里。规划期从 2011 年至 2020 年。

　　本规划是指导海峡西岸经济区建设和编制相关专项规划的重要依据。

第一章　发展基础

　　海峡西岸经济区区位优越，对台合作优势独特，山海资源丰富，生态环境良好，经济发展水平较高，具备加快发展的有利条件。

第一节　发展优势

优越的区位条件。海峡西岸经济区地处长江三角洲和珠江三角洲、台湾地区和祖国大陆的结合部，邻近港澳，发挥着承南启北、贯通东西的桥梁纽带作用，是加强两岸交流合作、推动两岸关系和平发展的重要前沿平台和纽带。

良好的资源环境和人文优势。海峡西岸经济区生态环境良好，森林覆盖率比较高；岸线资源丰富，港口优势突出；旅游资源独特，拥有福建武夷山、福建土楼、福建泰宁、江西三清山、江西龙虎山、江西龟峰和浙江江郎山等世界自然遗产、世界文化遗产及风景名胜区。海峡西岸经济区是著名侨乡，旅居世界各地华人华侨2100多万人，港澳同胞400多万人，人文优势明显。

独特的对台合作优势。海峡西岸经济区处在两岸交流合作的前沿，与台湾地区经济文化交流源远流长。海峡西岸经济区是大陆距离台湾本岛最近的区域，平潭岛距离台湾新竹仅68海里。80%以上台湾民众祖籍地在福建。台湾的民间信仰和民俗文化大部分传自海峡西岸经济区，闽南文化、客家文化、潮汕文化、妈祖文化等在台湾地区有广泛影响。海峡西岸经济区与台湾地区商贸往来历来十分密切。闽台政治法律关系渊源深厚。

率先对外开放的沿海地区。海峡西岸是我国改革开放以来最早对外开放的沿海地区之一，依托毗邻台港澳优势，率先建立开放型经济体系，基本形成了全方位、多层次、宽领域的对外开放格局；充分发挥经济特区改革"试验田"作用，率先推行市场化改革，市场化程度高、民营经济发达。

较好的经济社会发展基础。海峡西岸经济区经济综合实力不断增强，2009年地区生产总值超过2万亿元，人均地区生产总值近3500美元；自主创新能力不断增强，先进制造业逐步发展壮大；人口和产业不断集聚，城镇化水平不断提高；基础设施建设加快推进，综合交通运输网络初步形成；城乡、区域协调发展不断增强，人居环境不断优化。

第二节　机遇和挑战

经济全球化和区域经济一体化深入发展，国际间产业转移不断加快，两岸关系和平发展不断推进，这些都为海峡西岸经济区加强与台湾地区的合作、实现较快发展提供了重要机遇。

国家区域发展总体战略深入实施。党中央、国务院高度重视海峡西岸经济区建设，对海峡西岸经济区加快发展提出了新的要求，赋予了新的使命，为加快发展注入了新的活力和强大动力。深入实施西部大开发战略、促进中部地区崛起和鼓励东部地区率先发展等政策的实施，为海峡西岸经济区加快发展提供了更为广阔的空间和有力支撑。

两岸交流合作全面推进。近年来，两岸实现直接"三通"，签署两岸经济合作框架协议，两岸关系发展迎来了难得的历史机遇。海峡西岸经济区与台湾经济联系更加密切，以闽南文化、客家文化、潮汕文化、妈祖文化和祖地文化为纽带的交流交往更加活跃，台商投资区等载体平台已成为台湾产业转移的集聚区，海峡论坛等重大涉台经贸文化交流活动影响日益扩大。随着两岸关系不断改善，海峡西岸经济区在加强两岸交流合作、推动两岸关系和平发展中的地位与作用将进一步凸显。

区域经济一体化进程加快。海峡西岸经济区在地理上连为一体，在自然、文化上具有相似性，地区间的经济发展、市场体系内在联系紧密。闽粤赣、闽浙赣等跨省区域协作组织发挥了重要作用，有力地促进区域协调发展。出海通道建设加快推进，将在更大范围内促进生产要素合理流动和优化配置，加快区域经济一体化进程。

同时，海峡西岸经济区加快发展也面临着严峻挑战，主要是发展方式还比较粗放，自主创新能力不够强，经济发展整体水平和产业素质有待提升；区域中心城市实力还比较弱；港口资源开发利用还不充分，交通、能源等基础设施建设相对落后；区域内原中央苏区县、革命老区、少数民族地区、海岛、水库库区等地区发展基础薄弱，城乡公共服务水平差距较大；促进要素合理流动的制度环境和市场体系有待进一步完善；体制机制有待进一步改革创新，改革攻坚的任务仍比较繁重。

第二章　总体要求和发展目标

认真贯彻落实党中央、国务院关于支持海峡西岸经济区建设的重大决策部署，进一步解放思想、勇于创新，凝心聚力、乘势而上，努力开创海峡西岸经济区建设的新局面。

第一节　指导思想

高举中国特色社会主义伟大旗帜，坚持以邓小平理论和"三个代表"重要思想为指导，深入贯彻落实科学发展观，紧紧抓住国家鼓励东部地区率先发展、支持海峡西岸经济区建设的重大历史机遇，全面贯彻落实《意见》，进一步解放思想、与时俱进，牢牢把握两岸关系和平发展的主题，着力推进两岸交流合作，促进两岸互利共赢；着力转变经济发展方式和增强自主创新能力，提高经济发展质量和水平；着力统筹城乡和区域发展，提高经济社会发展的协调性；着力深化改革开放，增强发展的动力和活力；着力改善民生，推进社会主义和谐社会建设；着力加强生态文明建设，提高可持续发展能力，将海峡西岸经济区建设成为经济持续发展、文化更加繁荣、综合竞争力不断增强、人民群众安居乐业的和谐区域。

第二节　战略定位

加强统筹协调，推进分工协作，不断增强海峡西岸经济区在全国发展大局中的战略地位。

——两岸人民交流合作先行先试区域。发挥海峡西岸经济区独特的对台优势和工作基础，努力构筑两岸交流合作的前沿平台，实施先行先试政策，加强海峡西岸经济区与台湾地区的经济全面对接，推动两岸交流合作向更广范围、更大规模、更高层次迈进。

——服务周边地区发展新的对外开放综合通道。从服务、引导和促进区域经济协调发展出发，大力加强基础设施建设，构建以铁路、高速公路、海空港为主骨架主枢纽的海峡西岸现代化综合交通网络，使之成为服务周边地区发展、拓展两岸交流合作的综合通道。

——东部沿海地区先进制造业的重要基地。加快转变发展方式，走新型工业化道路，立足现有制造业基础，加强两岸产业合作，积极对接台湾制造业，大力发展电子信息、装备制造等产业，加快发展战略性新兴产业，建设成为具有较强竞争力的先进制造业基地和两岸产业合作基地。

——我国重要的自然和文化旅游中心。充分发挥海峡西岸经济区的自然和文化资源优势，增强对两岸游客的吸引力，拓展两岸共同文化内涵，突出"海峡旅游"主题，使之成为国际知名的旅游目的地和富有特色的自然文化旅游中心。

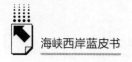

第三节　发展目标

认真贯彻落实《意见》精神，进一步解放思想，大胆探索，先行先试，加快推进海峡西岸经济区建设。通过持续努力，到2020年海峡西岸经济区综合实力显著增强，文化更加繁荣，社会更加和谐，成为我国新的经济增长极。

——科学发展之区。着力科学发展先行，力争在一些领域走在全国前列，转变经济发展方式取得重大进展。到2015年，在优化结构、提高效益、降低消耗、保护环境的基础上，综合实力显著增强，经济社会实现又好又快发展，其中福建省人均地区生产总值达到东部地区平均水平，地方财政收入较大幅度增长；到2020年，经济社会发展取得新成效，区域发展协调性显著增强，其中福建省综合实力迈上新台阶。海峡西岸经济区与台湾地区经济融合不断加强，形成两岸共同发展的新格局。

——改革开放之区。社会主义市场经济体制更加完善，重点领域和关键环节改革取得突破，建立起充满活力、富有效率、更加开放、有利于科学发展的体制机制；对外开放水平明显提高，全方位、多层次、宽领域的对外开放格局进一步完善；区域合作不断拓展，区域经济一体化加快发展，服务两岸直接"三通"的主要通道基本形成并不断完善，两岸人民交流合作的前沿平台功能更加凸显。

——文明祥和之区。社会主义和谐社会建设取得新突破，文化事业和文化产业繁荣发展，全民受教育程度和创新人才培养水平明显提高，建立比较完善的医疗卫生服务体系、覆盖城乡居民的社会保障体系，收入分配结构更加合理，社会就业更加充分，人民生活更加富足，人均基本公共服务水平进入全国前列，人民安居乐业。

——生态优美之区。资源节约型、环境友好型社会建设不断取得新成效，资源利用效率明显提高，单位地区生产总值能耗持续下降，节能减排得到落实，森林覆盖率继续保持较高水平，生态文明建设位居全国前列，成为人居环境优美、生态良性循环的可持续发展地区。

第三章　空间布局

按照战略定位和发展目标，明确功能区定位，进一步优化空间布局，促进区域经济一体化，形成资源要素优化配置、区位优势充分发挥的协调发展新格局。

第一节　功能区划分

充分发挥发展基础较好、资源环境承载能力较强等有利条件，进一步细化功能分区，优化产业布局，加强陆海统筹、山海联动发展，推动形成科学合理的主体功能区。

一、东部沿海临港产业发展区。发挥沿海港口优势，引导产业集聚，大力发展高技术产业和现代服务业，发展和壮大化工、装备制造、能源和港口物流业，建设沿海临港重化工业基地，形成沿海产业密集带。大力发展海洋经济，引导发展滨海旅游、港口航运、生态养殖等产业，加强对重要江河的入海口、海湾、岛屿及其周边区域的保护。

二、中部、西部集中发展区。中部以丽水—南平—三明—龙岩—梅州、西部以衢州—上饶—鹰潭—抚州—赣州等中心城市为支撑点，形成以点状分布的增长极。依托生态、资源等优势，大力发展循环经济，积极发展果林竹、生物医药、绿色食品、旅游等产业，进一步吸引人口和产业集聚。大力发展集约型的绿色有机农业，建设优势农产品生产基地。

三、生态保护和生态产业发展区。以闽江、九龙江、晋江、汀江（韩江）、瓯江等为主要水生生态廊道，以武夷山脉和洞宫山—鹫峰山—戴云山—博平岭两大山脉为核心的生态功能保护带，积极开展生态保护和生态建设，加强生物多样性和物种资源保护，实施水源涵养保护工程，发展休闲旅游业、林竹业和绿色有机农业等生态产业。

第二节　总体布局

按照功能区定位，统筹区域发展空间布局，加快形成分工明确、布局合理、功能互补、错位发展的"一带、五轴、九区"网状空间开发格局，推动区域协调发展。

一、加快建设沿海发展带。利用市场化程度高、民营经济发达的优势，积极推动海峡西岸沿海一线率先发展，形成南北两翼对接长三角和珠三角的桥头堡；按照全国主体功能区规划要求，大力发展先进制造业和现代服务业，推动临港产业和高新技术产业集聚发展；优化提升城市功能，推动城市之间的融合发展，建成特色鲜明、具有竞争力的海峡西岸城市群。

二、纵深推进五个发展轴。以福州、厦门、泉州、温州、汕头为龙头，依托铁路、高速公路，由沿海地区向内地辐射，带动沿线地区发展，形成以点带面、联动发展的新格局。重点建设福州—宁德—南平—鹰潭—上饶发展轴、厦门—漳州—龙岩—赣州发展轴、泉州—莆田—三明—抚州发展轴、温州—丽水—衢州—上饶发展轴和汕头—潮州—揭阳—梅州—龙岩—赣州发展轴。

三、培育壮大九个集中发展区。充分考虑现有开发强度、资源环境承载能力和未来发展潜力，重点发展九个集中发展区，建设成为产业集聚区和城镇密集带。

——厦门湾发展区。以厦门为龙头，以漳州为纵深，增强高端要素集聚和综合服务功能，提升港湾一体化发展水平，推动形成集装箱运输干线港和现代物流中心。厦门市要加快岛内外一体化发展，重点发展现代服务业、战略性新兴产业，建设先进制造业和创新产业的集聚区和示范区。漳州市要加快发展制造业和现代农业，与厦门形成产业互补格局。

——闽江口发展区。以福州为核心，以罗源湾、江阴为两翼，大力发展临港产业，推动福州港成为综合性港口。以平潭开发开放为突破口，着力先行先试，探索两岸合作新模式。积极发展高技术、先进制造业和现代服务业，建设先进制造业基地和对台产业合作基地，推动形成现代制造业集聚区和城镇密集带。

——湄洲湾发展区。依托沿海港口，加强南北岸合理布局和协调开发，重点发展大宗散货运输，成为服务临港产业发展的区域重要港口。推动石化产业集聚发展，建设临港重化工基地、能源基地。开发建设莆田湄洲湾石门澳，推进港城共同发展，大力发展临港重化工业。

——泉州湾发展区。以泉州为核心，统筹环泉州湾产业、港口、城市发展，拓展城市规模，增强城市的集聚辐射、综合服务功能。加快传统优势产业转型升级，大力发展高技术、高附加值制造业和现代服务业，建设先进制造业基地、两岸产业对接基地、民营经济创新发展示范区。

——环三都澳发展区。统筹环三都澳发展布局，合理有序推进岸线开发和港口建设，引导装备制造、化工、冶金、物流等临港产业集聚发展。承接长三角产业转移，加强与浙西南、赣东北地区的区域合作，积极加强与闽江口、温州等地对接，建设成为海峡西岸东北翼新的增长极。

——温州沿海发展区。以温州为依托，充分发挥民营经济发达的优势，加快建设沿海先进制造业基地、港口物流基地，构筑海峡西岸东北翼的增长极，带动丽水、衢州、宁德等地发展，建设成为连接长三角和中西部地区发展的重要区域和出海口、两岸产业对接基地和民营经济创新发展示范区。

——粤东沿海发展区。以汕头为龙头，以潮州、揭阳为两翼，推进汕头、潮州、揭阳同城化发展。进一步发挥汕头经济特区的辐射、带动作用，建设以高技术产业和传统产业升级为先导、先进制造业为主体的新兴产业基地。依托沿海港口，加快建设重化工业为主的临港工业基地，建设成为海峡西岸南翼的增长极。

——闽粤赣互动发展区。以龙岩、三明、赣州、梅州等城市为中心，大力承接沿海产业转移，加快发展旅游、现代物流、生态农业、矿产资源综合利用和精深加工等产业，建设成为承接沿海产业转移基地，闽粤赣边连接沿海、拓展腹地的生态型经济枢纽，全国重要的客家文化中心和红色旅游基地。

——闽浙赣互动发展区。以南平、鹰潭、抚州、上饶、衢州、丽水等城市为中心，充分利用生态和能源资源优势，建设绿色农产品基地、能源供给基地和铜产业基地。依托武夷山、三清山、龙虎山等丰富的旅游资源，大力发展旅游、生态休闲观光农业等产业，建设成为国际知名的生态文化休闲度假旅游目的地。

第四章　构筑两岸交流合作的前沿平台

抓住当前两岸关系和平发展的有利时机，充分发挥对台的独特优势，先行先试，努力构建一个吸引力更强、功能更完备的两岸交流合作前沿平台。

第一节　建设两岸经贸合作的紧密区域

推动建立更加紧密的两岸经济合作机制，实现优势互补、共同发展，为两岸关系和平发展奠定更为扎实的物质基础、提供更为强大的经济动力。

一、加强产业深度对接。推进两岸产业对接集中区建设。按照同等优先、适当放宽的原则，以信息、石化、机械、船舶、冶金等产业为重点，加

强两岸产业深度对接，形成厦门湾、闽江口、湄洲湾等沿海一线的产业对接集中区。温州、汕头等其他地区要发挥各自优势和产业基础，加强与台湾产业对接。

提升台商投资区载体作用。适时推进厦门、福州台商投资区扩区和新设立泉州台商投资区。加强台商投资区、开发区、海关特殊监管区域功能整合，推动台商投资集聚发展，提高产业承载力。

拓宽两岸产业对接领域。推进光电、生物医药、节能环保、新能源、新材料、海洋等产业的对接，大力吸引与之配套的上下游企业投资。推动与台湾相关行业协会、科技园区、企业等建立更紧密合作机制，共同建设两岸产业对接专业园区。

提升产业合作关联度。进一步完善产业链配套建设，依托福州、厦门台商投资区及其他台商投资集中地区，建立大陆台资企业所需的零部件、原辅材料中心，鼓励本地企业投资台资企业配套行业。支持大陆台资企业就地转型升级。鼓励和支持有条件的企业到台湾投资兴业，推动建立两岸产业优势互补、互利双赢的合作机制。

二、深化农业合作。充分发挥海峡两岸农业合作试验区、现代农业示范区、现代林业合作实验区、台湾农民创业园的窗口、示范和辐射作用，促进对台农业资金、技术、良种、设备等生产要素的引进与合作。支持建设海峡两岸农业技术合作中心，建设对台良种引进繁育中心和示范推广基地。加快台湾农民创业园建设，支持有条件的地方增设海峡两岸农业合作试验区和台湾农民创业园。加快建设对台农产品出口加工基地，打造两岸农产品集散中心。

三、提升服务业合作水平。建设两岸区域性金融服务中心。推动两岸银行、保险、证券等机构双向互设、相互参股，同等条件下，优先批准台资银行、证券等金融机构在区域内设立机构或参股区域内金融企业。推动对台离岸金融业务发展，促进两岸银行卡通用和结算。

建立两岸物流业合作基地。积极承接台湾现代服务业转移，加强两岸物流企业、项目对接，合作建设物流配送或专业配送中心。加快海峡西岸国际采购和区域物流中心建设，推动两岸物流产业标准化和网络化建设。

加强旅游合作。建立两岸旅游互动合作机制，加强两岸旅游景区和线路对接，做大做强"海峡旅游"品牌。支持开拓对台旅游市场，逐步增加大陆居民从福建口岸赴台旅游。全力打造"小三通"黄金旅游通道，使之成为大陆对台旅游先行先试示范区和两岸旅游合作重要基地。

四、扩大对台直接贸易。在两岸建立长期、稳定的经贸合作机制过程中，允许海峡西岸经济区在促进两岸贸易投资便利化、台湾服务业市场准入等方面先行试验。实行更加开放的对台贸易政策，扩大大陆台资企业所需的零部件、原辅材料进口，积极推动优势产品对台出口。

第二节　建设两岸文化交流的重要基地

以中华文化为纽带，多领域、多层次、全方位地开展与台湾各界的往来，推动文化交流、人员互动，增强民族意识，凝聚共同意志，为两岸关系和平发展增添活力。

一、推进文化交流合作。加强祖地文化、民间文化交流，进一步增强闽南文化、客家文化、潮汕文化、妈祖文化等连接两岸同胞感情的文化纽带作用。加快推进闽南文化生态保护实验区建设，加强对妈祖信俗、南音等人类非物质文化遗产代表作名录项目的保护，进一步提升闽台缘博物馆功能。支持设立客家文化（闽西）生态保护试验区，加快海峡客家论坛中心和客家始祖文化园建设。加强两岸少数民族交流。提升各类涉台展会层次，把海峡西岸经济区建设成为两岸重大经贸文化活动中心。深入开展两岸文化、艺术、广播影视、新闻出版等方面交流互动。推动宗亲文化、宗教、民间信仰的交流，推进闽台族谱对接，吸引更多的台湾同胞来闽寻根谒祖、探亲访友。

二、推进科技交流合作。以中国·海峡项目成果交易会、粤台经济技术交流会为平台，加强与台湾在技术研发、成果转化等方面的合作。加强厦门、泉州、汕头等两岸科技交流合作平台建设，鼓励两岸科研机构、高等院校、企业共同设立两岸合作研发机构，联手培养研发团队和技术人才。深化气象、海洋、地质、地震、环保等方面交流合作。

三、推进教育交流合作。进一步拓展两岸职业教育合作，推进两岸校际合作、职业培训、资格考试和认证、专业技术资格评审、人才引进和人力资源开发等试点工作，积极推动两岸院校学生互招、学历互认、师资互聘。开展两岸

合作办学试点，做好台商子女在区域内就读服务工作。扩大区域内高校对台招生规模，推动区域内学生到台湾就学。

四、推进卫生交流合作。加大卫生领域对台开放，鼓励和支持台商在区域内投资建设医院等设施。鼓励台胞比较集中的福州、厦门等地医院提供就医及结算便利，为台胞提供医疗服务。以海峡中医药合作发展中心为载体，建立两岸中医药交流合作基地。支持符合条件的台胞申请参加医师资格认定、考试、执业注册和短期行医。

第三节　建设两岸直接往来的综合枢纽

充分发挥两岸交流合作的前沿平台作用，进一步拓展两岸直接往来的范围，把海峡西岸经济区建设成为两岸交流交往、直接"三通"的主要通道和平台。

一、构建服务两岸的客运枢纽。加快完善两岸直接"三通"基础条件，提升对台开放合作整体功能。进一步扩大口岸开放，加强口岸基础设施和大通关机制建设，实现福建电子口岸互通和信息共享。健全两岸人员往来的便捷有效管理机制，允许外省居民在福建办理证件，方便两岸人员直接往来。适时发展对台客滚直航运输和海上邮轮，完善厦门、福州等机场两岸空中直航的设施条件，增加航线、航班，打造两岸空中快线。

二、构建服务两岸的货运枢纽。充分利用沿海港口优势，完善港口功能，加快海峡航运业发展。鼓励台湾企业投资区域内交通等基础设施建设，密切两岸港口合作。支持增开两岸集装箱班轮航线、散杂货不定期航线，加快福州、厦门、泉州、温州、汕头等两岸直航港口建设。支持台资企业在闽设立航运公司，鼓励船舶在闽港口登记。推进两岸港区对接，推动运输业、仓储业、船舶和货运代理合作。

三、构建服务两岸的信息枢纽。支持福州、厦门邮政物流中心建设，做大做强对台邮政和物流业务。扩大厦门—金门、马尾—马祖航线包裹业务的服务范围和对象。加强对台通邮基础设施建设，推动建立对台邮件总包交换中心。进一步发挥福建作为两岸事务重要协商地的作用，支持国家有关部门、两岸相关团体在福建设立办事机构。

第四节　建设两岸合作的平潭综合实验区

根据《意见》中关于"在现有海关特殊监管区域政策的基础上，进一步探索在福建沿海有条件的岛屿设立两岸合作的海关特殊监管区域，实施更加优惠的政策，探索进行两岸区域合作的试点"的要求，设立平潭综合实验区，开展两岸区域合作综合实验，努力把平潭建设成为两岸同胞合作建设、先行先试、科学发展的共同家园。

一、探索两岸合作新模式。按照创新合作模式、深入推进交流合作的要求，借鉴台湾有效的管理经验和方法，积极探索更加开放的合作方式，开展两岸经济、文化及社会等各领域交流合作综合实验，争取率先突破，为两岸交流合作开辟新路、拓展空间、创新机制。

二、构建两岸经贸合作特殊区域。落实两岸经济合作框架协议，推进两岸投资贸易便利化。积极承接台湾产业转移，高起点发展电子信息、海洋生物科技、物流、旅游等高新技术产业和现代服务业。发展低碳技术，建设两岸合作的低碳科技示范区。加强两岸旅游合作，开辟两岸联线旅游。对接台湾文化创意产业，建设两岸文化产业园。支持在平潭岛内设立海关特殊监管区域，实行更加优惠的监管政策。

三、建设两岸同胞的共同家园。抓紧规划建设平潭至福州的海峡第二通道，畅通平潭岛与陆地联系的通道。适时开通平潭至台湾的海上快捷客货滚装航线，构建两岸直接往来的便捷通道。加快建设环岛路等内部路网体系和市政设施，加强生态环境保护和综合防灾体系建设，优化人居环境，建设现代化海岛城市。创新社会管理新模式，积极探索台胞参与平潭社会事务管理的方式，把平潭打造成为适宜两岸民众居住的示范区。

为统筹协调平潭开放开发建设，由发展改革委会同有关部门抓紧编制《平潭综合实验区总体发展规划》，以指导和促进平潭充分发挥后发优势和对台优势，推进先行先试综合实验，实现又好又快发展。

第五章　加快建设现代化基础设施

按照统筹规划、合理布局、适度超前、安全可靠的原则，加快交通、能源、防灾减灾和信息基础设施建设，提高发展保障能力，服务两岸直接

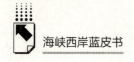

"三通"。

第一节　加强综合交通运输网络与对外通道建设

大力推进交通基础设施建设，完善海峡西岸现代化综合交通网络，建设服务中西部发展新的对外开放综合通道。

一、加快交通通道建设。加快推进运输通道建设，完善福州、厦门、泉州、温州、汕头等综合交通枢纽功能，更好地服务于两岸交流合作和中西部对外开放。到2015年铁路营业里程、高速公路通车里程均达5000公里以上。

——贯通东西通道。依托沿海港口，向纵深推进，向腹地拓展，建设快速铁路、高速公路相结合的东西向主通道。加快建设向塘至莆田（福州）铁路，抓紧建设合肥至福州、昆明至厦门高速铁路和赣州至龙岩、龙岩至厦门、金华至温州扩能工程。改造提升横峰至福州、鹰潭至厦门等铁路。加快建设北京至福州高速公路，全面建成福州至银川、厦门至成都、泉州至南宁等国家高速公路。

——连接两岸通道。按照扩大两岸直接"三通"要求，适时发展台湾海峡北、中、南线轮渡滚装运输，开展连接两岸运输通道的规划研究工作。

——拓展南北通道。完善连接长三角、珠三角的快速铁路、高速公路，优化运输结构，提高运输效率和通过能力。加快建设厦门至深圳快速铁路，尽快贯通东南沿海铁路客运专线。改造提升南平至三明至龙岩、广州至梅州至汕头等铁路。打通杭州至广州的快捷通道，贯通长深线丽水至梅州段等国家高速公路，对沈海高速公路进行扩容改造。

——区域协作通道。加快建设海峡西岸经济区协调发展、合作协作的通道，打通省际间断头路，抓紧建设宁德至上饶高速公路等区域干线，规划建设宁德至衢州、长汀至泉州、衢州至丽水、浦城至梅州、鹰潭至梅州铁路，争取建成福鼎经浦城、建宁、武平至诏安的交通通道。

二、合理布局港口建设。加强港湾资源整合，完善港口规划布局，加强配套设施建设，加快建设面向世界、连接两岸三地、服务中西部地区发展的海峡西岸港口群。

——福州港。以福州港为主体，整合覆盖福州、宁德两市的三都澳、罗源湾、兴化湾北岸等港区，推动成为集装箱和大宗散货共同发展的综合性主要港口。

——湄洲湾港。以湄洲湾港为主体，整合覆盖泉州、莆田两市的湄洲湾、泉州湾、兴化湾南岸等港区，重点发展大宗散货运输，成为服务临港产业的地区重要港口。

——厦门港。以厦门港为主体，整合覆盖厦门、漳州两市的厦门湾、东山湾等港区，加快形成以集装箱运输为主、散杂货运输为辅的主要港口。

——温州港。以温州港为主体，整合覆盖温州的状元岙、大小门、乐清湾、瓯江南北岸等港区，发展散杂货和集装箱运输，服务临港产业。

——汕头港。以汕头港为主体，整合覆盖潮州港、揭阳港等港区，发展大宗散货、杂货和集装箱运输，服务于腹地经济发展。

——拓展港口腹地。实施"大港口、大通道、大物流"发展战略，鼓励沿海港口物流企业在内陆城市建立"陆地港"，推进发展河海联运、铁水联运等多式联运。

三、提高空港服务能力。按照两岸空中直航发展需要，抓紧完善机场发展布局和设施配套，建设部分支线机场，加快形成以厦门、福州国际机场为主，中小机场为辅，干支线机场相结合的空港布局。抓紧厦门（新）、武夷山、上饶、衢州等机场建设工程前期工作。积极引进基地航空公司，开辟国内外新航线。大力发展飞机维修等临空产业。到2015年民航旅客吞吐量达4000万人次以上。

第二节　建设海峡西岸能源基地

依托良好的港口条件，加强对外能源合作，优化能源结构，构筑安全、稳定、经济、清洁的能源供应体系，提高能源保障能力。

一、电力。以清洁、低碳为发展方向，科学规划电源点建设，加快电网建设步伐。合理布局沿海大型煤电，加快列入规划的超临界、超超临界大型燃煤火电项目建设和前期工作。规范水能资源开发利用，合理布局抽水蓄能电站，推进仙游、衢江、梅州五华等抽水蓄能电站建设和前期工作。抓紧完善电网建设，推进福建与华东联网第二通道及与南方联网前期工作，加快构筑"省内环网、沿海双廊"的500千伏超高压电网，实现多通道大容量的跨省联网；加强220千伏及以下输配网和智能电网建设，提高供电能力和安全可靠性。

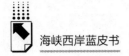

二、能源储备。发挥沿海港口优势，积极引进煤炭、石油、液化天然气等能源资源。加快建设闽江口、湄洲湾、汕头煤炭中转储备基地。研究台湾海峡油气资源的合作勘探和联合开发。加快完善天然气管网，积极开展福建与粤东、浙南、赣东南天然气输气主干线对接的研究。

三、新能源开发。加强新能源资源调查和评价，优先开发技术比较成熟、可规模化发展和产业化前景比较好的新能源。积极推动风能规模化开发，加快推进莆田平海湾、宁德霞浦、漳浦六鳌、温州洞头、瑞安等海上风电示范项目，建设一批海上风能基地。加快生物质能、太阳能、地热能、潮汐能等开发利用。

第三节　加强信息网络体系建设

加快宽带通信网、数字电视网和下一代互联网建设，推进"三网融合"，积极推进物联网发展。完善省级政务信息网，加快整合省、市、县三级突发公共事件应急管理信息系统，完善应急反应体系。推进各地行政审批服务中心信息化建设，实现网上行政审批。加快推进"数字城市"、"数字社区"工程建设。加强农村信息化建设，构建"三农"信息服务体系。加快建设电子商务等公共服务平台，完善物流信息、信用认证、支付网关等平台，推进物流信息平台跨省联网。

第四节　提高防灾减灾能力

加强政府对城乡安全的综合协调、社会管理和公共服务职能，加快建立与经济社会发展相协调的防灾减灾体系，提高防御自然灾害能力。推进以闽江、九龙江、汀江（韩江）、瓯江、赣江、抚河等重点江河堤防工程和洪水预警预报系统升级改造，加快中心城市和县级城区防洪排涝工程建设，加强沿海防护林和海堤建设，健全城乡防洪体系。建立健全地质灾害防治体系。建设一批具有跨区域、跨流域、跨时空调节功能的大中型蓄、引、调水利枢纽工程，发挥防洪、灌溉、供水等综合作用。加强两岸在防范台风、地震等方面的合作，推动建立两岸共同防范自然灾害的长效机制。

第六章　构建现代产业体系

依托现有产业基础和比较优势，推进产业集聚和优化升级，加快转变经济发展方式，形成以现代农业为基础、以先进制造业为主、以服务业为支撑的现代产业体系。

第一节　大力发展现代农业

按照高产、优质、高效、生态、安全的要求，加快转变农业发展方式，促进农业结构优化升级，构建现代农业产业体系。

一、着力发展优势特色产业。引导建设闽东南高优农业、闽西北和赣东南、浙西南绿色农业、沿海蓝色农业产业带。加快农业结构调整，发展壮大园艺、林竹、水产、畜牧等优势产业，积极培育水产品、生猪、蔬菜、水果、食用菌、茶叶、花卉等特色农产品。积极发展休闲观光农业、森林旅游业。加强农业基础设施建设，加快农业新品种、新技术、新肥料、新农药、新机具的推广应用，提高土地产出率和资源利用率。

二、提高农产品加工水平。围绕优势特色产业，大力发展农产品精深加工和综合利用，延长产业链，提高附加值。扶持壮大一批农业产业化龙头企业，培育一批农产品加工示范园区、示范企业和示范项目。大力发展品牌农业，扶持发展一批有影响力的品牌农产品和重点企业。支持农产品出口加工基地建设，扩大特色优势农产品出口。

三、建立健全农业服务和质量安全体系。加强农村市场体系建设，扶持发展一批农家店、农民专业合作社、重点农产品批发市场、农贸市场和农资服务网络。加强粮食现代物流体系建设，大力发展农产品冷链物流。健全农业技术推广、动植物疫病防控、农产品质量监管等公共服务机构，建立新型农业社会化服务、农产品质量安全监管体系。支持出口食品、农产品质量安全示范区建设。

第二节　建设海峡西岸先进制造业基地

坚持走新型工业化道路，推进信息化和工业化融合，实施品牌带动战略，扶持重点骨干企业发展，着力培育产业集群，建设成为东部沿海地区先进制造业重要基地。

一、做大做强主导产业。坚持自主创新与消化吸收再创新、深化内涵与拓展外延、重点突破与全面提升相结合，加快发展电子信息、装备制造、石油化工等产业，引导发展一批关联性大、带动作用强的龙头企业和骨干项目，延伸

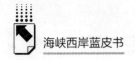
产业链，壮大产业规模，提升产业整体发展水平。电子信息产业要按照立足优势、加强合作、促进集群的原则，加强计算机及网络、数字视听、移动通信三大产业链建设，大力发展软件、半导体照明、光电、新型元器件等新兴产业。加快福厦沿海信息产业基地建设，培育发展福州、厦门、泉州、温州、潮州等一批新兴特色产业园，促进产业集聚。按照提升水平、重点突破、加强配套的原则，加快建设装备制造业基地。加快发展交通运输设备、工程机械、电工电器、环保设备、飞机维修等优势产业，建设各具特色的装备制造业产业园。鼓励发展游艇制造业。鼓励强强联合，推进重点骨干造船企业与中外大企业战略合作，与上下游产业组成战略联盟，加快形成东南沿海修造船集中区。按照基地化、大型化、集约化的原则，合理布局，延伸和完善石化产业链，加快湄洲湾、漳州古雷石化基地建设，形成全国重要的临港石化产业基地。积极推进石化深加工和综合利用，带动上下游产业发展。

二、加快发展新兴产业。以国家级、省级高新区为载体，着力发展信息、生物医药、新材料、新能源、节能环保等战略性新兴产业，建设海峡西岸高新技术产业带。集中发展软件业、集成电路设计业、服务外包业，着力打造国家软件出口基地和服务外包基地城市，努力创建中国软件名城。重点培育生物制药、化学新药、中药和天然药物等生物医药产业，推进生物资源系列开发。加快电子专用材料、光电材料、催化及光催化材料、稀土材料等新材料的产业化，发展化工轻纺新材料、新型建筑材料、特种金属及陶瓷材料。大力发展清洁能源、可再生能源利用和设备制造，培育核电、风电、太阳能、生物质能等产业。积极发展大气、水污染防治、固体废弃物处理等环保设备制造，加强节能新技术、新装备、新产品的推广应用。

三、巩固提升传统优势产业。着力应用高新技术和先进适用技术改造提升建材、冶金、林产、纺织等传统优势产业，培育国内外知名品牌，提高产业竞争力。提升水泥、石材、建筑陶瓷和水暖器材等优势产业发展水平，提高产业集中度和市场占有率。积极发展优质浮法玻璃深加工和新型墙体材料，加快培育特种玻璃产业。推动重点钢铁企业联合重组，加强与国内外大企业合作。积极发展钨、铝精深加工产业，加快金、铜矿项目建设，推动发展稀土功能材料产业。提升制浆造纸、林产化工、人造板、木竹制品等发展水平，推进林浆纸和林板一体化，加快建设临港大型林浆纸项目，建设一批资源综合利用的木竹加工骨干项目，形成林产品深加工基地。突出纺织服装鞋业品牌创建、研发设计、新型材料开发应用及设备更新，提升发展水平，加快建成集研发、设计、制造和服务为一体的纺织服装鞋业中心。

第三节　加快发展现代服务业

积极承接台湾现代服务业转移，重点发展旅游、物流、商务等服务业，提高服务业比重，促进经济结构优化升级。

一、打造国际知名旅游目的地。围绕"海峡旅游"品牌，整合优势资源，加强旅游景点及配套设施建设，加快形成东部蓝色滨海旅游带和西部绿色生态旅游带。以武夷山、三清山、泰宁和龙虎山、江郎山等为重点，积极发展生态旅游和文化旅游，打造以武夷山为中心的海峡西岸西北翼旅游产业集群。以福州昙石山文化遗址、三坊七巷、莆田妈祖文化、屏南白水洋、福鼎太姥山、雁荡山等为重点，积极发展滨海旅游和文化旅游，打造以福州为中心的海峡西岸东北翼旅游产业集群。以厦门鼓浪屿、海上丝绸之路泉州史迹、潮州历史文化名城、漳州滨海火山、南澳国际生态海岛等为重点，积极发展滨海旅游和文化旅游，打造以厦门为中心的海峡西岸南翼旅游产业集群。以福建土楼、古田会址、红都瑞金、婺源等为重点，积极发展生态旅游和红色旅游，打造以龙岩为中心的海峡西岸西南翼旅游产业集群。培育和壮大一批旅行社、旅游饭店等骨干旅游企业，提高旅游产业的竞争力和知名度。

二、加快发展现代物流业。在厦门、福州、泉州、温州、汕头等中心城市、交通枢纽和港口，规划建设一批现代物流园区、综合性现代物流中心。加快保税区、保税港区、保税物流园区建设和整合发展，完善保税物流监管体系，积极推进两岸港区发展保税仓储、贸易采购、配送中转等国际物流。引导传统运输、仓储企业向第三方物流企业转型。加强沿海主要港口、交通枢纽和国际机场等物流节点多式联运物流设施建设，加快发展公铁海空联运，完善海峡两岸及跨境物流网络，加快形成东南沿海大型国际物流通道口。

三、大力发展技术服务业和商务服务业。依托福州、厦门等重点城市，大力发展信息服务、研发设计、知识产权等高技术服务业。加快中介服务业市场化发展步伐，重点发展管理咨询、研究设计、资产评估、信用服务等商务服

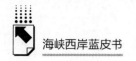

务，大力发展法律、会计、广告等中介服务业。大力发展面向台湾及海内外的会展业，提升重大展会的办会水平，加快培育国际化的会展品牌。

第四节　建设现代化海洋产业开发基地

充分利用海洋资源优势，加快发展海洋经济，建成全国重要的海洋开发和科研基地。

一、大力发展海洋经济。加大政策扶持力度，支持福建开展全国海洋经济发展试点工作，组织编制专项规划，鼓励体制机制创新，努力建设海峡蓝色经济试验区。加强海洋科技中试基地及研发平台建设，建立海洋生物资源研发中心、海洋高技术工程中心、新能源开发等实验示范基地。加快培育海洋药品、保健食品、海洋资源综合利用、海洋服务业等新兴产业，形成以沿海重要港湾为依托的临港经济密集区。

二、加强海洋环境保护。加强海洋自然保护区建设，实施闽江口、泉州湾、九龙江口等海洋生态保护恢复工程。加强海洋保护规划，建立一批红树林、珍稀物种栖息地、重要水生生物和滨海湿地生态保护区。合理开发海域资源，分类开发与保护岛屿资源。探索建立两岸海洋管护协作机制，共同保护台湾海峡海洋资源。

第五节　加强海峡西岸区域创新体系建设

采取更加有效的政策措施，大力推进集成创新和引进、消化、吸收再创新，努力打造特色鲜明的区域创新体系。

一、强化企业的创新主体地位。积极推动技术、资金、人才、管理等要素向企业集聚，引导企业加大技术创新投入力度。支持高等院校、科研院所与企业联合兴办技术创新机构，扶持发展民办科研机构，鼓励重点外资企业在区域内设立研发机构。开展创新型企业试点，培育一批创新能力强、经济效益好、拥有自主品牌的创新型企业。

二、完善区域科技创新平台。加强科技资源整合，推动跨部门、跨区域科技合作。加快建设技术研发协作、科技成果转化、科技中介服务、科技资源共享四类创新平台，扩大中国·海峡项目成果交易会的影响，加快科技成果转化与应用。鼓励、支持台商投资高新技术园区，吸引台湾科研机构和科技人员共同创建创新平台。加强重点实验室、工程技术（研究）中心建设，打造海峡西岸自主创新平台。

三、加强关键领域与核心技术创新。围绕重点产业发展和传统产业改造升级，重点攻克产业发展中关键、共性技术，解决产业发展技术瓶颈。支持开展信息、生物医药、新材料、新能源、海洋等领域重大科技联合攻关，研制一批具有国家先进水平的重大科技产品。在电子信息、装备制造、石油化工等具有比较优势产业领域，推动建立一批产业技术联盟，协作突破核心技术瓶颈。在建材、纺织等传统优势产业领域，加强技术联合研究开发，提高传统优势产业的核心竞争力。

第七章　统筹城乡和区域协调发展

按照城乡一体化发展的总体要求，走新型城镇化道路，加快推进社会主义新农村建设，促进城乡之间公共资源均衡配置和生产要素自由流动，加快形成城乡经济社会一体化发展新格局。

第一节　加快建设海峡西岸城市群

加强海峡西岸城市群发展的规划协调，引导城市合理分工，优化城市规模等级，进一步完善以区域中心城市为骨干、中小城市和小城镇为基础的城镇体系。

一、发展壮大区域中心城市。福州、厦门、泉州、温州、汕头等中心城市，要发挥港口优势，完善城市布局，推动产业做强、规模做大、功能做优、环境做美，增强其对区域经济发展的辐射带动能力和综合服务能力。漳州、莆田、宁德、潮州、揭阳等城市，要依托沿海港口，积极发展临港产业，建设成为现代化港口城市。南平、三明、衢州、丽水、上饶、鹰潭、抚州等城市，要发挥旅游、生态资源优势，加快发展旅游业、生态产业，建设成为重要的生态型城市。龙岩、赣州、梅州等城市，要发挥红色旅游、客家文化等优势，大力发展特色产业，建设成为重要的生态工贸城市。积极推进海峡西岸西南翼和东北翼的城市联盟，加强分工协作，促进产业协作配套、设施共建共享和生态协同保护，实现资源要素优化配置。

二、培育发展中小城市。根据区位条件、产业基础和发展潜力，明确发展定位，积极培育发展中小城市。沿海及中心城市周边县市，要积极参与区域产业分工，以发展临海产业和为中心城市生产生活服务配套型产业为重点，建设一批新型中小城市。经济欠发达的山区县市，要实施大城关战略，引导产业和人口集聚，增强对农村经济的辐射力。支持区位优势明显、产业基础较好、经济实力较强的县（市）率先向中等城市发展，建设成为区域次中心城市。

第二节　建设社会主义新农村

加大投入，加快发展农村经济，促进农业增效、农民增收、农村繁荣，努力建设富裕、民主、文明、和谐的社会主义新农村。

一、繁荣农村经济。立足各地资源优势，调整优化农业结构和区域布局，加快培育发展具有地方特色和市场竞争力的主导产业和农产品品牌。引导城市部分劳动密集型企业向农村转移，推动乡镇企业整合和提升。大力发展休闲农业和乡村旅游。进一步拓展外向型农业，积极扩大特色农产品出口。

二、增加农民收入。完善家庭承包经营为基础、统分结合的双层经营体制，稳定农民家庭经营性收入。挖掘农民家庭经营性收入潜力，拓宽农民非农收入渠道和来源。多渠道扩大农村劳动力就业，大力发展劳务经济，鼓励就地就近转移就业，支持农民自主创业。支持进城务工人员返乡创业。

三、改善农村生产生活环境。强化乡村规划建设管理，推进村庄整治，改善农村人居环境。大力推进农村饮水安全工程。完善农村路网体系，加快农村出行公交化步伐。大力发展农村卫生、文化事业。大力推广农村沼气、太阳能等可再生资源。实施农村"家园清洁行动"和生态家园富民工程。

第三节　促进欠发达地区发展

以提升自我发展能力为核心，着力优化发展环境，发展壮大特色产业，促进欠发达地区跨越发展。

一、做大县域经济。引导产业集聚发展，设立一批产业转移示范园区，推动包括台资企业在内的符合环保要求的沿海地区劳动密集型产业转移，构建以资源加工型、劳动密集型、产业配套型为主的产业体系。发挥特色资源优势，建成一批绿色食品生产加工基地、生态旅游基地和矿产资源开发加工基地。推进小城镇建设。

二、加大扶持力度。加大中央资金的扶持力度，支持交通、水电、水利、旅游等设施建设。扩大以工代赈、易地扶贫搬迁、农村危房改造等扶贫工程实施范围，支持原中央苏区、革命老区、少数民族地区、海岛、水库库区建设，改善农村生产生活条件。进一步完善和落实沿海对山区对口帮扶工作机制，加快山海协作示范区建设。加强沿海岛屿供水工程建设，切实解决沿海岛屿供水问题。

第四节　建立城乡协调发展长效机制

加快建立以工促农、以城带乡的长效机制，着力解决"三农"问题和城乡二元结构矛盾，促进城乡共同发展。探索城乡统一规划、统一建设、统一管理的新机制，统筹推进各项建设，努力打造具有海峡西岸特色的宜居城乡。支持城市企业向农村延伸产业链，引导城市资金、技术、人才、管理等生产要素向农村流动，扶持发展一批特色产业集中区。加快建立城乡基础设施共同发展机制，统筹城乡供排水、供电、供气、通信等基础设施建设。加快推进福州地铁建设，积极研究论证厦门、泉州等城市轨道交通发展，规划建设海峡西岸城市群城际轨道交通客运系统。统筹城乡社会管理，加强农村基层组织建设，提高城乡社会管理一体化水平。

第八章　加强区域合作

按照区域经济一体化发展的要求，完善区域合作机制，加强区域合作，促进区域共同发展、共同繁荣，形成资源要素优化配置、地区优势充分发挥的协调发展新格局。

第一节　推进区域经济一体化发展

建立健全区域合作机制，创新合作模式，突破行政区划界限，消除行政壁垒，加快区域一体化进程。

一、统筹规划基础设施建设。以交通基础设施一体化为切入点，推进跨省行政区的铁路、公路、港口等重大基础设施项目统筹规划布局和协同建设。加快铁路、高速公路主通道建设，构筑以沿海港口为核心向周边地区辐射的综合交通网络，畅通沿海港口与腹地的通道。统筹推进能源基础设施建设，完善区域内电力、天然气供应网络。统筹规划建设信息基础网络，共享公共信息数据库。

二、加强产业合作对接。加强区域内产业分工和协作，优化资源配置，促进区域经济不断融合。探索建立跨区域合作产业园区，加强电子、机械、旅游、物流等产业对接，推动产业集聚发展。统筹协调沿海地区产业梯度转移，合理布局产业转移承接地。发挥沿海港口优势，吸引周边地区及广大内陆省份在连接沿海出海口的通道沿线规划布局产业项目，培育发展沿线产业带。共同打造"海峡旅游"品牌，建设无障碍旅游区。

三、推动建立统一市场。积极开放市场，打破各种形式的垄断和封锁，推动区域市场一体化发展。加快区域内市场资源整合，发展壮大闽浙、闽赣、闽粤边贸市场，促进双边贸易和经济协作。加快发展区域性商品市场、产权交易市场、人力资源市场，促进人流、物流、资金流、信息流的畅通流动。

四、完善和提升区域合作机制。进一步发挥泛珠三角区域合作和闽浙赣、闽粤赣等跨省区域协作组织的作用，建立更加紧密的区域合作机制。探索设立区域合作示范区，为区域合作发展探索新路径。探索完善有利于人才交流的户籍、住房和人事管理等政策，积极研究再就业培训、劳动力转移、医疗保险对接等方面改革。加快区域大通关机制建设，推行跨省区不同关、检区间的区域通关模式。开展区域内高速公路等收费项目联网结算试点。建立企业信用信息共享机制、联合执法机制、维权联动机制和检测结果互认制度。

第二节 推进与港澳侨更紧密合作

充分利用内地与港澳更紧密经贸关系安排的机制，拓展合作领域和方式，进一步提升与港澳经济合作的层次和水平。积极引入港澳资金、先进技术和管理经验，加快发展现代服务业。鼓励更多港澳金融机构到区域内设立分支机构或投资参股，支持符合条件的企业到香港上市融资。积极开展联合招商，吸引台湾地区银行借助港澳渠道到区域内投资参股。推动有条件的企业到香港设立营销中心、运营中心，扩大对港贸易和转口贸易。加强物流业合作，建立跨境物流网络，促进现代物流业加快发展。健全旅游合作机制，整合两岸三地旅游资源，推动环海峡旅游圈发展。

充分发挥海外华侨华人众多、爱国爱乡的优势，加强与海外华侨华人联络和沟通，利用世界福建同乡恳亲大会、世界闽商大会、国际潮团联谊年会等各种有效平台，积极引进侨智和侨资，引导更多华侨华人支持和参与海峡西岸经济区建设。

第三节　加强与国内其他地区的合作

依托快速通道，加强与长三角、珠三角和鄱阳湖生态经济区等的经济联系与合作，促进生产要素合理流动和优化配置，实现优势互补、良性互动，进一步完善沿海地区经济布局。

加强与长三角地区的合作。加快发展闽江口、温州沿海、环三都澳等发展区，以温福铁路、沈海高速公路为延伸线，主动对接长三角地区，加强基础设施、产业和市场等领域的合作，推动要素无障碍流动，促进共同发展，努力打造带动闽东、浙西南、赣东发展的海峡西岸东北翼增长极。

加强与珠三角地区的合作。加快发展厦门湾、粤东沿海、闽粤赣等发展区，以厦深铁路、沈海高速公路为延伸线，推动与珠三角地区的经济联系，承接珠三角地区产业转移，推动产业集群发展，努力打造带动闽西南、粤东、赣南发展的海峡西岸南翼增长极。

加强与鄱阳湖生态经济区等中西部合作。依托对内连接综合交通通道，加快区域间产业梯度转移，服务和促进海峡西岸经济区腹地经济发展。

第九章　加快社会事业发展

以改善民生为重点，大力发展各项社会事业，切实做到学有所教、劳有所得、病有所医、老有所养、住有所居，促进经济社会协调发展，形成人民幸福安康、社会和谐进步的良好局面。

第一节　大力推进人力资源建设

以人才资源能力建设为核心，着力培养学科带头人、科技领军人才和一线创新人才，为海峡西岸经济区建设提供坚强的人才保证和智力支持。加强能力素质建设，大力发展职业教育，培养高素质的劳动者和技能型人才。完善引才机制，采取团队引进、核心人才带动引进、项目开发引进等方式，重点引进高层次人才和紧缺人才。健全人才政策体系，加强服务，优化环境，形成广纳群贤、充满活力的吸引人才和使用人才的良好风尚。加强人才市场建设，深化户籍、人事档案管理制度改革，消除人才流动限制，促进人才合理流动，努力使各类人才才尽其用、用当其时、各得其所。

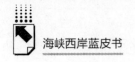
第二节　优先发展教育

深化教育体制改革，更加注重素质教育，进一步优化教育结构，促进教育公平。调整优化农村义务教育学校布局，促进义务教育均衡发展。加快中小学校舍安全工程建设，支持原中央苏区、革命老区以及新建城区、外来人口集中地区的中小学校基础设施建设。进一步完善政府主导、行业指导、企业参与的办学机制，积极发展民办职业教育。进一步整合高校教育资源，调整优化高校学科设置，优化人才培养结构，增强办学综合实力和竞争能力。加强厦门大学"211 工程"、"985 工程"和福州大学"211 工程"建设。加强华侨大学、汕头大学等重点高校新校区设施建设。鼓励、支持民办高等教育事业发展，规范办学行为。

第三节　大力发展文化事业

深化文化体制改革，加强文化基础设施建设，推动文化大发展，把海峡西岸经济区建设成为全国重要的文化产业基地。

一、全面繁荣文化事业。完善公共文化服务投入机制，加快建立覆盖城乡的公共文化服务体系，建立健全运行保障机制。加强图书馆、博物馆、文化馆、文化站等文化设施建设，积极推进文化信息资源共享、广播电视"村村通"和农村电影放映等文化工程建设，进一步完善城乡公共文化服务网络。加强网络文化建设和文化市场管理，营造良好环境。

二、打造海峡西岸特色文化品牌。整合文化资源，打造一批地域特色明显、展现海峡西岸风貌、在国内外具有影响力的文化品牌。重点保护发展闽南文化、客家文化、潮汕文化、妈祖文化等特色文化。加强文物、非物质文化遗产保护，完善历史文化名城基础设施，妥善保护历史文化街区。支持海上丝绸之路泉州史迹、鼓浪屿、闽浙赣廊桥等申报世界自然、文化遗产。注重地方特色文化的开发与弘扬，培育具有地方特色的优势文化品牌。

三、发展壮大文化产业。加快文化创新，推动先进文化发展，健全文化产业体系。着力培育专、精、特、新文化企业，重点培育一批优势文化企业。加快文化资源整合，组建一批新型国有文化企业和大型文化企业集团。加快发展新闻出版、广播影视、广告、工艺美术等文化产业，在福州、厦门等地建设一批具有地方特色的文化产业基地和文化产业园区。大力发展文化创意、动漫游戏等产业。

第四节　提升医疗卫生服务水平

加快建立覆盖城乡居民的基本医疗卫生制度，逐步实现人人享有基本医疗卫生服务，不断提高民众健康水平。推进医疗卫生机构管理体制和运行机制改革，引导非公医疗卫生机构发展。加强重大疾病防控、医疗救治等公共卫生机构和卫生监督体系建设，提高突发公共卫生事件应急处置能力。支持中医院建设，加快中医药事业发展。落实国家基本药物制度，加快建立基本药物供应保障体系。开展医疗保险地级统筹。优化配置医疗卫生资源，推动医疗卫生资源向农村基层、城市社区倾斜。加强农村基层医疗卫生基础设施建设。整合城市医疗资源，构建新型城市卫生服务体系。

第五节　构建和谐社会

加快完善社会公共服务，妥善处理好各方面利益关系，努力形成全体人民各尽其能、各得其所、和谐相处的社会环境。实施积极的就业政策，改革劳动和就业管理体制，加快建立城乡统一的人力资源市场和平等就业制度。加快建立健全职工工资正常增长机制和支付保障机制，着力提高低收入者收入水平，扩大中等收入者比重。加快事业单位养老保险制度改革，积极开展新型农村社会养老保险试点。健全住房保障制度，加快保障性住房建设。完善社会公共安全预警体系和应急管理机制，提高处置社会公共安全问题的能力。加强社会治安综合治理，保障人民安居乐业。

第十章　加强生态文明建设

加强环境保护和生态建设，大力发展循环经济、绿色经济，推进资源节约型和环境友好型社会建设，努力建设人居环境优美、生态良性循环的可持续发展地区。

第一节　加强资源节约利用

坚持开发与节约并重，节约优先，加快建立科学合理的资源利用体系。建立和完善节能减排、监测和考核体系，落实节能减排目标责任制。强化固定资产投资项目节能评估审查，对新上项目严把产业政策关、资源消耗关、环境保护关。健全节能环保奖惩机制，完善差别电价、以奖代补、区域限批等政策。

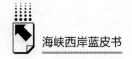

加快节能减排新技术、新产品、新装备的推广应用，淘汰落后产能。加快重点节能工程和污染减排项目建设，突出抓好高耗能行业和重点耗能企业的节能减排工作。严格执行土地供应政策，落实保护耕地目标责任制。加强工业、农业和城市节水，推进沿海缺水地区海水淡化和海水直接利用，加强高耗水行业的节水改造和水循环利用。整顿和规范矿产开发秩序。

第二节　加强生态建设和保护

加强森林资源的抚育更新，优化森林资源结构，提高森林资源质量，强化森林资源的生态功能，森林覆盖率保持较高水平。加快生态公益林体系、绿色通道和城乡绿化一体化工程建设。加强沿海防护林体系工程建设，切实保护近岸海域生态系统。加强厦门、福州、衢州、丽水、潮州等环保模范城市以及园林城市建设，继续推进生态建设示范区、可持续发展实验区、生态文明示范基地等创建工作。加强主要江河源头区、重要水源涵养区、饮用水源保护区、防风固沙区、重要湿地区等生态重要地区的强制性保护，维护生态平衡，保障生态安全。

第三节　强化环境综合整治

坚持保护与治理并重，加强污染治理，着力解决人民群众最关心、最突出的环境污染问题。推动建立环境保护联动机制，加强生态环境跨流域、跨区域协同保护。推进主要江河水源地、严重水土流失和生态脆弱区的综合治理与生态重建。加强闽江、九龙江、瓯江等重点流域环境整治，完善闽江、九龙江、瓯江、赛江等流域上下游生态补偿办法，推动龙岩、汕头、梅州、潮州建立汀江（韩江）流域治理补偿机制。加强江河、水库等饮用水源地保护，确保饮用水安全。加强污染源在线监测监控，有效控制二氧化硫和化学需氧量等主要污染物排放总量。加强大气污染联防联控工作，加大城市内河、噪音和机动车污染整治力度。加强环境安全危机防范，提高环境安全突发事件处置和应对能力。

第四节　大力发展循环经济

按照"减量化、再利用、资源化"要求，大力发展循环经济，提高资源综合利用率，把海峡西岸经济区建设成为重要的循环经济产业带。大力开发和推广应用节能和资源综合利用新技术、新工艺，加快利用先进适用技术改造传统产业。推进行业、企业和园区发展循环经济，形成企业之间、产业之间的资源利用循环链。大力推进清洁生产，发展资源共生耦合的产业链和产业群，在厦门、福州、泉州、温州、鹰潭等地建设一批生态工业园区。开展循环经济试点。支持建设一批重点生态农业示范园区，发展户用沼气和规模化畜禽养殖场沼气工程。推进各种废旧资源回收和循环利用，完善再生资源回收、加工和利用体系。

大力发展以低能耗、低排放为标志的低碳技术，淘汰能耗高、效率低、污染重的落后工艺、技术和设备，建立低碳型产业结构。加强低碳技术的研发和产业投入，加快产业转型升级。大力发展新能源和可再生能源，进一步优化能源结构。加强林业建设，增加森林碳汇。探索低碳发展的政策机制，支持厦门开展国家低碳城市试点。完善绿色低碳产品认证标识制度，大力推广能效标识产品，倡导公众绿色、低碳消费。

第十一章　提升改革开放水平

充分利用国外国内两种资源、两个市场，进一步拓展对外开放的广度和深度，不断提升对外开放水平，实现开放型经济的新跨越，继续发挥海峡西岸经济区对外开放的先行作用。

第一节　积极合理有效利用外资

创新招商引资机制，提高利用外资水平，实现从单纯引进资金向引进资金与引进先进技术、管理经验和智力资源并重，从制造业为主向制造业与服务业并重的转变。

进一步优化外资结构，引导外资投向主导产业、高新技术产业、现代服务业和节能环保等领域，积极开展金融、教育、医疗、文化等领域的利用外资。积极吸引世界500强企业和全球行业龙头企业投资，大力吸引国内外知名企业到区域内设立地区总部、物流中心、营运中心和研发中心。

创新利用外资的途径，鼓励有条件的企业采取项目融资、股权投资、企业并购等多种方式发展与国际大企业的战略合作，积极引进创业投资。支持区域内符合条件的企业到境外上市融资，不断增资扩产。规范招商引资行为，创新外商投资管理方式，努力构建规范化、国际化的营商环境。

充分发挥开发区的载体作用，积极研究海峡西岸经济区范围内的国家级开发区扩区、调整区位和省级开发区升级，拓展开发区的功能。

第二节　加快转变外贸发展方式

坚持以质取胜，加快推进对外贸易从货物贸易为主向货物贸易与服务贸易并重转变。进一步优化进出口结构，不断扩大传统优势产品、机电产品和高技术含量、高附加值产品出口，支持具有自主知识产权、自主品牌商品和服务产品出口。鼓励经济发展急需的先进技术、关键设备和重要资源进口，严格控制高排放、高耗能产品出口。完善出口品牌培育机制，引导企业从贴牌生产向委托设计和自主品牌为主方向转变。完善加工贸易政策，推动加工贸易转型升级。加快服务贸易发展，扩大软件服务外包出口。支持有条件的企业"走出去"，参与海外资源开发，建立境外生产、营销和服务网络，带动商品、服务出口。

充分发挥现有海关特殊监管区域的作用，科学规划、合理布局，推动符合条件的地区设立海关特殊监管区域。在条件成熟时，支持在开放型经济发展较好的地区设立海关保税物流中心。积极推进保税加工、保税物流业发展，大力发展国际中转、配送、采购、转口贸易和加工制造等业务。完善口岸大通关工作机制，实现口岸通关的规范化、国际化和便利化。

第三节　深化经济体制改革

以推进重点领域改革为突破口，加快体制机制创新，率先建立充满活力、富有效率、更加开放、有利于科学发展的体制机制。

一、推进农村综合改革。总结统筹城乡综合配套改革试验经验，适时推广，探索建立统筹城乡经济社会一体化发展的体制机制。在严格执行土地用途管制的基础上，促进农村集体建设用地依法流转，逐步建立城乡统一的建设用地市场。开展城镇建设用地增加与农村建设用地减少挂钩试点。深化集体林权制度、农村公路管理体制等改革。加快农村信用社改革步伐。

二、深化行政管理体制改革。按照精简、统一、效能的改革方向，加快政府职能转变，构建服务型政府。深化行政审批制度改革，进一步减少和规范行政审批。探索实行职能有机统一的大部门体制。试行省直管县体制，扩大县级政府经济社会管理权限。继续推进国有企业改革，完善国有资产监督管理体系。推进公共资源市场化配置改革，加快公共资源交易平台建设。

三、推进社会管理体制改革。完善社区管理体制，构建社区公共资源共享机制和综合治理机制。推进户籍制度改革，放宽中小城市落户条件。深化教育办学体制改革和运行机制建设，形成各类教育相互衔接的全民教育体系。加强公益性文化事业和经营性文化产业改革，完善文化管理体制。推进医药卫生体制改革，建立覆盖城乡居民的基本医疗卫生制度。推进就业和收入分配体制改革，建立健全覆盖城乡居民的社会保障体系。

四、完善现代市场体系。加快发展资本、产权、技术、土地和劳动力等要素市场，完善商品和要素价格形成机制。扩大金融改革试点，在多种所有制金融企业、离岸金融业务等方面进行改革试验。稳步推进金融业综合经营试点。进一步完善经营性土地使用权的招标、拍卖和挂牌制度。加快社会信用体系建设。

五、提高非公有制经济发展水平。贯彻"非禁即入"原则，推行公平准入，鼓励和支持民营资本进入基础设施、垄断行业、公用事业以及法律法规未禁止的其他行业和领域。引导民营经济比较集中的泉州、温州等地产业转型升级。推动非公有制经济制度创新，加快建立现代企业制度。实施中小企业改制上市培育工程。探索更加有效的监管方式，引导非公有制企业依法规范经营，切实维护职工合法权益。

第四节　充分发挥经济特区改革开放先行作用

在新的历史时期，经济特区要继续发扬爱拼敢赢、敢为人先、勇于探索、开拓创新的精神，率先试验一些重大改革措施，争取率先突破，继续发挥改革开放示范和带动作用。

在建立有利于科学发展的体制机制上率先突破。支持厦门经济特区开展综合配套改革试验，在行政管理制度、产业发展机制、公共服务体制等重点领域和关键环节取得新突破。加快区域创新体系建设，促进产业结构优化和升级，率先实现经济发展方式转变。加快城乡统筹协调发展改革步伐，率先建立城乡经济社会一体化发展的体制机制。充分发挥市场在资源配置中的基础性作用，率先形成统一开放竞争有序的现代市场体系。

在拓展两岸交流合作上率先推进。支持在两岸贸易投资便利化、人员往来

便捷化、货物往来畅通化等方面先行先试。支持厦门建立两岸区域性金融服务中心，扩大金融改革试点，在对台离岸金融、资金清算等方面率先试验。支持厦门开展服务业综合改革试点，推动两岸现代服务业加强合作。对台胞到经济特区置产置业、就业、居住等实行市民待遇。

在扩大对外开放上率先转型。积极研究汕头经济特区扩区。探索建立更加适应国际市场规律的经济体制模式，大力推进涉外经济管理体制改革，加快与国际惯例接轨，促进投资贸易便利化。探索创新海关特殊监管区管理制度，更好地发挥厦门保税港区、汕头保税区的功能。

第十二章　规划实施的保障措施

支持海峡西岸经济区加快发展是中央确定的重要工作方针，要切实加强统筹协调，加大支持力度，加强对规划实施的组织领导，完善规划实施机制，确保规划顺利实施。

第一节　着力先行先试

在中央对台工作总体方针政策指导下，积极探索对台交流合作新的体制机制，加快在对台经贸、投资、航运、旅游、邮政、文化、教育等方面交流合作中先行先试，争取率先突破，取得经验。

支持两岸产业深度对接。落实两岸经济合作框架协议，支持在促进两岸贸易投资便利化、台湾服务业市场准入等方面先行先试，推动两岸经贸关系制度化。按照同等优先、适当放宽的原则，鼓励承接台湾产业转移，允许国家禁止之外、不涉及国家安全的各类台商投资项目在海峡西岸经济区落地。对国家批准设立的台商投资区、平潭综合实验区、古雷台湾石化产业园区等特定区域台商投资项目，实行特殊审批政策，《外商投资产业指导目录》中总投资5亿美元以下的鼓励类、允许类项目，除《政府核准的投资项目目录》和国务院专门规定需由国务院有关部门核准之外，委托省级投资主管部门核准；在两岸经济合作框架协议后续商谈中，积极研究放宽台资市场准入条件和股比限制等政策。简化赴台投资审批程序，加快审批和核准节奏，鼓励和支持有条件的区域内企业赴台湾地区投资或设立非企业法人机构。

支持扩大两岸交往。推动开放东南沿海海上新航线，进一步完善海峡两岸空中双向直达航路，积极推进增设武夷山、晋江、温州、汕头等机场作为两岸空中直航新航点。支持增设具备条件的口岸为对台直航口岸。继续发挥"小三通"的作用，放宽大陆居民循"小三通"赴台旅游的地区范围。

支持两岸文化交流。支持设立两岸文化教育交流合作专项基金，扶持海峡西岸经济区与台湾地区的文化交流和文化产业发展。支持设立两岸教育合作实验园区，吸引台湾高等院校合作办学。支持设立两岸出版交流试验区。

实施土地配套支持政策。对符合国家产业政策、土地利用总体规划的建设项目用地，加快审批进度。对重大台资项目用地指标实行单列。对重大项目使用林地、海域及围填海计划指标给予倾斜。在土地管理法律法规框架下，支持在平潭开展土地管理综合改革试点。

第二节　加大资金支持力度

中央财政转移支付、中央预算内专项资金和中央预算内投资，以及其他中央专项资金，都要加大对海峡西岸经济区的扶持力度，特别要加大对原中央苏区县、革命老区、少数民族地区的扶持力度。在安排中央预算内投资等资金时，对原中央苏区县参照执行西部地区政策，对革命老区县、少数民族地区参照执行中部地区政策。在安排中央资金时，对海峡西岸经济区基础设施建设予以倾斜，重点支持交通主通道、主枢纽、口岸以及综合交通运输体系等基础设施建设。

第三节　加强组织协调

四省要切实加强对规划实施的组织领导，完善工作机制，落实工作责任，抓紧推进各项任务的实施，确保各项任务和政策措施落到实处。国务院有关部门要按照职能分工，加大对海峡西岸经济区建设的支持力度，在规划编制、政策实施、项目安排、体制创新等方面给予积极支持。要加强部门之间的沟通和协调，指导和帮助地方解决规划实施过程中遇到的问题。发展改革委要会同有关部门加强对规划实施情况的督促检查，重大问题及时向国务院报告。

推进海峡西岸经济区建设，是一项长期的战略任务。福建、浙江、江西、广东省和国务院有关部门要以实施规划为契机，以更加开阔的视野、更加昂扬的斗志、更加扎实的作风，开拓创新，加强合作，扎实工作，推动海峡西岸经济区在更高起点上实现又好又快发展，在促进祖国和平统一大业和全国发展大局中发挥更大作用。

平潭综合实验区总体发展规划

国家发展和改革委员会

2011 年 11 月

前 言

平潭综合实验区位于台湾海峡中北部，是祖国大陆距台湾本岛最近的地区，具有对台交流合作的独特优势。为贯彻落实《中华人民共和国国民经济和社会发展第十二个五年规划纲要》和《国务院关于支持福建省加快建设海峡西岸经济区的若干意见》（国发〔2009〕24 号）的精神，根据国务院批准的《海峡西岸经济区发展规划》要求，推动平潭在对台交流合作中先行先试，特制定本规划。本规划范围包括海坛岛及附属岛屿，陆域面积 392.92 平方公里，总人口 39 万人。规划期至 2020 年。

本规划是指导平潭综合实验区开发建设和编制相关专项规划的重要依据。

第一章 重要意义和开发条件

第一节 重要意义

当前，两岸关系已站在新的历史起点上，为平潭综合实验区在对台交流合作中发挥更加重要的作用提供了难得机遇。加快平潭开发开放，对于促进海峡西岸经济区加快发展，推动两岸交流合作向更广范围、更大规模、更高层次迈进，具有重要意义。

一、有利于打造推动两岸关系和平发展的新载体。充分发挥平潭独特的区位优势，抓住当前两岸关系和平发展的有利时机，在平潭建设两岸合作综合实验区，有利于开展两岸经济、文化、社会等多领域的交流合作，打造台湾同胞"第二生活圈"，构建两岸同胞共同生活、共创未来的特殊区域，促进两岸经济社会的融合发展。

二、有利于探索两岸区域合作的新模式。通过平潭综合实验区的开发建设，在两岸经济合作、文化交流、社会管理等方面先行先试，有利于探索两岸同胞建设共同家园的新模式和扩大两岸交流合作的新机制，为推进两岸更紧密合作创造和积累经验。

三、有利于开辟新时期深化改革、扩大开放的新路径。通过平潭综合实验区的先行先试，有利于凝聚两岸同胞的共同智慧，充分借鉴国内外成功经验，加快体制机制创新，进一步建立充满生机、富有效率的体制机制，为全国深化改革、扩大开放积累经验、提供示范。

第二节　开发条件

平潭综合实验区地理位置优越，开发空间广阔，具有进一步发展的良好自然条件和深化两岸交流合作的潜在优势。

一、对台区位优势突出。平潭综合实验区地处台湾海峡中北部，距台湾新竹仅68海里，是祖国大陆距台湾本岛最近的地区，是两岸交流合作的重要前沿平台，能够发挥沟通两岸的重要桥梁和纽带作用。

二、自然资源条件优越。平潭岸线资源丰富，拥有良好的港湾和优越的深水岸线，适宜建设大中型港口。旅游资源独具特色，优质沙滩长达70公里，海蚀地貌景观遍及全区，拥有平潭海岛国家森林公园和海坛国家重点风景名胜区；清洁能源资源丰富，可供开发的风能、潮汐能潜力较大，具备加快开发建设的较好基础条件。

三、对台合作基础较好。平潭对台交往历史久远，两地民众交流交往十分密切，商贸文化往来频繁，平潭是祖国大陆最早设立台轮停泊点和开展对台小额贸易的地区之一。随着两岸交流合作的不断深入和拓展，平潭综合实验区的前沿平台作用将进一步凸显。

四、发展空间广阔。作为待开发的海岛，平潭土地资源相对充裕。平潭背靠海峡西岸经济区，发展腹地广阔，在推动两岸交流合作、承接台湾产业转移、促进周边地区联动发展等方面具有较大的发展空间和潜力。

同时，平潭综合实验区发展还面临着一些困难：一是经济发展基础比较薄弱，产业支撑能力相对不足；二是社会事业发展相对滞后，公共服务水平较低；三是生态环境相对脆弱，经济建设与环境保护的矛盾较为突出；四是高层次专业人才相对缺乏，干部队伍整体素质有待进一步提高。此外，适应综合实验区开发建设与扩大两岸交流合作的体制机制还需要进一步完善。

第二章　总体要求和目标任务

第一节　指导思想

高举中国特色社会主义伟大旗帜，以邓小平理论和"三个代表"重要思想为指导，深入贯彻落实科学发展观，牢牢把握两岸关系和平发展的主题，进一步解放思想，大胆实验，着力探索两岸交流合作新模式，着力推动体制机制创新，着力推进全方位开放，着力实现经济、社会、生态协调发展，努力把平潭建设成为两岸同胞合作建设、先行先试、科学发展的共同家园。

第二节　发展定位

突出平潭综合实验区的先行先试功能，创新体制机制，推进两岸更紧密合作，发挥平潭综合实验区在两岸交流合作和对外开放中的先行作用。

——两岸交流合作的先行区。积极探索更加开放的合作方式，实行灵活、开放、包容的对台政策，开展两岸经济、文化、社会等各领域交流合作综合实验，促进两岸经济全面对接、文化深度交流、社会融合发展，为深化两岸区域合作发挥先行先试作用。

——体制机制改革创新的示范区。加快平潭在经济、社会、行政管理等方面的体制机制改革创新，在一些重点领域和关键环节先行先试，争取率先取得突破，为我国新时期深化改革发挥示范作用。

——两岸同胞共同生活的宜居区。开辟两岸往来便捷通道，优化投资环境，完善城市服务功能，健全生活服务设施，创新社会管理服务机制，努力构建经济发展、文化繁荣、社会和谐、环境优美的幸福宜居岛，逐步建设成为两岸同胞向往的幸福家园。

——海峡西岸科学发展的先导区。广泛吸收借鉴国内外先进发展理念和经验，大力推广低碳技术，优先发展高端产业，加快转变经济发展方式，探索走出一条低投入、低消耗、高产出、高效益发展的新路子。

第三节　基本原则

建设平潭综合实验区是全新的探索，要积极稳妥、扎实有序地推进相关工作，在建设和发展中要把握以下原则：

——规划先行，分步实施。坚持高起点规划，高标准建设，优化空间布局，明确各功能区定位。合理确定开发时序和步骤，循序渐进，分步推进实验区建设。

——开放合作，互利共赢。积极推进两岸区域合作，面向世界全方位开放，采取更加灵活的合作方式，吸引更多的合作主体，开拓更广的合作渠道，积极引进境内外资金和先进技术、管理经验、智力资源，努力实现优势互补，互利共赢。

——先行先试，大胆创新。围绕深化两岸交流合作，在开发规划、经营管理、利益共享等方面先行试验，创新经济、社会、行政等管理制度，探索两岸合作新模式。

——统筹兼顾，协调发展。统筹经济与社会、城市与农村、人与自然的协调发展，正确处理开发与保护的关系，实行集约节约开发建设，科学控制开发强度，加强土地资源、水资源和岸线、海域及海岛资源保护，促进经济社会可持续发展。

第四节　发展目标

在统筹规划、分步推进、重点突破的前提下，加快开发建设步伐，力争经过 5～10 年的努力，使平潭综合实验区建设取得明显成效。

到 2015 年，连接实验区内外的重大交通通道和市政基础设施显著改善，新兴城市框架初步形成，加快开发开放的基础条件基本完备；特色产业发展迈出新步伐，生态环境质量及基本公共服务水平明显提高；开发开放的体制机制基本建立，全方位开放的格局初步形成；以平潭为节点的两岸往来快速便捷综合交通体系基本建成，对台经济、文化、社会各领域的交流合作更加紧密，两岸交流合作前沿平台功能更加凸显。

到 2020 年，基本形成以高新技术产业和现代服务业为主导、具有较强竞争力的特色产业体系；基本公共服务和城市化水平显著提高，生态文明建设走在福建前列；基本实现与台湾地区经济全面对接、文化深度交流、社会融合发展，两岸同胞合作建设、先行先试、科学发展的共同家园基本建成。

第三章　发展布局

第一节　功能分区

依据海坛岛及其附属岛屿的自然地理特点，从有利于深化两岸经贸交流、

承接台湾产业转移、促进两岸科技文化教育合作出发，统筹规划、科学安排平潭综合实验区的开发建设布局。

一、海坛岛。海坛岛是平潭综合实验区的核心区域。要通过组团推进、分时序开发，逐步构建分工合理、功能互补、协调发展的空间开发格局。

中心商务区，位于海坛岛东中部，主要包括潭城组团（现有城区）、岚城组团、竹屿组团等，重点布局发展两岸合作的高端商务、金融保险、行政办公、高尚居住及旅游服务设施，抓紧完善现有城区及中部新区市政基础设施，着力提升中心城区整体功能，打造布局合理、生态宜居、充满活力的中部核心区。

港口经贸区，位于海坛岛西南部和东部，主要包括金井湾组团、吉钓港组团和澳前组团等，重点发展保税加工、保税物流、货运代理、转口贸易及港口物流业，建设商贸、海产品加工及台湾农产品交易中心。

高新技术产业区，位于海坛岛北部的中原组团，重点布局发展电子信息、新材料、新能源等战略性新兴产业，推广应用低碳技术，努力建设成为两岸高新技术产业基地和低碳科技应用示范基地。

科技研发区，位于海坛岛西北部的幸福洋组团，主要发展研发设计，开展两岸产学研紧密合作，建设两岸合作的产业技术研发及应用基地；探索建立两岸合作的集智能交通、智能生活、智能建筑等为一体的智能化示范新城区。

文化教育区，位于海坛岛中北部的平洋组团及周边地区，规划建设两岸教育合作园区，促进大陆知名高校与台湾相关高校的紧密合作；布局建设文化创意产业园、动漫游戏城，促进两岸设计、广告、传媒等文化创意产业及动漫产业合作，努力建成两岸高等教育、职业技术教育和文化创意产业合作示范基地。

旅游休闲区，主要位于海坛岛东南部的坛南湾组团及邻近岛礁，充分发挥天然海滨沙滩、海蚀地貌等独特海岛旅游资源优势，加强海峡两岸旅游合作，积极发展海上运动、养生保健等旅游休闲产业，加快滨海度假酒店及配套服务设施建设，逐步建成国际知名的观光旅游休闲度假区。

二、附属岛屿。屿头岛、大（小）练岛、东（小）庠岛、塘屿岛、草屿岛等附属岛屿，是平潭综合实验区的重要组成部分，要在充分论证的基础上，选择若干个适合开发的岛屿，明确功能定位，建设各具特色的功能岛。屿头岛主要发展高端居住区、休闲度假区及海洋文物区，建设沉船博物馆和海底文物研究中心、沉船打捞技术研究中心。大练岛主要发展特色船舶（含游艇）修造产业。东庠岛主要发展海洋观光渔业。草屿岛规划建设台湾海峡海上补给基地。塘屿岛规划发展为高端度假区。

第二节　区域统筹

在加快平潭开发建设的同时，要统筹平潭与周边地区的发展布局，在更大范围内促进生产要素合理流动和优化配置，实现区域联动发展。

一、推进与相邻地区的联动发展。依托福清、长乐等相邻地区较好的经济基础和便利的交通条件，加强平潭与相邻地区交通等基础设施对接，统筹产业分工合作，拓展平潭产业发展空间，鼓励相邻地区发展关联产业，增强承接台湾产业转移的区域整体功能，实现平潭与相邻地区优势互补、共同发展。

二、统筹与海峡西岸经济区其他地区的协调发展。平潭综合实验区作为海峡西岸经济区先行先试的突破口，率先实施更加灵活特殊的政策措施，逐步向海峡西岸经济区其他地区推广成功经验，形成重点突破、以点带面、协调推进的对台交流合作新格局。海峡西岸经济区作为平潭综合实验区的直接腹地，要发挥整体功能，推动区域协调发展，为平潭综合实验区开发建设提供坚强的支撑条件。

三、加强与国内其他地区的合作发展。支持平潭综合实验区加强与国内其他地区尤其是台商投资相对集中地区的合作，鼓励这些地区的台资企业在平潭设立区域营销总部、物流分拨中心、产业研发基地，促进优势互补、分工合作、共同发展。积极创新两岸交流合作新机制、新模式等，为其他台商投资相对集中地区提供示范。

第四章　基础设施

按照适应平潭开发开放、服务两岸交流合作的要求，加快交通、供水、供电等市政基础设施建设，构建适度超前、服务便捷、安全可靠的基础设施支撑保障体系。

第一节 综合交通

加快推进平潭与内地的交通通道建设，推动对台通道建设，建立以平潭为节点的两岸往来快速便捷的综合交通体系，将平潭建设成为两岸交流交往、直接"三通"的重要通道。

一、对外交通。加快建设平潭海峡大桥复桥工程，抓紧建设福州长乐至平潭高速公路、福州至平潭铁路，打通海坛岛北部对外连接通道，将平潭纳入福州经济圈。统筹规划港口功能和空间布局，加快建设平潭港区金井作业区，设立国家一类口岸，率先开通平潭至台湾海上快捷客货滚装航线，抓紧实施改造东澳渔港。开展平潭机场选址等前期工作。

二、内部交通。按照快速便捷、低碳环保及智能化管理的要求，高起点规划、分步骤建设海坛岛内交通体系。近中期加快建设环岛公路等主干路网，完善内部路网体系。鼓励推广使用电动汽车和自行车，规划建设智能交通管理系统，适时规划建设岛上轨道交通。

第二节 市政工程

加快建设连接实验区内外的供水、供电设施，完善信息通信网络，构建设施先进、保障有力的市政设施体系，建设生态宜居的海岛城市。

一、供水。提高现有水利设施蓄水能力，完善雨水收集利用系统，挖掘区内水资源潜力。抓紧实施区外调水工程，统筹城镇供水和抗旱应急备用水源规划与建设，提高供水保障能力。抓紧实施从福清应急调水工程，满足近中期开发建设用水需求。积极开展中远期从闽江大樟溪调水工程项目的前期工作。

二、能源供应。加快电网建设，积极发展智能电网，构建安全可靠的电力供应体系。积极开发岛上风能、潮汐能、太阳能等清洁能源，适时实施岛外引入液化天然气工程，优化能源供应结构。

三、信息通信。加快推进宽带通信网、数字电视网和下一代互联网等信息基础设施建设，抓紧规划建设技术先进、高可靠性的广电基础网络，推动"三网融合"。支持在平潭开展云计算专区与信息保税港建设的相关研究，深化两岸信息产业交流合作，鼓励台湾电信运营商和信息增值服务商在海峡两岸经济合作框架协议下与大陆企业合作，努力构建电子商贸服务平台和智能化生活信息平台，为两岸民众和企业提供优质服务。

四、污水垃圾处理。统筹布局建设污水、垃圾处理设施。加快实施城区既有污水管网改造，实现雨污分流。规划建设污水处理厂，加快建立中水回用系统，提高用水循环利用率。抓紧建设垃圾焚烧发电厂，加强垃圾资源化利用和无害化处理，建成高标准的污水、垃圾处理系统。

第三节 综合防灾减灾体系

加强灾害风险管理，加快建立与经济社会发展相适应的综合防灾减灾体系，提高抗御自然灾害的能力。加强两岸在防御气象、海洋和地震等灾害方面的合作，推动建立长效合作机制。加强应对极端气候事件能力建设，按照防洪标准50年一遇、防潮标准100年一遇的要求，高标准建设重点海堤工程和防洪（潮）堤坝，加快防洪排涝设施建设。所有新建和改扩建工程均按烈度7度抗震标准设防，供水、供电、交通和通信等生命线工程以及学校、医院等均按烈度8度抗震标准设防。公共消防设施应与其他基础设施统一规划、统一设计、同步建设。做好人防工程建设。加强两岸海上通航和救援合作，增强对台湾海峡交通和环境等海上突发事件的应急处置能力。

第五章 产业发展

积极开展两岸产业合作，引导台湾高新技术产业、现代服务业等高端产业向平潭延伸拓展，加强两岸在关键产业领域和核心技术方面的联合研发，将平潭建设成为综合竞争力强、辐射带动作用大的新兴产业基地，促进海峡西岸经济区及周边地区产业转型升级。

第一节 高新技术产业

按照"突出重点、优势互补、高端发展"的要求，积极承接台湾及境外高新技术产业转移，重点发展电子信息、新材料、新能源等产业，建设海峡西岸高新技术产业基地。

一、电子信息产业。重点发展光电、新型显示器件、集成电路设计、汽车电子等产业，培育汽车电子产业基地，增强为福州及周边地区电子信息、汽车产业的整体配套能力。深化开源软件、数字内容等领域对台合作，积极发展软件和信息服务业。

二、新材料产业。重点发展电子信息、纳米技术、高分子新材料等产业，

推动新材料产业集聚发展，打造海峡西岸新材料示范基地，促进福州、厦门、泉州等地相关产业结构调整和优化升级。

三、新能源产业。充分利用丰富的风能、潮汐能资源，大力发展海上风电，适度发展陆上风电；加强潮汐能发电研究，推动建立潮汐能发电试验基地；加强新能源领域对台合作，推动建立两岸新能源产业研发基地。

第二节　服务业

以承接台湾现代服务业转移为基础，加快发展现代物流、商贸流通、金融、文化创意、会展等服务业，促进产业结构优化升级，建成依托海西、服务两岸的现代服务业集聚区。

一、现代物流业。积极发展保税物流、保税加工和转口贸易，支持发展低温保鲜物流和第三方物流。加快建设集疏运一体化港口配套设施，提升港口综合服务能力。

二、商贸流通业。吸引台湾企业和大型跨国企业在平潭设立营运总部，重点发展转口贸易、电子商务、商贸服务等，支持设立台湾特色农产品、电子信息产品专卖区及临港物流加工增值区，建设两岸商贸物流中转基地。

三、金融业。支持台湾银行、保险、证券等金融机构在平潭设立经营机构或参股平潭金融企业，鼓励设立两岸合作的中小企业信用担保机构和区域性再担保机构；推动发展对台离岸金融业务，办理新台币与人民币兑换业务，促进两岸资金互通。

四、文化创意产业。规划建设两岸文化产业园，打造两岸文化创意产业合作基地，对接台湾文化创意产业，充分利用两岸文化优势资源，大力发展现代传媒、动漫游戏、设计创意等产业，完善文化创意产业链，提升文化产品附加值。

五、会展业。突出区域性、独特性展览主题，积极引进台湾会展企业，举办多种形式的会议、展览、演出和节庆活动，培育大市场，打造两岸会展业合作示范区。

第三节　海洋产业

发挥平潭传统产业和资源优势，引进台湾先进技术和理念，积极发展精致农业、海产品深加工、海洋生物科技等现代海洋产业，努力打造海峡西岸海洋经济示范基地。

一、精致农业。鼓励台湾农民特别是中南部农民到平潭投资兴业，发展设施农业、休闲观光农业和海洋渔业。建设平潭水仙花卉栽培园、海峡渔业科技交流园，推进两岸精致农业合作基地建设。

二、海产品加工。引进台湾先进加工技术，加强两岸海产品深加工、冷冻保鲜技术的合作研发，发展海产品精深加工及关联产业，建设成为辐射大陆市场的台湾海产品加工基地和中转集散中心。

三、海洋生物。加强海洋生物技术研发，积极发展海洋生物提取、海洋生物医药及海洋资源综合利用等新兴产业。

第四节 旅游业

发挥平潭旅游资源优势，加强两岸旅游合作，推动旅游线路对接延伸，共同打造"海峡旅游"品牌，将平潭建设成为国际知名的海岛旅游休闲目的地。

一、滨海度假。加强规划引导，优化旅游发展布局，加快旅游景点及配套设施建设，重点发展以坛南湾、海坛湾为主的滨海旅游度假区，以石牌洋、仙人井为主的海蚀地貌观光区，以君山、南寨山为主的生态旅游观光区，以长江澳、山岐澳为主的海上运动旅游区，形成区域特色鲜明的滨海旅游格局。

二、文化旅游。保护和挖掘南太平洋岛语族、平潭传统民居等地域特色浓厚的文化遗产，开发具有人文特色的体验式文化旅游产品。加强两岸文化旅游合作，共同举办祭妈祖、海峡音乐节、海峡帆船（板）赛、台湾美食节等特色旅游节庆活动。

三、休闲养生。将健康旅游与养生文化相结合，开发多样化的医疗保健、健康护理、休闲养生等高端旅游产品。建设大型购物中心、游艇俱乐部、台湾精品购物街，打造具有特色的海峡两岸高端休闲养生度假区。

第六章 社会事业和生态环境

借鉴台湾地区的先进经验，加强两岸社会事业及生态环保领域的交流合作，努力构建以人为本、均衡发展、人与自然和谐共处的社会发展及生态环境保护体系。

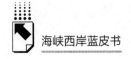

第一节　社会事业

加强两岸教育、文化、卫生等领域的合作交流，高起点发展各项社会事业，促进平潭经济社会协调发展。

一、教育培训。利用台湾高等教育、职业教育方面的资源，加强两岸教育合作，高起点发展高等教育和职业教育，创办两岸合作的高等学校。加快义务教育学校布局调整，提高教学质量，积极发展各类职业培训，加强各级各类劳动力技能培训，为平潭开发建设提供坚强的智力支持和人才保障。

二、文化体育。加快综合性文体设施建设，统筹规划建设图书馆、博物馆、文化馆等文化设施，规划建设沉船打捞技术研究基地、沉船博物馆及海底文物研究中心。合理配置中小型体育中心，适时承办体现海岛特色的体育运动赛事，形成布局合理、设施完善、功能健全的公共文化体育体系。

三、医疗卫生。完善多元化办医体制，鼓励民间资本、境外资本兴办医疗机构，支持两岸合作兴办医疗卫生设施。规划建设城市综合医院、中医院、妇幼保健院等，完善社区卫生服务网络，继续加强农村卫生服务体系建设，提高医疗保健服务质量和水平。加强重大疾病防控、医疗救治等公共卫生机构和卫生监督体系建设，提高突发公共卫生事件应急处置能力。

第二节　生态建设和环境保护

坚持保护优先，加强海岛生态建设，严格保护海岛及周边海域生态环境，推进资源节约型、环境友好型社会建设，努力构建人居环境优美、生态环境良性循环的新兴海岛城市。

一、生态建设。加强近岸海域生态建设和环境保护，建设平潭岛礁海洋生态特别保护区，促进海岛自然生态良性循环。合理开发海岛生态旅游资源，建设海岛生态建设实验基地，加强湿地恢复与保护，维护海洋生态系统平衡。加强君山、南寨山等生态景区的强制性保护，严禁开展不符合功能定位的开发活动，加强水土流失综合防治。生产建设项目要严格执行水土保持方案制度，减少地貌植被破坏和可能的水土流失。加大植树造林力度，加快实施防风固沙林带更新改造工程，扎实推进防护林体系建设，努力构建保障有力、功能完整的沿海绿色屏障和生态安全保护体系。

二、环境保护。引进台湾先进节能环保技术，大力推行清洁生产，发展循环经济，降低排污强度。优先保护饮用水源地，重点开展三十六脚湖等饮用水源地的综合治理，加强集中饮用水源地水质监测，确保饮用水安全。开展海水淡化和海洋可再生资源的研究利用。加强大气污染联防联控工作，改善区域环境质量。加大海上养殖污染治理力度，推行近岸海域的环保养殖活动。加强台湾海峡海域环境综合治理，开展海漂垃圾污染治理，提升海域环境质量。加强环境安全危机防范，提高环境安全突发事件预警和处置能力。

第七章 改革开放

抓住海峡两岸经济合作框架协议（以下简称框架协议）签署的有利时机，发挥平潭在两岸交流合作中的"综合实验"作用，以两岸全面对接为突破口，加快创新体制机制，推动全方位开放，推进平潭开发建设，在两岸交流合作和对外开放中发挥示范作用。

第一节 创新管理体制

充分发扬敢为人先、大胆探索、改革创新的精神，进一步解放思想，更新观念，加快经济、社会、行政等体制改革，努力构建充满活力、富有效率、有利于开发开放的体制机制。

一、健全管理协调机制。按照精简、统一、效能的原则，健全平潭综合实验区管理机构，建立起机构精简、职能综合、结构扁平、运作高效的管理体制和运作机制，为平潭开发开放提供组织保障。

二、创新政府管理和服务方式。深化行政管理体制改革，加快政府职能转变，进一步强化经济调节、市场监管、社会管理和公共服务职能，构建服务型政府。创新政府管理模式，加快行政审批制度改革，完善行政审批方式，规范行政审批程序。加快电子政务平台建设，积极推行网上审批制度。推进行政事业性收费改革，率先实行审批管理"零收费"制度。开展社会管理综合改革试点，推进社会管理改革创新，完善社会管理和服务体系，提高社会管理的科学化水平。

三、优化发展环境。充分发挥市场配置资源的基础性作用，加快发展资本、产权、技术、土地和劳动力等要素市场，完善商品和要素价格形成机制。推进公共资源市场化配置改革，建立多元化的投资机制和规范高效的运营机制，逐步放开公用事业的建设和运营市场。创新市场监管模式，健全行政执法与司法相衔接的监管机制。规范市场经济秩序，营造公平、开放的发展环境。

第二节 探索建立两岸交流合作新机制

在框架协议下，积极推进两岸贸易投资便利化、人员往来便捷化、货物往来畅通化等方面的先行先试。按照先易后难、循序渐进的要求，选择具备条件的部分区域、部分领域，开展两岸共同规划、共同开发、共同经营、共同管理、共同受益的合作试点，积极探索建立扩大两岸交流合作新的体制机制。

在总体发展规划的框架下，借鉴境内外先进经验，组织两岸规划机构共同编制相关专项规划。吸引台湾企业和各界人士到平潭投资兴业，鼓励组成独资、合资或合作开发主体，共同参与开发建设。合理借鉴台湾在经济、社会管理等方面的经验，探索两岸经济、社会、文化更加紧密合作的具体途径和方式，鼓励台湾同胞参与相关经济组织、文化教育、生活社区等方面的经营管理服务，提升平潭经济社会事务管理水平。

依法保护台湾同胞的正当权益，实行对台先行先试措施，积极营造充满活力的创业环境，让在平潭工作生活的台湾同胞共同享受开发建设成果、获得实实在在的利益。

第三节 构建全方位开放格局

以开放促开发，实施更加积极的大开放战略，拓展对外开放的广度和深度，不断提升对外开放水平，形成全方位、多层次、宽领域的开放型经济新格局。

一、健全对外开放机制。按照市场经济和世界贸易组织规则要求，建立高效灵活、稳定透明、法律健全的涉外经济管理体制和运行机制，构建开放型经济发展模式，加快与国际惯例接轨，推动贸易投资便利化。

二、创新招商引资机制。建立对外招商统一平台和协调机制，加大招商选资力度，推动引资方式多元化，切实提高利用外资质量和水平。加强与跨国公司的合作，引导境内外特别是台湾地区资金、技术、人才等要素参与平潭开发建设。规范招商引资行为，创新外商投资管理方式，努力构建规范化、国际化的营商环境。

三、提高利用外资水平。在突出对台合作的前提下，全面推进与国际经济的对接和融合，积极参与全球经济分工合作。积极引进境内外企业到平潭创业投资，着力引进投资规模大、技术含量高、带动能力强、节能环保的重大项目，大力吸引世界500强企业和全球行业龙头企业投资，设立区域物流、营运和研发中心。加强经济、技术、旅游、贸易、园区管理、人才培训等方面的国际合作，推动更高层次的对外开放与交流。

第八章　保障措施

第一节　政策支持

平潭综合实验区开发开放是新时期深化两岸交流合作的重大举措，要切实加强统筹协调，加大支持力度，赋予特殊的政策措施，推动两岸全面对接、融合发展。

一、创新通关制度和措施。

按照既有利于平潭开发和人员、货物、交通运输工具进出方便，又有利于加强查验监管的原则，实施"一线"放宽、"二线"管住、人货分离、分类管理的管理模式。

（一）"一线"放宽。将平潭与境外的口岸设定为"一线"管理，承担出入境人员和交通运输工具的出入境边防检查、检疫功能，承担对进出境人员携带的行李物品和交通运输工具载运的货物的重点检查功能，承担对进出平潭货物的备案管理功能，以及承担对枪支弹药、国家秘密文件资料等国家禁止、限制的进出境物品的管理功能。

（二）"二线"管住。平潭与内地之间设定为"二线"管理，主要承担货物的报关等查验监管功能，并承担对人员携带的行李物品和交通运输工具载运的货物的检查功能。

（三）人货分离。对从境外进入平潭与生产有关的货物实行备案管理，区内货物自由流转。平潭与台湾地区之间的人员通关按现有模式管理。对从境外经"一线"进入平潭和经"二线"进入内地的旅客携带行李物品的具体规定和通关管理办法，分别由财政部、海关总署会同有关部门制定。

（四）分类管理。允许平潭居住人员，允许平潭建设商业性生活消费设施和开展商业零售等业务，发展符合平潭功能定位的产业。

（五）监管模式。设置环岛巡查及监控设施，确保有效监管。

上述分线管理模式，在条件成熟时予以实施。具体监管方案和通关管理办法，由海关总署、财政部等有关部门会同福建省人民政府制定。

二、税收政策。

（一）对从境外进入平潭与生产有关的货物给予免税或保税，生活消费类、商业性房地产开发项目等进口的货物以及法律、行政法规和相关规定明确不予保税或免税的货物除外。货物从平潭进入内地按有关规定办理进口报关手续，按实际报验状态征税，在"一线"已完税的生活消费类等货物除外。内地与生产有关的货物销往平潭视同出口，按规定实行退税，生活消费类、商业性房地产开发项目等采购的内地货物以及法律、行政法规和相关规定明确不予退税的货物除外。平潭企业将免税、保税的货物（包括用免税、保税的料件生产的货物）销售给个人的，应按规定补齐相应的进口税款。在"一线"不予免税或保税、"二线"不予退税的具体货物清单由财政部、税务总局、海关总署会同有关部门审定。

（二）对设在平潭的企业生产、加工并经"二线"销往内地的货物照章征收进口环节增值税、消费税。根据企业申请，试行对该内销货物按其对应进口料件或按实际报验状态征收关税政策，经实际操作并不断完善后再正式实施。具体操作办法由海关总署会同财政部、发展改革委和商务部制定。

（三）对平潭企业之间货物交易免征增值税和消费税。具体政策措施及操作办法由财政部、税务总局商有关方面制定。

（四）在制定产业准入及优惠目录的基础上，对平潭符合条件的企业减按15%的税率征收企业所得税。产业准入及优惠目录分别由发展改革委、财政部会同有关部门制定。

（五）对注册在平潭的航运企业从事平潭至台湾的两岸航运业务取得的收入，免征营业税；对注册在平潭的保险企业向注册在平潭的企业提供国际航运保险业务取得的收入，免征营业税；注册在平潭的企业从事离岸服务外包业务取得的收入，免征营业税；注册在平潭的符合规定条件的现代物流企业享受现行试点物流企业按差额征收营业税的政策；积极研究完善融资租赁企业的税收政策，条件具备时，可进行试点。

（六）在平潭工作的台湾居民涉及的个人所得税问题，暂由福建省人民政府按内地与台湾个人所得税负差额对台湾居民给予补贴，纳税人取得的上述补贴免征个人所得税。

（七）在平潭设立出境开放口岸的前提下，按现行有关规定设立口岸离境免税店。参照现行大嶝对台小商品交易市场模式，支持在平潭设立一个台湾小商品交易市场。

三、财政和投资政策。

（一）中央财政加大转移支付力度，支持福建省加快平潭综合实验区开发建设。

（二）中央投资加大对平潭综合实验区基础设施建设的支持力度。

（三）结合海峡两岸经济合作框架协议后续商谈，积极研究放宽台资市场准入条件和股比限制等政策，支持在平潭综合实验区先行先试。

四、金融政策。

（一）支持台湾金融机构在平潭设立经营机构，支持银行业金融机构在平潭设立分支机构。

（二）允许福建省内符合条件的银行机构、外币代兑机构、外汇特许经营机构在平潭综合实验区办理新台币现钞兑换业务。

（三）支持符合条件的台资金融机构根据相关规定在平潭设立合资证券公司、合资基金管理公司，支持平潭综合实验区在大陆证券业逐步扩大对台资开放的过程中先行先试。

（四）允许在平潭综合实验区的银行机构与台湾地区银行之间开立人民币同业往来账户和新台币同业往来账户，允许平潭综合实验区符合条件的银行机构为境内外企业、个人开立人民币账户和新台币账户，并积极研究具体操作办法。

（五）允许平潭综合实验区内的台商投资企业在境内发行人民币债券，探索在香港市场发行人民币债券。

五、方便两岸直接往来政策。

（一）支持设立平潭水运口岸，并在东澳和金井湾设立两岸快捷客货滚装码头，列为对台海上客货直航点，构建两岸直接往来快捷通道。

（二）允许符合条件的平潭居民及在平潭投资、就业的其他大陆居民经批准办理往来台湾地区一年有效多次签注。根据两岸人员往来和平潭综合实验区建设的实际需要，适时简化两岸人员出入境手续，进一步便利两岸人员往来。

（三）在现行境外驾驶人、境外车辆的相关管理规定基础上，将办理临时牌照权限下放至平潭车辆管理部门；允许台湾地区机动车在临时牌照有效期内多次自由进出平潭。

六、方便台胞就业生活政策。

（一）允许台湾地区的建设、医疗等服务机构及执业人员，持台湾地区有权机构颁发的证书，在其证书许可范围内在平潭综合实验区开展相应业务。

（二）在平潭综合实验区内就业、居住的台湾同胞可按国家有关政策规定参加当地养老、医疗等社会保险。

七、土地配套政策。

（一）支持平潭综合实验区开展土地管理改革综合试点，积极探索土地管理改革新举措、新政策。

（二）优先保证平潭综合实验区开发建设用地，其用地计划指标由福建省人民政府单列并予以倾斜。

（三）允许平潭综合实验区按照国家规定合理开发利用海坛岛周边附属海岛及海域，对重大项目用海的围填海计划指标给予倾斜。

在新的通关制度实施前，要先行落实不受其约束的其他优惠政策。

第二节　组织实施

福建省人民政府要切实加强对规划实施的组织领导，加大对平潭综合实验区建设的支持力度，推动产业、资金、人才向实验区集聚，为其长远发展奠定坚实基础。要完善工作机制，落实工作责任，按照规划确定的发展定位、空间布局和发展重点，组织编制实施产业发展、基础设施等专项规划，选择和安排建设项目，有序推进开发建设。

国务院有关部门要按照职能分工，制定支持平潭综合实验区开发建设的具体政策措施。要加强部门之间的沟通和协调，指导和帮助解决规划实施过程中遇到的问题。

平潭综合实验区的开发开放事关两岸关系和平发展大局，福建省人民政府和国务院有关部门要充分认识平潭综合实验区开发建设的重大意义，以规划实施为契机，以更高的站位、更大的魄力、更实的举措，加快推进平潭综合实验区开发建设，为推进两岸关系和平发展和祖国和平统一大业发挥更大作用。

厦门市深化两岸交流合作综合配套改革试验总体方案

2011 年 12 月 21 日

根据《国务院关于支持福建省加快建设海峡西岸经济区的若干意见》（国发〔2009〕24 号）和国务院批准的《海峡西岸经济区发展规划》有关要求，为全面推进厦门市深化两岸交流合作综合配套改革试验区建设，制定本方案。

一、总体要求

（一）指导思想。高举中国特色社会主义伟大旗帜，以邓小平理论和"三个代表"重要思想为指导，深入贯彻落实科学发展观，坚持解放思想，深化改革，扩大开放，以转变发展方式为主线，以深化改革开放为动力，进一步发挥国家赋予厦门经济特区在改革开放和两岸交流合作中的"窗口"、"试验田"和"排头兵"作用，为推动两岸交流合作向更广范围、更大规模、更高层次迈进提供有力的制度保障，为全国深化改革开放和完善社会主义市场经济体制发挥积极的示范带动作用。

（二）基本原则。1. 坚持解放思想，先行先试。围绕建立有利于科学发展和深化两岸交流合作的体制机制，先行试验一些重大改革措施，国家拟出台的涉台政策，厦门具备条件的优先在厦门先行先试，力求改革创新和深化两岸交流合作有新突破。

2. 坚持因地制宜，突出优势。立足厦门独特优势，探索深化两岸交流合作新模式、新途径和新领域，力求服务两岸关系和平发展大局有新局面。

3. 坚持全面统筹，协调发展。统筹经济、社会、环境、城乡、区域等一体化发展，力求深化两岸交流合作的基础条件有新提升。

4. 坚持规划先行，有序推进。围绕总体方案的改革试验内容，分解任务，明确阶段目标，落实保障措施，力求综合配套改革试验有新进展。

（三）主要目标。按照党中央、国务院推动两岸交流合作、推动两岸关系和平发展的总体战略部署，在推动科学发展和深化两岸交流合作的重点领域和关键环节率先试验，创新体制机制，以配套推进区域合作、行政管理、对外开放等支撑体系建设为基础，构建两岸交流合作先行区。通过促进两岸产业深度对接，促进生产要素进一步融合，形成两岸经贸合作最紧密区域；通过推动文化以及科技、教育、卫生、体育等全方位、多层次的交流合作，形成两岸文化交流最活跃平台；通过完善两岸直接"三通"（通商、通航、通邮）基础条件，提升对台开放合作整体功能，形成两岸直接往来最便捷通道；通过完善新型高效的社会管理体系，优化保护和服务台胞正当权益的法制政策环境，形成两岸同胞融合最温馨家园。

1. 到2015年，初步建立适应科学发展、深化两岸交流合作的体制机制。两岸产业对接和经贸合作进一步深化，经济转型升级初显成效，厦门岛内外一体化和基本公共服务均等化体系基本建立，厦漳泉大都市区同城化框架基本形成，对外开放的窗口作用更加显现，政府行政管理水平进一步提高，对台交流合作的前沿平台功能更加凸显。

2. 到2020年，建立充满活力、富有效率、更加开放，有利于科学发展和密切两岸交流合作的体制机制，形成两岸新兴产业、高端服务业深度合作集聚区，城乡一体化、基本公共服务均等化、厦漳泉大都市区同城化、经济国际化水平全面提升，形成完善的服务型政府行政管理体制，两岸交流合作不断加强，形成两岸共同发展的新格局。

（四）工作思路。围绕深化两岸交流合作的要求，综合配套改革试验的总体考虑集中体现"三个着力"：着力推进两岸交流合作，促进两岸互利共赢；着力转变经济发展方式和增强自主创新能力，提高经济发展质量和水平；着力统筹经济、社会、城乡、区域等协调发展，形成人民群众安居乐业的和谐区域。重点推进两岸产业合作、贸易合作、金融服务合作、文化交流合作、直接往来等方面的体制机制创新，配套推进社会、城乡、区域、行政管理、全面开放等方面体制机制创新，为深化对台交流合作提供有效的支撑平台和制度保障。

二、主要任务

（一）创新两岸产业合作发展的体制机制。根据两岸资源禀赋条件，按照同等优先、适当放宽、优势互补的原则，进一步拓宽合作渠道，创新合作模式，建立有利于厦台两地产业深度合作的体制机制。

将厦门建设成为海峡西岸先进制造业和新兴产业基地，支持厦门与台湾在新一代信息技术、汽车零部件、生物医药、新材料、新能源、海洋等产业领域深度合作，依托台商投资区和重点产业园区，共同建设两岸产业对接专业园区，着力应用高新技术和先进适用技术提升传统优势产业，鼓励向产业链高端延伸，推进资源利用的减量化、再利用和资源化，淘汰落后产能，加强环境保护和生态建设。发挥对台农业交流合作基地的窗口、示范和辐射作用，促进对台农业资金、技术、良种、设备等生产要素的引进与合作。率先在金融、物流、教育、文体、医疗、旅游、会展、中介服务等领域开展合作。大力发展服务外包产业，建设国家服务外包示范城市。支持台资企业在厦门设立地区总部、营运中心、研发中心、配套基地、采购中心和物流中心。支持厦门各类行业协会与台湾行业协会、同业公会建立长期稳定的交流协作机制。支持在厦门设立两岸产业投资基金，投资服务两岸的基础设施项目和涉台重点产业项目。支持厦门与台湾在闽南特色旅游、旅游装备制造业和旅游信息化建设等领域优先开展合作，积极探索和建立旅游产业合作的模式和机制，为推动两岸旅游产业化合作发挥示范引领作用。

在法律法规允许的条件下，优先对台放宽现代服务业市场准入，允许台商在厦门以独资或控股方式，投资环境服务、与健康相关的服务和社会服务、工业设计、建筑设计、资产评估、会计、审计和簿记服务等服务业，积极推动离岸呼叫中心业务试点。支持厦门开展云计算服务创新发展试点示范工作，在国家的法律法规框架内，优先考虑在厦门开展对电信增值业务开放外资股比限制

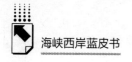

的试点。

创新两岸产学研合作机制，加强两岸科技交流合作平台建设，鼓励两岸科研机构、高等院校、企业共同设立两岸合作研发机构，联合建设重点实验室，开展基础研究、前沿技术和共性关键技术研究，联手培养研发团队和技术人才。推动两岸科技要素自由流动，支持台湾高科技创新人才、台湾学生在厦门创业。鼓励和支持台商在有关部门指导下，按照台湾科技园区管理模式，在厦门自主开发建设产业园区，吸引台湾具有先进技术的创新型中小企业落户。允许符合资质条件的台港澳资企业申报国家科技计划等国家重大科技专项。成立厦台知识产权联盟，探索建立两岸知识产权同业保护、服务、协调和预警应急机制。

采取税收优惠等政策措施支持厦门加快发展，鼓励开展现代服务业创新服务，促进产业升级和对外深度合作。经认定的技术先进型服务企业，减按15%的优惠税率征收企业所得税；经认定的技术先进型服务企业发生的企业职工教育经费支出，不超过工资薪金总额8%的部分，准予在计算应纳税所得额时扣除，超过部分，准予在以后纳税年度结转扣除；厦门经济特区范围内（集美、海沧、同安、翔安4区除外）经认定的新办国家高新技术企业，享受"两免三减半"的企业所得税优惠政策。

（二）创新两岸贸易合作的体制机制。按照两岸贸易投资便利化的要求，创新贸易管理和服务体制，实行更加开放的对台贸易政策，扩大对台贸易。

在厦门划定特定区域建设两岸新兴产业和现代服务业合作示范区，探索实施鼓励其发展的税收优惠政策，适当放宽台湾企业在合作示范区从事现代服务业的资格限制，降低市场准入条件，鼓励开展现代服务业创新服务，积极稳妥推进有利于两岸投资、贸易、航运、物流等领域便利化的相关措施。加快在厦门建设"大陆对台贸易中心"。支持大嶝对台小额商品交易市场等载体建设，适当放宽台湾商品免税额度限制，在一定的商品范围内和现有每人每天3000元人民币的基础上，适当提高进入大嶝市场人员每人每天免税携带台湾商品的额度，促进厦台商贸业交流合作。探索现代商贸流通方式，创新电子商务发展管理模式。

积极探索两岸通关便利化措施。深入推进"属地申报，口岸验放"通关模式。探索建立两岸共同研究制定标准的渠道和机制，在 ECFA 的框架下，根据两岸对口业务部门的合作部署，推进厦台两地海关、检验检疫、食品安全、质量标准认证的合作，实现监管互认、执法互助、信息互换，以及检测结果的比对。

（三）建设两岸区域性金融服务中心。根据国家金融业对外开放的总体部署，推动金融体制创新、产品创新和管理创新，扩大金融服务范围，加快建设辐射海西、服务两岸的区域性金融服务中心。大陆对台金融合作的重大金融改革创新项目，厦门具备条件的优先安排在厦门先行先试。

以集聚金融资源为重点逐步完善区域性金融服务体系。鼓励内外资银行、证券、保险等各类金融机构和股权投资机构在厦门设立总部、资金营运中心、研发中心、外包中心或后台服务机构。支持符合规定条件的台湾金融机构，按照现行政策和法律法规来厦门设立法人机构、分支机构或代表处。允许台湾金融保险机构在厦门开展对台金融服务。参照 CEPA 相关政策规定，支持港澳地区的金融机构在厦门设立分支机构或参股当地金融机构。重点支持新设综合类证券、证券投资基金、产业基金等紧缺性金融项目。支持厦门引进外资网络保险专业中介机构。

以先行先试为重点逐步形成区域性金融要素市场。随着"两岸区域性金融服务中心"的建设发展，根据厦门市与台湾地区的特殊地理位置关系，进一步研究在厦门建设现代化支付系统的城市处理中心。进一步开展对台贸易人民币结算业务，扩大跨境贸易人民币结算规模。建立和完善适应离岸投资贸易发展的宽松可控的存贷款制度、税收制度、外债管理制度和外汇资金结算便利制度，逐步形成对台离岸金融市场。支持厦门市国家级高新技术园区内的非上市股份有限公司进入全国性场外股权交易市场开展股份公开转让，探索建立服务非上市公众公司特别是台资企业的股份交易市场，推动多层次资本市场体系的建设。大力发展期货市场，推动与期货交易配套业务发展。

以金融改革创新为重点提升金融服务经济发展的水平。支持金融机构积极拓展航运金融、科技金融等新领域。支持银行、证券、保险、基金等机构创新金融品种和经营模式，特别是开展适合台资企业的金融服务产品，完善对大陆

台资企业的金融服务体系。加强厦台两地金融专业人才的培训、业务交流和创新合作。研究持有台湾金融专业证照的人员在厦门从事金融服务业的支持政策。简化台湾金融业从业人员在厦门申请从业人员资格和取得执业资格的相关程序。

（四）创新两岸文化交流合作的体制机制。以闽南文化为纽带，坚持民间推动与市场运作并举，创新交流合作的方式方法，全面提升两岸文化、教育、卫生交流合作的层次和水平。

发挥闽南文化生态保护实验区的示范带动作用，建设一批两岸文化交流合作平台和文化产业基地。推动闽南民间艺术展演交流和互访商演，广泛开展寻根祭祖、宗亲联谊等多形式的民间文化交流活动。积极开展厦台体育交流合作，扩大厦门国际马拉松赛、海峡两岸帆船赛、厦金海峡横渡等赛事品牌影响力。健全厦台文化交流的市场化运作机制，加强与台湾旅游业机构和文化中介经纪机构的合作。积极研究赋予厦门市对台文化交流省级审批管理权限。

深化两岸教育交流合作，鼓励厦门市在教育管理体制改革、办学体制改革等方面先行先试。创新两岸合作办学模式，拓展厦台各级各类学校对口交流和校际协作。推动两岸学历和技能人员职业资格互认，促进两岸人才互相流动。探索建立两岸人才培训合作机制，鼓励台湾优质职业教育机构以多种方式在厦门与内地合作举办职业院校和职业技能培训机构，创建职业院校与台企合作示范性实训基地，推动厦门与台湾院校合作培训专业人才。支持厦门按规定设立对台湾船员的培训机构，开展对台湾船员的培训工作。

开展两岸医疗卫生领域交流，建立两岸卫生合作对接平台，鼓励台资来厦门设立非营利性医院或高端医疗服务机构，建立两岸病患制度化转院程序与对接机制。允许台湾服务提供者在厦门设立独资医院，台湾服务提供者在厦门设立合资、合作医院的，对其投资总额不作要求。支持台资（含合资、合作）医疗机构按照批准的执业范围、服务人口数量等，合理配置大型医用设备。制定台湾地区医师在厦门执业注册便利化措施。支持和指导厦门相关部门完善药品监督管理能力，提高药品检验检测水平，保证台湾进口大陆中药材、中成药等产品的质量，保障药品安全。支持厦门成为台湾中药材、中成药进入大陆的指定口岸。推动两岸中药材认证工作，支持厦门建设输台药材质量检测和认证中心。支持厦门成为台湾保健食品进入大陆的主要口岸之一。加强两岸医疗卫生服务机构在医疗服务监管、医疗质量和医疗安全改进、医院评价等方面的合作交流，提高医疗服务水平和管理能力。

（五）创新便利两岸直接往来的体制机制。按照简化、便捷的要求，创新口岸管理体制机制，率先试行便利两岸直接往来的措施，提高两岸人员往来和货物流通的效率和水平，使厦门成为两岸直接往来的综合枢纽。

健全两岸人员往来的管理机制，实施更加便捷的两岸人员往来政策和管理办法。探索赋予厦门在对台人员交流交往方面更多的审批权限。扩大厦门办理《大陆居民往来台湾通行证》"一年有效、多次赴台签注"的适用范围和对象。支持厦门在两岸旅游交流合作中先行先试，重点做好厦门赴台湾个人旅游试点工作和赴金马澎地区个人旅游，积极推动两地人员往来便利化政策的实施。

完善两岸"三通"机制，建立更加便捷的两岸交通体系。利用厦金通道，适时增加航班、增投运力，实现无缝对接，吸引更多大陆居民和台湾民众循厦门至金门中转台湾本岛航线往来两岸。拓展海空客货运直航、海上客货运滚装业务，积极推动两岸经厦门口岸客货滚装运输陆海联运。支持开辟两岸海上邮轮航线。支持两岸旅游服务机构联合深度开发包括邮轮旅游在内的"一程多站"旅游产品，策划推出一批双向旅游精品线路，积极开展联合宣传推广，提升"海峡旅游"品牌的知名度和吸引力。进一步开放航权、优化航路、增辟新航线、增加航班，做优做强两岸海、空直航运输体系。加大对厦门港口公共航道项目建设的支持力度。加快推进对台邮件中转地建设，建设对台邮包交换中心，打造两岸邮件往来的主要中转地和集散地。

三、配套推进其他重要领域改革试验

（一）推进社会领域改革先行先试，构建两岸同胞融合最温馨家园。建立新型高效的社会管理体制，为台胞在厦门投资兴业、交往交流和生活居住提供更加良好的社会服务和更加优化的制度环境。

大力培育发展有利于两岸交流合作的社会团体、行业组织、社会中介组织、志愿组织慈善机构等各类社会组织，探索社会组织孵化培育新机制，推动

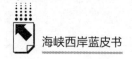

政府部门向社会组织转移职能，建立和完善政府向社会组织购买服务的制度安排，加强社会组织人才队伍建设，形成社会管理和服务合力。推进社会组织登记管理改革，完善登记管理、经费支持、功能拓展、监督评估等整套办法及法律法规。

推进社区建设改革，构建社区公共资源共享机制和综合治理机制，鼓励和创新城乡社区自治。探索行政管理和社区自治机制有机结合的共治机制，建立和完善网格化的联动管理机制。建立健全社区居民会议制度、协商议事制度、听证会制度和工作经费保障机制。

深化教育、文化、医药卫生体制改革，为扩大两岸交流合作营造良好的社会环境。加强社会事业体制顶层设计，探索现代事业制度建设，确立事业法人地位，建立法人治理结构和运行机制，全面推行"管办评"联动机制改革，配套推进人事制度、薪酬制度改革，健全服务监管机构与机制。进一步拓宽两岸合作办学、办医、办文化和养老服务的渠道及形式。

探索台胞融入社区生活的社会管理体制。制定完善相关措施，进一步为台胞在厦门置产置业、就学、就业、就医、居住生活提供便利。支持在厦门投资、工作、生活的台胞依法担任政协委员等基层参政议政组织，以个人名义参加有关民间团体。支持国家有关部门、两岸相关团体在厦门设立办事机构，以便利两岸沟通、协商。允许台湾地区县、市在厦门市设立办事处。支持以厦门为基地积极开展两岸民间互动、基层组织交流以及青少年交流交往。

（二）创新城乡统筹发展的体制机制，加快推进厦门市岛内外一体化。按照"规划一体化、基础设施一体化、基本公共服务一体化"的总体要求，以"全域厦门"理念和"高起点、高标准、高层次、高水平"的原则，全面拓展岛外空间，优化提升岛内空间，形成岛内外一体化新格局，率先建立统筹城乡一体化的体制机制。

创新城乡一体化的公共服务体制机制，按照构建岛内外一体化交通体系的要求，加快厦门市轨道交通和进出岛新通道建设，完善连接岛内外之间的交通体系，打造市域内"半小时交通圈"。促进城市公共服务设施向岛外农村地区延伸，将农村地区纳入城市建设体系，形成城乡一体化的公共服务保障机制。实行最严格的水资源管理制度，建立城乡一体化的水务管理体制，统筹城乡防洪、供水、排水、污水处理及回用，形成城乡一体的涉水服务体系，适时推进向金门供水工程建设。加强两岸防灾减灾交流合作，完善防灾减灾体系。

建立有利于岛内优质公共服务资源向岛外和农村拓展的体制机制。率先实现基本公共服务均等化，均衡配置城乡教育、医疗卫生、文化体育等公共服务资源，实现基本养老保险、基本医疗保险、社会福利、社会救助等社会保障体系岛内外一体化。

完善城乡统一的户籍管理制度和相关配套政策，岛内外城乡统一按厦门市居民登记管理。推进流动人口服务与管理创新，建立实有人口属地化管理机制，按实有人口进行社会管理服务机构和人员配置。

依法开展集体建设用地流转试点。开展农村集体土地产权制度改革，探索农村集体建设用地尤其是城镇建设规划圈内农村宅基地使用权证和房屋所有权证两证合一。

积极稳妥推进农村集体经济组织产权制度改革，发展农村社区股份合作经济制度。以新型合作组织引导农民共同发展，形成农民增收长效机制。探索建立农村宅基地整理和利用新机制，实施小城镇改革试点，严格规范开展城乡建设用地增减挂钩试点。探索农村社区基层治理机制改革，探索农村社区事务管理与集体资产经营管理职能的分离。

（三）创新区域合作体制机制，推进厦漳泉大都市区同城化。创新基础设施共建共享、区域产业分工协作、基本公共服务协同发展的体制机制，组织实施厦漳泉大都市区同城化发展规划，促进要素在区域内高效配置，增强区域整体竞争力，构建两岸交流合作前沿平台。

建立综合交通网络对接机制，推进厦漳泉大都市区城际和城市轨道交通、高速公路、国省道、机场快速通道、市政主干道的规划、建设和有机衔接。推进港口资源整合，健全完善港口一体化管理体制机制，形成港口群间布局优化、分工合理、联动发展格局。统筹规划大都市区信息基础设施，加快推进基础通信网、无线宽带网、数字电视网等基础设施的共建共享。建立区域生态环境协同保护机制，实现环境基础设施资源共建共享。

创新产业合作发展机制。支持设立由政府主导、市场化运作的厦漳泉区域合作产业投资基金，用于优化制造业布局，整合服务业资源，促进三市产业分工合作。建立项目联合招商机制，统一招商优惠政策，做大做强优势产业集群，提升整体国际竞争力。对厦漳泉金融领域同城化的可行性进行研究。

完善各类社会保险转移接续制度，建立社会保险参保信息共享机制和同城结算机制，实现区域参保人员医疗保险费用实时结算。加强医疗服务和公共卫生合作，建立并完善突发公共卫生事件协同处理和重大传染疾病联防联控工作机制。共建教育教学资源库，实现教育教学资源共享。建立优质医疗卫生资源共享机制。共建共享公共体育设施，联合举办体育赛事。

探索建立促进金融资源合理流动的市场机制，银行业金融机构在风险可控和商业可持续的原则下，为重大同城化项目建设提供良好的金融服务。建立大都市区科技信息、专家库等基础性科技教育资源的联网共享机制，联合推动重大通用技术和应用技术创新。完善产学研合作机制，支持共建工程技术研究中心、企业技术中心等技术创新平台和公共服务平台。建立统一的就业信息平台，实现人力资源信息共享；建立劳动力跨区域享受职业培训、技工教育、就业服务的协作机制，促进劳动力合理有序流动。

（四）深化行政管理体制改革，营造良好的发展软环境。以法治政府和服务型政府建设为目标，推进职能整合，支持对职能相近部门进行整合，探索标准化、扁平化行政管理，建立精简高效的行政管理体制，构建"小政府、大社会、大服务"的简洁高效行政体制，为参与国际、国内和密切两岸交流合作营造优越的政府服务环境。

创新政府管理体制。精简审批事项，全面推行电子政务，加快推动行政权力全流程网上运行、审批和监察。深化事业单位改革，创新政府公共服务管理体制机制。按照公务员法的要求，创新公务员管理制度，探索分类管理改革，在规定的行政编制限额内，对专业性较强的职位和辅助性职位探索实行聘任制。完善政府绩效评估制度，建立具有特区特色的干部考核评价机制，强化行政问责。

深化公共资源配置市场化改革，完善大宗货物政府采购制度。探索市场机制、工商管理技术和社会化手段在基础设施建设、公共服务供给体系、社区服务等领域的应用，降低政府行政成本，提高政府治理能力和效率。在推进地方税制改革的进程中，结合相关改革的实际情况，积极研究厦门先行试点的要求。

按照厦门岛内外规划、基础设施和基本公共服务一体化的要求，探索建立建设用地总量控制、双向调节、差别化管理的内容和措施。经评估后适时按程序调整土地利用总体规划和城市总体规划，合理安排建设用地规模、结构和布局，拓展产业发展空间，增强辐射带动能力。在建设用地计划指标上予以支持，促进重大台资项目落地。探索鼓励盘活城市存量土地的政策措施。深化征地制度改革和审批制度改革。支持福建在全省基本农田保护面积不减少的前提下，在省域范围内调整基本农田布局，厦门的建设项目用地可通过易地有偿方式在福建省域范围内进行占补平衡，厦门可经依法批准适当核减基本农田。

（五）创新全面开放的体制机制，拓展对外交流合作的综合平台。充分发挥特区对外开放的窗口作用，紧紧抓住特区改革开放新的历史使命和战略机遇，坚持以大开放促大发展，加快建设服务于开放型经济的现代化基础设施和对外通道，建立和完善更加适应发展开放型经济要求的体制机制。

支持厦门加快东南国际航运中心建设，创新航运物流服务，大力发展航运金融、保险、租赁、信息咨询、口岸通关、航运代理、海运结算、航运人才培养与后勤补给、海事支持等多种服务功能于一体的航运物流服务体系。在统筹考虑扩大启运港退税政策试点范围的过程中，积极研究将厦门港列为启运港退税政策试点。支持设立厦门航运交易所，打造两岸航运交易共享信息平台。经批准允许境外大型邮轮公司从事国内港口多点挂靠业务。根据国家区域发展战略和地区定位，在今后研究出台相关政策、扩大试点范围时，结合厦门实际情况和特点，积极研究对注册在厦门保税港区内的仓储、物流等服务企业从事货物运输、仓储、装卸、搬运业务取得的收入，免征营业税；对注册在厦门的保险企业为注册在厦门保税港区内的企业提供国际航运保险业务取得的收入，免征营业税等相关优惠政策。允许大型船舶制造企业在厦门参与组建金融租赁公

243

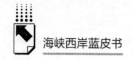

司，鼓励金融租赁公司进入银行间市场拆借资金和发行债券。探索符合条件的航运企业在厦门设立专业性航运保险机构。支持整合海沧保税港区、象屿保税区、象屿保税物流园区、厦门火炬（翔安）保税物流中心等海关特殊监管区域和保税监管场所，统一管理体制，统筹规划政策功能。

加快建设厦门翔安机场，打造东南沿海重要的国际干线机场和区域性航空枢纽港。加快龙厦、厦深铁路及其站场枢纽建设，规划建设对台和对外区域通道，全面融入海峡西岸交通网络。规划建设厦漳泉城际轨道交通和厦门城市轨道交通，打造东南沿海铁路交通枢纽。加快高速公路、国省道建设，按照"零距离换乘、无缝化衔接"的要求，推进厦门全国性综合交通枢纽建设。

创新市场开拓机制，积极培育自主出口品牌，鼓励高技术含量、高附加值产品出口，提升出口产品结构。积极拓展进口，支持厦门成为能源、原材料等大宗物资进口的集散地和分拨地，构建海峡西岸重要的进口口岸。加快加工贸易转型升级，引导加工贸易向产业链高端发展。积极实施"走出去"战略，加快建设对外投资促进和服务体系，鼓励和支持企业到境外建立生产、营销和服务网络，拓展新的发展空间。

创新招商引资机制，建立健全双向投资促进机制。以优化产业结构和增强竞争力为核心，着力引进一批高质量的先进制造业和现代服务业项目、引进一批产业链龙头项目和配套项目，提升招商引资质量和利用外资水平。加强内联工作，重点吸引中央企业、省属企业和知名民营企业来厦投资，鼓励市属企业与中央企业、省属企业合作经营，壮大内源型经济。深化与港澳地区经济合作，拓展与海外华侨华人的联谊交流，大力吸引海外侨胞来厦投资。

探索建立旅游、文化、教育、科技、卫生等领域的国际深度合作机制，提升城市国际化水平。建立吸引全球专业化机构参与医院、学校等集团化、品牌化管理运营的机制，加快完善吸引领军人才的政策体系，构建国际人才聚集高地。

四、保障措施和工作机制

为有效推进综合配套改革试验工作，在发展改革委、台办等国家有关部门的指导和福建省委、省政府的领导下，通过加强组织领导，统筹规划，协调推进，切实完成好改革试验的各项任务。

（一）加强组织领导。在发展改革委等有关部门的指导下，建立厦门市深化两岸交流合作综合配套改革试验区建设省、市联席会议制度，研究解决改革试验推进中的重大问题。福建省要加强对改革试验的指导和协调，厦门市要成立深化两岸交流合作综合配套改革试验区建设工作领导小组，负责组织实施改革试验总体方案，协调改革试验中的重大问题，按时分解督促落实改革试验总体方案的各项任务、协调制定专项方案，编制三年行动计划和年度工作计划，组织重大改革试验项目的立项、论证、审批（或备案）、评估和验收等工作。

（二）积极推进实施。依照本方案，编制完善国土、金融等重点专项方案和其他具体实施方案。分阶段制定三年行动计划和年度工作计划，有序组织实施。加大对厦门市深化两岸交流合作综合配套改革试验的支持力度，保障改革试验工作顺利推进。

（三）强化管理考核。对重点改革事项实行项目管理，完善项目管理程序，提高改革试验的科学性，防范和减少风险。建立改革综合评估制度，对综合性和重大改革试点的改革成效，领导小组办公室适时组织有关方面和专家进行综合评估。对综合配套改革试验工作实行目标管理，纳入有关部门工作目标考核体系，定期督促检查。建立改革年度报告制度。及时将改革试验中出现的问题、积累的经验、形成的典型上报发展改革委。

（四）健全法制保障。健全厦门市涉台法规、规章，依法保障台胞合法权益。制定鼓励企业到台湾投资的政策法规，推动两岸经济共同发展。综合配套改革中涉及国家法律法规未明确规定的事项，按照立法法和全国人大授权立法的有关要求，由厦门市人大及其常委会依照特区立法授权制定法规或由厦门市人民政府遵照相关规定制定规章，予以规范。

（五）建立协调机制。建立部、省、市改革试验协调机制，支持国家有关部门在厦门开展各项改革试点，实施重大改革事项和政策。支持厦门加强与漳州、泉州及海西经济区其他城市的协调合作，建立区域互动、优势互补的联动机制，促进厦漳泉大都市区和海西经济区的发展。

（六）形成推进合力。改革试验要充分尊重人民群众的意愿，切实维护

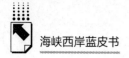
人民群众的权益，有效发挥人民群众的主体作用。加强立法工作，依法推进试验区建设。发挥政协的参政议政作用，成立试验区建设专家咨询委员会，对试验区开展的各项改革，开展事前咨询论证和事后跟踪评估。积极发挥新闻媒体和网络的作用，加强舆论引导，努力营造推进试验区建设的良好氛围。

B.17 主要参考文献

1. 国务院:《国务院关于支持福建省加快建设海峡西岸经济区的若干意见》（国发〔2009〕24号）。

2. 国家发展和改革委员会:《海峡西岸经济区发展规划》,2011年3月。

3. 国家发展和改革委员会:《平潭综合实验区发展总体规划》,2011年11月。

4. 国家发展和改革委员会:《厦门市深化两岸交流合作综合配套改革试验总体方案》（发改经体〔2011〕3010号）。

5.《福建统计年鉴（2012）》。

6.《广东统计年鉴（2012）》。

7.《浙江统计年鉴（2012）》。

8.《江西统计年鉴（2012）》。

9.《福建省国民经济和社会发展第十二个五年规划纲要》。

10.《广东省国民经济和社会发展第十二个五年规划纲要》。

11.《浙江省国民经济和社会发展第十二个五年规划纲要》。

12.《江西省国民经济和社会发展第十二个五年规划纲要》。

13. 闽、粤、浙、赣四省及20个海西设区市2011、2012年政府工作报告。

B.18
编后记

《海峡西岸经济区发展报告》是福建省人民政府发展研究中心主持，由福建、广东、浙江和江西四省政府研究中心（研究室）共同承担完成的一项长期性的大型研究项目，是一项集资料性与实用性统一、深度研究与实际运用有机结合的综合性研究成果。

为了更好地完成研究成果的编辑和整理，我们专题召开了《海峡西岸经济区发展报告（2012）》编委会议，邀请闽、粤、浙、赣四省和海西 20 个设区市政府研究中心（研究室）领导及相关人员拟订工作方案，共同商讨编务工作。在编委会的悉心指导和有关部门的大力支持下，《海峡西岸经济区发展报告（2012）》顺利完成了编写任务。

本书共分 14 篇报告及附录部分，分别由蒋淞卿（B.1），叶飞文（B.2），刘慧琳（B.3），董建伟、俞海军（B.4），王平俭、汪尊鑫等（B.5），刘林思（B.6），陈俊艺、郑林岚（B.7），刘立菁（B.8），赵慧（B.9），邹建铭（B.10），项金玉（B.11），蔡卫红（B.12），张著名（B.13），赵智杰（B.14）执笔。副主编项金玉、廖荣天、叶飞文对全书作了审校，主编黄端终审定稿。

书中涉及大量的统计数据，由于来源不同、统计口径不同或不是最终调整后的数据，请读者阅读和引用时以统计部门公布的统计数据为准。

社会科学文献出版社为本书的出版给予很多帮助，在此表示感谢！

编者

2013 年 6 月

中国皮书网

发布皮书研创资讯，传播皮书精彩内容
引领皮书出版潮流，打造皮书服务平台

栏目设置：

☐ 资讯：皮书动态、皮书观点、皮书数据、皮书报道、皮书新书发布会、电子期刊

☐ 标准：皮书评价、皮书研究、皮书规范、皮书专家、编撰团队

☐ 服务：最新皮书、皮书书目、重点推荐、在线购书

☐ 链接：皮书数据库、皮书博客、皮书微博、出版社首页、在线书城

☐ 搜索：资讯、图书、研究动态

☐ 互动：皮书论坛

www.pishu.cn

中国皮书网依托皮书系列"权威、前沿、原创"的优质内容资源，通过文字、图片、音频、视频等多种元素，在皮书研创者、使用者之间搭建了一个成果展示、资源共享的互动平台。

自2005年12月正式上线以来，中国皮书网的IP访问量、PV浏览量与日俱增，受到海内外研究者、公务人员、商务人士以及专业读者的广泛关注。

2008年10月，中国皮书网获得"最具商业价值网站"称号。

2011年全国新闻出版网站年会上，中国皮书网被授予"2011最具商业价值网站"荣誉称号。

权威报告　热点资讯　海量资源

当代中国与世界发展的高端智库平台

皮书数据库 www.pishu.com.cn

皮书数据库是专业的人文社会科学综合学术资源总库，以大型连续性图书——皮书系列为基础，整合国内外相关资讯构建而成。包含七大子库，涵盖两百多个主题，囊括了近十几年间中国与世界经济社会发展报告，覆盖经济、社会、政治、文化、教育、国际问题等多个领域。

皮书数据库以篇章为基本单位，方便用户对皮书内容的阅读需求。用户可进行全文检索，也可对文献题目、内容提要、作者名称、作者单位、关键字等基本信息进行检索，还可对检索到的篇章再作二次筛选，进行在线阅读或下载阅读。智能多维度导航，可使用户根据自己熟知的分类标准进行分类导航筛选，使查找和检索更高效、便捷。

权威的研究报告，独特的调研数据，前沿的热点资讯，皮书数据库已发展成为国内最具影响力的关于中国与世界现实问题研究的成果库和资讯库。

皮书俱乐部会员服务指南

1. 谁能成为皮书俱乐部会员？

- 皮书作者自动成为皮书俱乐部会员；
- 购买皮书产品（纸质图书、电子书、皮书数据库充值卡）的个人用户。

2. 会员可享受的增值服务：

- 免费获赠该纸质图书的电子书；
- 免费获赠皮书数据库100元充值卡；
- 免费定期获赠皮书电子期刊；
- 优先参与各类皮书学术活动；
- 优先享受皮书产品的最新优惠。

社会科学文献出版社 皮书系列
SOCIAL SCIENCES ACADEMIC PRESS (CHINA)

卡号：**3314954789435179**

密码：

（本卡为图书内容的一部分，不购书刮卡，视为盗书）

3. 如何享受皮书俱乐部会员服务？

（1）如何免费获得整本电子书？

购买纸质图书后，将购书信息特别是书后附赠的卡号和密码通过邮件形式发送到 pishu@188.com，我们将验证您的信息，通过验证并成功注册后即可获得该本皮书的电子书。

（2）如何获赠皮书数据库100元充值卡？

第1步：刮开附赠卡的密码涂层（左下）；

第2步：登录皮书数据库网站（www.pishu.com.cn），注册成为皮书数据库用户，注册时请提供您的真实信息，以便您获得皮书俱乐部会员服务；

第3步：注册成功后登录，点击进入"会员中心"；

第4步：点击"在线充值"，输入正确的卡号和密码即可使用。

社会科学文献出版社

"皮书"起源于十七、十八世纪的英国,主要指官方或社会组织正式发表的重要文件或报告,多以"白皮书"命名。在中国,"皮书"这一概念被社会广泛接受,并被成功运作、发展成为一种全新的出版形态,则源于中国社会科学院社会科学文献出版社。

皮书是对中国与世界发展状况和热点问题进行年度监测,以专家和学术的视角,针对某一领域或区域现状与发展态势展开分析和预测,具备权威性、前沿性、原创性、实证性、时效性等特点的连续性公开出版物,由一系列权威研究报告组成。皮书系列是社会科学文献出版社编辑出版的蓝皮书、绿皮书、黄皮书等的统称。

皮书系列的作者以中国社会科学院、著名高校、地方社会科学院的研究人员为主,多为国内一流研究机构的权威专家学者,他们的看法和观点代表了学界对中国与世界的现实和未来最高水平的解读与分析。

自 20 世纪 90 年代末推出以经济蓝皮书为开端的皮书系列以来,至今已出版皮书近 800 部,内容涵盖经济、社会、政法、文化传媒、行业、地方发展、国际形势等领域。皮书系列已成为社会科学文献出版社的著名图书品牌和中国社会科学院的知名学术品牌。

皮书系列在数字出版和国际出版方面成就斐然。皮书数据库被评为"2008~2009 年度数字出版知名品牌";经济蓝皮书、社会蓝皮书等十几种皮书每年还由国外知名学术出版机构出版英文版、俄文版、韩文版和日文版,面向全球发行。

2011 年,皮书系列正式列入"十二五"国家重点出版规划项目;2012 年,部分重点皮书列入中国社会科学院承担的国家哲学社会科学创新工程项目;一年一度的皮书年会升格由中国社会科学院主办。

法 律 声 明

　　"皮书系列"（含蓝皮书、绿皮书、黄皮书）由社会科学文献出版社最早使用并对外推广，现已成为中国图书市场上流行的品牌，是社会科学文献出版社的品牌图书。社会科学文献出版社拥有该系列图书的专有出版权和网络传播权，其 LOGO（　）与"经济蓝皮书"、"社会蓝皮书"等皮书名称已在中华人民共和国工商行政管理总局商标局登记注册，社会科学文献出版社合法拥有其商标专用权。

　　未经社会科学文献出版社的授权和许可，任何复制、模仿或以其他方式侵害"皮书系列"和 LOGO（　）、"经济蓝皮书"、"社会蓝皮书"等皮书名称商标专用权的行为均属于侵权行为，社会科学文献出版社将采取法律手段追究其法律责任，维护合法权益。

　　欢迎社会各界人士对侵犯社会科学文献出版社上述权利的违法行为进行举报。电话：010－59367121，电子邮箱：fawubu@ ssap. cn。

社会科学文献出版社